H. Haug

# Vergleichende Erdkunde und alttestamentlich geographische Weltgeschichte

H. Haug

**Vergleichende Erdkunde und alttestamentlich geographische Weltgeschichte**

ISBN/EAN: 9783743375642

Hergestellt in Europa, USA, Kanada, Australien, Japan

Cover: Foto ©Thomas Meinert / pixelio.de

Manufactured and distributed by brebook publishing software
(www.brebook.com)

H. Haug

# Vergleichende Erdkunde und alttestamentlich geographische Weltgeschichte

# Vergleichende Erdkunde

und

# Alttestamentliche Geographische Weltgeschichte.

Mit zehn Karten, davon acht in Farbendruck.

Von

H. Haug.

## Text-Heft.

# Vorwort.

Die in den folgenden Blättern theilweise enthaltenen Resultate wurden im Jahre 1850 gewonnen. Sie sind im Lauf der Jahre wiederholt an der Wirklichkeit geprüft, um den über das natürliche Nivellement seitens der Flusssysteme bekannt gewordenen Thatsachen durch angemessenste Ausdrucksweise und Ordnung gerecht zu werden. Dabei wurden sie im Wesentlichen stets gleichmässig zutreffend gefunden, wenn auch die Auffassung einzelner besonders schwieriger Punkte eine gereiftere werden konnte, oder selbst schwankend bleiben musste. Natürlich wurde das Wichtigste Desjenigen in Betracht gezogen, was die neuesten geographischen Entdeckungen in den weniger bekannten derjenigen Erdtheile gebracht haben, welche zunächst überhaupt in Betracht kommen können. Besonders wurde ja das centrale Afrika in ausserordentlichem Umfange aufgeschlossen. Aber welche Aenderungen das Bild dieses Erdtheiles auch erfuhr: sie bestätigten das Wesen der Sache; ihr Einfluss erstreckte sich nur auf gewisse Modificationen einzelner Umstände.

Zu dergleichen, mehr in das Detail der Formen eingehenden Modificationen werden spätere Entdeckungen, und vielleicht auch genauere Würdigung des Bekannten, voraussichtlich immer von Neuem Veranlassung geben können. Im Wesentlichen sind die Resultate indess als abgeschlossen zu betrachten, und ihre Veröffentlichung mag deshalb heute nicht mehr voreilig erscheinen. Sie beanspruchen einerseits den Rang unzweifelhaft wahrnehmbarer Thatsachen, welche mit Nothwendigkeit zu der Vorstellung ganz bestimmter Körperformen als geographischer Typen führen, wenn deren Realisation in der Wirklichkeit auch ähnliche Unvollkommenheiten und Variationen zeigen, wie ein wirklicher Krystall gegenüber seiner mathematischen Grundform. Und eine vergleichende Morphologie der geographischen Körperformen ist nicht weniger berechtigt, als eine solche der Formen von Pflanzen oder Thieren, ihrer ganzen Körper, oder ihrer einzelnen Glieder, oder der letzten Elemente ihres Baues.

In solcher Beschränkung auf ein Vergleichen der sinnlich wahrnehmbaren Formen kann die vergleichende Erdkunde leicht eine ähnliche Bedeutung gewinnen, wie die vergleichende Osteologie sie wirklich besitzt, indem sie zur ideellen Reconstruction lebendiger Geschöpfe aus fossilen Knochenresten zu führen vermag. Denn auch die geographischen Resultate sind einer etwas lebenswarmen Auffassung fähig, welche dem Zeitalter der mechanischen Massen und Bewegungen nicht sympathisch sein soll. Und doch liegt darin nur eine wunderlich exacte Inconsequenz. Denn während diese Zeit stolz darauf ist, dass sie das „Leben" auf das Niveau der „Mechanik" herabgedrückt haben will, könnte sie doch begreifen, dass sie dabei zugleich das Mechanische auf die Stufe des Lebendigen erhoben hat; und dass wieder, wenn auch mit anderen Worten, nur der alte Rangstreit innerhalb des letzteren sich geltend machen kann und muss.

Carl Ritter: „Die Erde ist ein lebendiges, hoch organisirtes Wesen, höher organisirt als die Pflanze, höher als das Thier, — aber niedriger als der Mensch." Ueber diese, einem erfahrenen Psychologen bedenkliche Grösse seines Menschenthums konnte nur ein Mann wie Göthe hinwegkommen: „Erdgeist zu

Faust: Du gleichst dem Geist, den du begreifst, — nicht mir." — Indess solche lebenswarme Auffassung der geographischen Formen, und die anschliessbare Reconstruction eines Lebensvollen, wird sich nur entfernt und andeutungsweise zur beschränkten, hypothetisch vorsichtigen Geltendmachung dieser Seite des thatsächlich Beobachtbaren äussern, dessen ursächliche Erklärung gar nicht versucht werden soll. Wer das Sichtbare sehen will, mag es für sich selbst so oder so sprechen lassen. Temporäre Verkennung der Wirklichkeit ändert nichts an dieser selbst; und wie jene für bestimmte Epochen in der Entwickelungsweise menschlicher Erkenntniss begründet ist, so wird diese mit dem Abschlusse solcher Epoche wieder ihren vollen Rang der Wahrhaftigkeit auch im Kopfe des eitlen Culturmenschen erreichen.

**Kohelet 1, 9-11. Was gewesen ist, dasselbe wird sein, und was geschehen ist, dasselbe wird geschehen, und nichts Neues giebt es unter der Sonne. Ist ein Ding, von dem man spricht: Schau, das ist neu! — längst war es in den Zeiten, die vor uns gewesen. Man denkt nur nicht an das Frühere, und auch an das Spätere, das sein wird, wird man [das Menschenkind] nicht denken bei dem, was noch später sein wird.**

**„ 3, 15. Was war, das war längst gewesen, und was noch sein soll, war längst gewesen: so sucht dagegen [der gelehrte] Elohim das [seit „Ewigkeiten"] Hinweggeeilte auf.**

Und so mag sich schliesslich eine vorläufige Gelegenheit bieten, diesen geographischen Versuch und seine fast unausgesprochenen Consequenzen an der geographischen Weltgeschichte längst vergangener Beobachtungszeiten flüchtig zu prüfen, die in alttestamentlichen Büchern enthalten ist. (Citate aus letzteren beziehen sich vorzugsweise auf Zunz', aus IV. Esra auf Volkmar's, aus Chanoch auf Dillmann's Uebersetzungen, in unvermeidlichen Fällen auf die „Probe-Bibel".)

**Gotha**, im April 1894.

H. Haug.

# Inhalt.

## Text-Heft:



## Karten-Heft:

# Einleitung.

Länder und Meere, wie sie in der Oberfläche der Erde erscheinen, zeigen in ihren gegenseitigen Umgrenzungen so eigenthümliche und dem Anscheine nach zugleich so regellose Formen, dass Humboldt in seinem Kosmos bezweifeln zu müssen glaubte, ob es je gelingen werde, hier etwas wie Formgesetze aufzufinden, den Zusammenhang und die Bedeutung dieser Formen zu erkennen.

C. Ritter erwähnt in der Einleitung zu seinem grossen geographischen Werke mehrfacher Versuche, eine Aehnlichkeit unter jenen Formen geltend zu machen, wie sie sich bisweilen wirklich überraschend genau herausstellt; zum Beispiel zwischen Afrika (oder Australien) und dem Schwarzen Meere. Da ist in der That eine Andeutung auf gemeinsame Typen vorhanden, die vielfach noch bestimmter hervortritt, wenn man sich die Mühe giebt, nach den vermittelnden Gliedern zwischen Formen zu suchen, welche auf den ersten Blick nur schroff verschieden erscheinen. So lassen sich zum Beispiel, im Gebiet des Oceanischen, das Schwarze, das Mittelländische Meer, der Persische und der Arabische Meerbusen, in nahem gegenseitigem Anschlusse als eine ununterbrochene Formenreihe erkennen, wenn man die wichtigsten Form-Elemente des Schwarzen Meeres in's Auge fasst, und das Schicksal jedes dieser Elemente, das Verflachen bis zum Verschwinden derselben in den folgenden Formen, aufmerksam verfolgt. Und eine methodische Durchführung des Vergleichens der Formen in solchem Sinne wird vielleicht zu interessanten Resultaten leiten.

Indess liegt in solcher Betrachtungsweise der oceanischen Formen doch etwas Unbefriedigendes. Denn es muss sich die Vorstellung aufdrängen, dass man es hier, von den local beeinflussten Unterschieden des Meeresniveau abgesehen, mit Flächenformen zu thun hat, welche ganz wesentlich den mineralen Gefässen der Meere angehören. Man hat es also mit festen Hohlkörperformen zu thun, welche theilweise mit Wasser gefüllt sind; deren obere Grundfläche man durch letzteres wahrnimmt, ohne ausreichende Kenntniss über die anderen Dimensionen des Gefässkörpers zu besitzen. Dann mag die maritime Oberflächenform als ein mehr nur Zufälliges für den Ocean selbst erscheinen, als die todte Fassung für den Lebensreichthum desselben, welcher sich am charakteristischsten in den jedem Oceane eigenthümlichen und eigenthümlich gegliederten Strömungen ausspricht. So kann man also zu einer vergleichenden Morphologie dieser Meeresströmungen geführt werden, welche in den verschiedenen Oceanen mehr oder minder vollständig kreisende Systeme aus drei, vier oder fünf Gliedern bilden. Indess diese grossen Strömungsglieder sind seit der Zeit ihres ersten Hervortretens aus den Beobachtungen der Seefahrer in solchem Grade von der Menge variirender Beobachtungen überwuchert, dass es schwer hält, jene Hauptglieder als solche und besonders ihren Zusammenhang wieder anzuerkennen. Erst eine sorgfältig kritische Sichtung aller Beobachtungen wird zu diesen charakteristischen Strömungsgliedern und zu der Anerkennung ihres morphologischen Zusammenhanges zurückführen können.

Versucht man aber, den Form-Analogien zwischen Ländern und Meeren weiter nachzugehen, dann findet man sich auf die Dauer auch nicht befriedigt. Denn abgesehen davon, dass die Continente doch zur Anerkennung ihrer, der Beobachtung zugänglichen körperlichen Form zwingen, so erscheinen die Fälle von Analogie zwischen den Oberflächenformen von Ländern und Meeren vielmehr nur im untergeordneten Range von Mittelgliedern zwischen zwei extremen Formen. Denn während vom Punkte der Aehnlichkeit aus die Umrisse der selbstständigeren Meere im Grossen und Ganzen sich immer mehr abrunden, werden diejenigen der Länder immer geradliniger und scharfeckiger. Diese Thatsache giebt für die Betrachtung und Orientirung in dem Gewirr der geographischen Gestalten einen anderen Leitfaden, der durch eine nahe liegende Erwägung allgemeiner Art befestigt wird.

Die Grundform des Wassers, wie alles Flüssigen, sobald es selbstständig auftritt, ist die Kugel, welche bei einseitiger Abhängigkeit auf einer festen Ebene abgeplattet, mit kreisförmigen, überhaupt sphärischen Umrissen als den normalen erscheint, während die freie Oberfläche sich schliesslich nach dem Erdradius verflachen mag.

Die Grundform des festen Landes dagegen, überall wo das Mineral individuell selbstständig auftritt, ist die geradflächig begrenzte Krystallgestalt; und ganz besonders ist es die dreiseitige Pyramide, das Tetraeder, welches den stärksten Formengegensatz zur Kugel darbietend, dem grössten Zustandsgegensatze entsprechen mag. Gerade das Tetraeder aber als Grundform der Continente zu prüfen, kann man durch das so unverkennbar dreieckige Südamerika veranlasst werden, welches wirklich auch im Einzelnen lauter Dreiecke zeigt.

Die oceanischen Glieder der Erdoberfläche werden nicht durch reines Wasser gebildet, sondern dieses enthält feste Bestandtheile in Lösung und Gemisch, und nimmt selbst die feste Krystallgestalt theilweise oder zeitweise an. In dieser gemischten Natur des Oceanischen könnte man einen Zusammenhang mit der Thatsache sehen, dass die sphärische Grundform desselben so vielfach verlassen wird, und dass jene Aehnlichkeiten mit Länderformen auffallend werden. Aber wie schon geltend gemacht, ist bei den Meeren die äussere Abhängigkeit der Form des Flüssigen eine so bestimmt überwiegende, dass man eigentlich die Idee selbstständiger Formen derselben ganz fallen zu lassen geneigt werden kann; dass es sich nach gewöhnlicher Auffassung vielmehr nur um die Formen festwandiger Gefässe zu handeln scheint, welche vom Meerwasser bis zu bestimmter Höhe angefüllt sind.

Ist dagegen das Tetraeder wirklich die Grundform der mineralen Glieder der Erdoberfläche, dann kann die Wahrnehmbarkeit dieser Grundform nur in ganz unwesentlicher Art durch die Uferlinien, die Höhe des Wasserstandes beeinflusst werden; und das eigentliche Wesen der Continente wird also gerade in ihren körperlichen Formen zu erkennen sein, deren Gesetzmässigkeit nur höheren Rang annimmt, wenn sie sich zugleich für die negativen, die Gefässformen so vielfach gültig zeigt, welche dann pseudomorph mit dem fremden, flüssigen Materiale gefüllt erscheinen.

Auf dem Wege solcher empirischen Versuche und Erwägungen kann man zu einer vergleichenden Morphologie zunächst der am leichtesten zugänglichen Formen der Continente gelangen.

## Die Formverhältnisse mineraler Glieder der Erdoberfläche.

Wenn nun im Folgenden das Tetraeder als die wirkliche Grundform der Continente angesprochen und nachgewiesen werden soll, so ist diese Formbezeichnung natürlich nicht im strengen Sinne der ebenen Stereometrie zu verstehen, sondern zunächst im Sinne der Krystallographie, welche ebenfalls bestimmte Gesetzmässigkeit für Formen nachgewiesen hat, die weder in ihren Umrissen, noch in ihrem Inhalte (als Pseudomorphosen) mathematisch rein sind; und bei den Continenten hat man es obenein mit arg verwitterten und ausgewaschenen Formen zu thun. Aber es ist auch hier, wie bei den oceanischen Gliedern, ein noch wichtigerer Umstand zu berücksichtigen. Denn die Continente bestehen nur zu einem Theile aus Krystalloiden; sie enthalten zum andern Theile Colloide, oder was von solchen organischen herrührt; und diesen gehören sphärische Formen, wie auch den aufgesogenen Wassermassen, welche physikalisch die Länder in ihrer gesammten Beschaffenheit bilden helfen. Solche sphärische Formen gehören aber auch denjenigen Mineralmassen, welche aus feuerflüssigem Zustande plötzlich erstarrt sind. Man darf also im Allgemeinen erwarten, dass die Gestalten der Länder Combinationen irgend welcher Art von tetraedrischen mit sphärischen Form-Elementen zeigen werden. Diese Art, scheinbar à priori zu deduciren, kann hier nicht als Ausgangspunkt beabsichtigt werden. Es lässt sich vielmehr nur als ein empirisches Ergebniss der Beobachtung und Prüfung constatiren, dass dem Durch- und Nebeneinander der verschiedenen Substanzen der Ländermassen auch ein Durch- und Nebeneinander der verschiedenen geometrischen Form-Elemente entspricht. Das tetraedrische Element wird sich durch ebene Flächen, und deshalb durch geradlinige Grund- und Endkanten; das sphärische durch Wölbungen oder Depressionen der Flächen, und durch gekrümmte Linien in den Grund- und Endkanten markiren. Diese Combinationen beider Form-Elemente lassen sich auch, und besser charakterisirend, als solche von ebenen mit sphärischen Tetraedern auffassen. Denn die tetraedrische Grundform bleibt jedenfalls bestehen; und sie giebt in dem Gewirr der speciellen Gestaltungen den zuverlässigsten Leitfaden für eine Erkenntniss, welche sich der vergleichenden Osteologie, und der Morphologie organischer Gebilde überhaupt, sehr nahe anschliesst.

*Bei solcher Erkenntniss handelt es sich in erster Reihe nicht um Theorien oder Hypothesen, sondern lediglich um den systematischen Ausdruck des thatsächlich Beobachtbaren, und nach seinen Eigenthümlichkeiten und stufenweisen Aenderungen systematisch zu Gruppirenden.* Als Hilfsmittel für das Studium des Thatsächlichen dienen freilich am besten Globen mit dem charakteristisch modellirten Relief, oder nur mit den Flussnetzen. Aber auch gewöhnliche Karten genügen; nur sollten sie gut ausgewählt, wenn nicht ausdrücklich dafür entworfen sein, so dass sie die wirklichen Umrisse, mit Bezug auf den Schwerpunkt jedes einzelnen Erdtheiles möglichst treu characterisirend wiedergeben, sie nicht nach mehr äusseren Rücksichten anderer Art mehr oder minder arg einseitig verschoben erscheinen lassen. Die Uebersichtlichkeit störende Details, welche ganz fremden Zwecken dienen, sind natürlich zunächst zu vermeiden, solange es sich nicht darum handelt, gerade die Beziehungen solcher Details zur Configuration zu studiren. Dann findet man bei allen Continenten die beiden Configurations-Elemente, das eben- und das sphärisch-tetraedrische, nicht nur in grossen, characteristischen Zügen neben einander liegend; sondern sie durchdringen einander auch im Kleinsten, so dass die gerade Linie wie die Curve mannigfach gezackt, mit aus- und einspringenden Winkeln, die Endkanten und Endflächen mit localen Depressionen oder Wölbungen erscheinen. Aber diese feineren Details haben für den vorliegenden Zweck zunächst keine grosse Bedeutung; sie stören leicht die generelle Auffassung, und werden deshalb besser ausser Acht gelassen. Die Karten sollten also nur Dasjenige in hervorragender Weise geben, was sich als das gesetzmässig Characteristische der Grundform und ihrer wichtigsten Modificationen zu erkennen giebt. Für diesen Zweck sind selbst die Sandkörnerhäufchen der Gebirgsketten ohne wesentliche Bedeutung. Natürlich zeigt der den Continent umgebende

Ocean in den Uferlinien oft unzweideutig die tetraedrische Grundfläche mit den Grundkanten und Grundecken. *Aber als hauptsächlich und untrüglich massgebend können doch nur die Flussgebiete jedes Erdtheiles dienen. Denn diese lassen durch ihre Fallrichtungen die Neigungen, und durch ihre Quellpunkte die inneren Grenzen der tetraedrischen Endflächen wahrnehmen, welche sich in den Endkanten als den grossen Wasserscheiden der Continente, und in der Tetraederspitze vereinigen, und von hier aus nach den Meeresflächen abfallen. Diese solide dreiseitige Pyramide, wie niedrig und bisher neben den Gebirgsmassen und den Theorien über dieselben, fast unbeachtet sie auch geblieben sein mag, will und muss zu lebendiger Anschauung kommen und eingewöhnt werden, sollen sich die vielseitig wichtigen physischen Constructionsgesetze der mineralen Glieder der Erdoberfläche dem Verständnisse und der vollen Würdigung erschliessen. Der dreistrahlige Endkantenstern, welchen die Hauptwasserscheiden bilden, ist für jeden Erdtheil ungefähr wie ein Rückgrat,* von welchem die hier nur in ganz untergeordnetem Sinne in Betracht kommenden Nebenwasserscheiden beiderseitig ungefähr wie Rippen des Erdtheiles auslaufen.

Die europäische Geographie hat sich im Zusammenhange mit mancherlei Verhältnissen daran gewöhnt, für Globen und Karten den Norden als „oben" zu betrachten, und jene in so einseitigem Sinne zu handhaben. Für den vorliegenden Zweck ist es rathsam, sich von solcher Behandlungsweise frei zu machen, und jeden Erdtheil auf Globus oder Karte von allen Seiten, beziehungsweise von seinem eigenen Schwerpunkte aus ringsum nach allen Seiten gleichmässig zu studiren, so lange kein anderer gemeinsamer Standpunkt mit Bezug auf das Wesen der Erdtheile selbst gefunden ist.

Die einfache tetraedrische Grundform der Continente, wie sie in Obigem verstanden wurde, also die dreiseitige Pyramide, welche ihre Basis dem Erdinnern zuwendet, ihre Spitze in die Atmosphäre hineinragen lässt, erfährt in den wirklichen Ausführungen besondere Modificationen, die wieder eine bestimmte Gesetzmässigkeit erkennen lassen. Diese werden indess besser erst bei der speciellen Beschreibung eines tetraedrischen Erdtheils zur Sprache gebracht werden. Dasselbe gilt auch für diejenigen Variationen des allgemeinen Typus, welche den einzelnen Erdtheilen ihre specifischen Form-Charactere geben. Ebenso können die allgemeinen Beziehungen der Continente zu einander erst bei und nach ihrer Beschreibung, und das Verhältniss der Grundform der Erdtheile zum Erdganzen betreffende Umstände erst später und gelegentlich zur Sprache gebracht werden.

Solche geographische Tetraeder sind als zunächst wichtig zu nennen: Südamerika, Afrika, Asien, Europa und Nordamerika. Es giebt noch andere tetraedrische Erdtheile: Australien und die beiden Polarländer; und zwei oder mehrere der ersten Reihe lassen sich wieder als zu grösseren Tetraedern combinirt betrachten. Aber nur jene erst genannten sind ausreichend bekannt; jedenfalls sind ihre Formen am schärfsten ausgeprägt, am leichtesten in ihrer bestimmten Gesetzmässigkeit an und für sich, sowie in ihren wichtigsten Beziehungen zu einander zu erkennen. Und unter ihnen dient wieder Südamerika durch die besonders schroffe Einfachheit seiner Figur zum Schlüssel des Verständnisses für alle anderen Formen. Deshalb ist dieser Erdtheil an die Spitze gestellt, und soll mit ihm die Betrachtung aller Gestaltungen in obiger Reihenfolge begonnen werden.

Es mag aber doch gleich im Voraus als natürlich sich darbietendes Ziel angedeutet werden, dass die erstgenannten fünf Erdtheile nicht eine offene Gliederreihe, sondern einen geschlossenen Gliederkreis bilden, mit systematischen Anschlüssen von und zu ausserhalb liegenden Gliedern; so dass sich, wenn auch nicht ein selbstständiger, reich gegliederter, in sich geschlossener und zugleich nach aussen beziehungsreicher, terrestrischer Organismus, doch — wenigstens das solide Skelett eines solchen entwickelt erkennen lässt.

---

# Südamerika.

Mit einer Karte, Blatt 1.

Dieser Erdtheil hat wirklich fast mathematische Einfachheit und Klarheit der tetraedrischen Gestalt. Seine Grundfläche ist ein ungleichseitiges, langgestrecktes Dreieck. Die drei Grundkanten sind: die westliche grösste, die nordöstliche kleinste, die südöstliche von mittlerer Länge. Was von ihnen an den Grundecken, besonders am Isthmus von Panama, unbestimmt erscheint, wird in der Folge seine Begrenzung und Bedeutung erkennen lassen.

Die Grundkanten sind die Durchschnittslinien zwischen den Meeresflächen und je einer der drei tetraedrischen Endflächen, welche als die Grundlagen der Flussgebiete durch diese selbst genau zu erkennen sind. Denn die allgemeine Richtung des Laufes einer Gruppe von Flüssen, jedenfalls das Ortsverhältniss zwischen ihren Quellpunkten im Innern des Landes und ihren Mündungen in der einen oder anderen der Grundkanten, weisen trotz aller verwirrenden Krümmungen völlig unzweideutig auf Neigung und Ausdehnung jeder Endfläche hin; sowie auf das Zusammentreffen je zweier derselben zu einer grossen Wasserscheide als Endkante, und auf die Vereinigung der drei Endflächen und der drei Endkanten in der Spitze des Tetraeders, welche sich im Hochlande von Bolivia befindet. Man denke sich selbst auf der Spitze dieser Pyramide befindlich, und sehe von derselben aus die Endflächen, eine neben der andern, mit ihren Wassersystemen ihren betreffenden Grundkanten zu abfallen, ihre Wasser einerseits in den Grossen, anderseits in den Nordatlantischen und drittens in den Südatlantischen Ocean ausmündend, — um sich die tetraedische Grundform in ihrer grössten Einfachheit einzuprägen.

Die Lage der Tetraederspitze über der Grundfläche, mit Bezug auf die Grundkanten, — die Grösse der letzteren und der Spitzwinkel, die Neigung der Endflächen, sowie der Charakter des Wassersystems einer jeden derselben: das sind Verhältnisse, die innig mit einander zusammenhängen. Hier liegt die Spitze fast vertical über der westlichen Grundkante. Die westliche Endfläche mit sehr grossem Spitzwinkel fällt deshalb steil in das Meer ab, und ihr Wassersystem hat nur seine Quellen aufzuweisen, ist in lauter parallele Küstenflüsse zersplittert. Die nordöstliche und südöstliche Endfläche haben dagegen geringe Neigung und grosse Ausdehnung, geben ihren Flüssen einen langen Verlauf, und begünstigen um so mehr ein Gruppiren zu wenigen Hauptströmen, je kleiner der auch von der Länge der Grundkante beeinflusste Spitzwinkel der Endfläche ist. Dabei verläuft, vom Gebiete des Titicaca-Sees aus, die südliche Endkante nach dem Feuerlande als Wasserscheide zwischen ihren westlichen Küstenflüssen einerseits und den westlichen Zuflüssen des mittleren La Plata, des Colorado, Rio Negro, Chubat, Descado, Chico andererseits. Die östliche Endkante scheidet das Gebiet des La Plata und S. Francisco von den südlichen Zuflüssen des Amazonenstromes und deren östlichen Parallelflüssen bis zum Parnahyba. Endlich bildet die nördliche, ungefähr nach dem Isthmus verlaufende Endkante die Wasserscheide zwischen ihren westlichen Küstenflüssen einerseits und den westlichen Zuflüssen des Amazonen- und des Orinoco-Gebietes andererseits.

*Es ist, um es wiederholt auszusprechen, von grosser Wichtigkeit, dass man sich das so weit in seiner elementaren Grundform erläuterte geographische Haupt-Tetraeder unverrückbar fest veranschauliche und in den Sinn präge, damit man bei den zur Sprache kommenden Complicationen desselben, und den späteren Schwierigkeiten seiner Variationen in den andern Erdtheilen, nicht den Faden verliere und am Wesentlichen der Sache wieder irre werde.*

Bei der für Südamerika gewöhnlich gewählten Kartenstellung, welche sich auch für die hier zur Sprache kommenden Verhältnisse annähernd als die normale erweisen wird, ist das Feuerland „unten". Mit Rücksicht hierauf, zur wünschenswerthen Entwöhnung von geläufigen einseitigen Vorstellungen und zur leichteren Verständigung über neue, seien in der Folge stets nachstehend erwähnte Bezeichnungen gebraucht, welche von den Himmelsrichtungen unabhängig machen, indem sie die Formtheile eines Continents lediglich in ihrem Bezuge zu diesem selbst, zu seiner Hauptschwerline auffassen. Die Feuerlands-Grundecke und die südliche Endkante heissen die *untere* Grundecke, beziehungsweise *untere* Endkante; die östliche Grundecke, die östliche Endkante, die südöstliche Grundkante und die südöstliche Endfläche heissen die *rechten*; die nordwestliche Grundecke, die nordwestliche Endkante, die westliche Grundkante und die westliche Endfläche heissen die *linken*; endlich heissen die nordöstliche Grundkante und die nordöstliche Endfläche die *obere* Grundkante, beziehungsweise *obere* Endfläche. Ausserdem werden sie als Haupt-Ecken, -Kanten oder -Flächen bezeichnet werden, um sie von andern zu unterscheiden.

Diese einfache, sehr flache, dreiseitige Pyramide zeigt nun in der Wirklichkeit drei wichtige Complicationen, welche, wie die Grundform im Ganzen, ebenfalls in der Krystallographie ihre Parallelen finden.

Die wichtigste dieser Complicationen macht sich dadurch bemerklich, dass ein Theil des Wassersystems jeder der beiden Endflächen von grosser Ausdehnung einen der allgemeinen Fallrichtung der Endfläche mehr oder minder direkt entgegengesetzten Anfangsverlauf zeigt, also mindestens je eine Fläche von entgegengesetzter Fallrichtung als Basis erkennen lässt. Dabei kann es sich nicht um eine einzelne Fläche, sondern muss sich um eine körperliche Form, um ein separates Erhebungsgebiet handeln, welches in der That sogar stets als Träger eines besonderen Gebirgssystems in der Hauptendfläche auftritt. Dieses Erhebungsgebiet bildet in der oberen Hauptendfläche das Hochland von Guayana in seiner ganzen Erstreckung; und trägt in der rechten Endfläche das brasilische langgestreckte Küstengebirge. Als seine Grundform ist aber wieder das Tetraeder zu erkennen, welches mit seinen kleinen Endflächen und deren besonderen Wassersystemen als *secundäres* Tetraeder bezeichnet werden soll. Indem dieses secundäre Tetraeder der normalen Fallrichtung des Hauptwasser-Systemes im Wege liegt, werden die Durchschnittslinien zwischen der Hauptendfläche und den secundären Endflächen natürliche Flussbetten darbieten, in welchen sich die Wasser der secundären Endflächen mit denjenigen der Hauptendfläche vereinigen, welche durch das vorgelagerte secundäre Tetraeder aus ihrer normalen Fallrichtung verdrängt sind. Deshalb sind es wieder die Haupt- und die secundären Wassersysteme, welche Form, Umfang und specielle Lage des secundären Tetraeders mit seinen Grundkanten, Endkanten und Endflächen erkennen lassen. Natürlich muss man bei der Auffassung dieser Verhältnisse wieder auf mathematisch einfache Geradlinigkeit der Formen verzichten, bei welchen im Gegentheile nach ursprünglichem Gemisch von Gerad- und Krummlinigkeit Fluth- und Witterungsverhältnisse arg verwischend gewirkt haben müssen.

Das secundäre Tetraeder der oberen Hauptendfläche erscheint von folgender Beschaffenheit. Seine westliche Endfläche enthält die Quelle des Orinoco. Die Durchschnittslinie mit der Hauptendfläche liegt horizontal, und deshalb zeigt sich die Gabelverbindung mit dem Rio Negro, durch welche das ganze secundäre Tetraeder flussinsular oder wie ein Delta wird. Die sich bei der östlichen Wendung des Rio Negro anschliessende südliche secundäre Endfläche giebt den nördlichen Zuflüssen des unteren Rio Negro und Amazonenstromes bis zu des letzteren Mündung ihren Ursprung. Dabei biegt der Rio Negro fast rechtwinklig um die südwestliche secundäre Grundecke, und verläuft mit dem unteren Amazonenstrome in der Durchschnittslinie zwischen der südlichen secundären und der Hauptendfläche. Ursprünglich scheint sich die südwestliche secundäre Endkante bis zum oberen Amazonenstrome erstreckt zu haben, oder erstreckt sich noch dahin, so dass auch der mittlere Verlauf des Amazonenstromes jener Durchschnittslinie angehören würde, und der Rio Negro, sowie der Yapura und Ica, diese Endkante nur durchbrochen haben würden. — In der östlichen Wendung des Orinoco schliesst sich an die westliche die nordöstliche secundäre Endfläche, welche sich bis zur Mündung des Amazonenstromes erstreckt, also alle südlichen Zuflüsse des Orinoco und dann die Küstenflüsse zwischen dessen und der Mündung des Amazonenstromes enthält. Die Durchschnittslinie dieser secundären mit der

Hauptendfläche liefert wieder das Hauptbett des Orinoco. — In dieser oberen Hauptendfläche liegt das secundäre, ebenfalls als *oberes* zu bezeichnende Tetraeder zunächst der linken Endkante und zugleich zunächst der linken Grundecke, — wenn man von der Haupt-Tetraederspitze aus betrachtet, wie für diese secundären Tetraeder und die durch sie bedingten Verhältnisse stets geschehen soll.

Die Beschaffenheit des secundären Tetraeders der rechten Hauptendfläche ergiebt sich wie folgt. Seiner nordwestlichen Endfläche entspringen alle südöstlichen Zuflüsse des Parana, und der Uruguay, von denen ersterer in der Durchschnittslinie mit der Hauptendfläche verläuft, bei seiner Wendung nach Südost aber als La Plata die secundäre Grundecke durchbricht und abschneidet. Auf seiner nördlichen Endfläche liegen alle südlichen Zuflüsse des S. Francisco, der wieder in der Durchschnittslinie mit der Hauptendfläche strömt. Endlich gehören der südöstlichen secundären Endfläche alle Küstenflüsse zwischen dem La Plata und dem S. Franzisco, und jenseits des ersteren fliesst der Salado noch in der Durchschnittslinie zwischen dieser secundären und der Hauptendfläche. — Auch in dieser Hauptendfläche liegt das secundäre, ebenfalls als *rechtes* zu bezeichnende Tetraeder, bei Betrachtung von der Haupttetraederspitze aus, zunächst der linken Endkante und zugleich zunächst der linken Grundecke.

Diese secundären Tetraeder lassen sich in ihrem Bezuge zum Haupttetraeder auch als in dessen Endflächen „aufgesetzte" oder „aufgewachsene" bezeichnen. Darin liegt noch keine directe Beziehung derselben unter einander selbst ausgedrückt; und ohne solche Beziehung würde es verständlich sein, wenn die linke Hauptendfläche etwa kein solches aufgesetztes Tetraeder besässe, oder in ihrem steilen Abfall wirklich nicht besitzt, wenn man die Basis des Haupttetraeders ausschliesslich im Niveau der Meeresfläche sucht oder findet. Die letztere Auffassung ist indess wegen der Beweglichkeit des Wasserstandes schwerlich zutreffend; das geographische Haupt-Tetraeder wird mindestens als in etwas grösserer Tiefe auf dem Erdinnern aufgesetzt zu betrachten sein, so dass ein Theil von jenem submarin ist. Erwägt man dann, dass zum Beispiel ein Steigen des Wassers im Südatlantischen Oceane (oder ein Sinken des rechten Tetraeders) dazu führen kann, letzteres erst als Halbinsel, dann als Insel vom Continente abzulösen, und schliesslich nur die Gebirgsgipfel als eine Inselgruppe in der Nähe des Continents bestehen zu lassen: dann liegt der Gedanke nahe, dass man es in der wirklich in ungefähr solcher Stellung befindlichen Gruppe der Galapagos-Inseln thatsächlich mit den Gebirgsgipfeln des aufgesetzten Tetraeders der linken Hauptendfläche zu thun haben wird. Und die Uebereinstimmung des ganzen Characters seiner Organismen mit den continentalen Nachbarn kann diesen Gedanken nur bestärken. Lässt man ihn also gelten, für welchen der steile Abfall der linken Hauptendfläche und das insulare Ablösen ihres secundären Tetraeders in ihrer submarinen Erstreckung zusammenhängende Erscheinungen sind, dann liegt letzteres im Gegensatze zu den beiden anderen, zunächst ihrer rechten Endkante, und zugleich näher ihrer rechten Grundecke, wieder von der Haupttetraederspitze aus betrachtet.

Bei solcher Lage der Verhältnisse sind indess die drei secundären Tetraeder nicht länger ausschliesslich als ohne innere Beziehung zu einander aufzufassen. Man wird sie vielmehr auch als die verschroben aufgekrümmt gestalteten Grundecken eines zweiten grossen Tetraeders auffassen können oder müssen, dessen vierte Ecke, die Spitze der Pyramide, also dem Erdinnern zugewendet sein würde, und welches, das Haupttetraeder der Erdoberfläche durchstechend, so liegt, dass gegenseitig die Ecken des einen Haupttetraeders aus den Flächen des andern hervortreten. Die Vorstellung einer aufwärts gerichteten Krümmung der Grundecken des zweiten Haupttetraeders, welche wegen der als aufgesetzte Tetraeder wahrnehmbaren Form dieser Grundecken vorausgesetzt werden muss, um die Auffassung des zweiten Haupttetraeders zunächst plausibel zu machen, wird sich in andern Fällen zweifellos ausgeführt finden und dadurch gerechtfertigt werden.

Zwei in solcher Weise durchwachsene Tetraeder, welche als *erstes und zweites Haupttetraeder* zu bezeichnen sind, bilden nun in einem anderen Sinne die eigentliche Grundform der mineralen Glieder der Erdoberfläche. In diesem Sinne gewinnen die Continente einen ganz anderen Character, als bei der Auffassung des ersten Haupttetraeders, für sich allein oder mit seinen isolirt aufgesetzten secundären Tetraedern, als typischer Grundform. Denn das erste Haupttetraeder, indem es mit seiner breiten Grundfläche auf dem Erdinnern aufgewachsen erscheint, ist mit letzterem felsenfest unbeweglich verwachsen. Das Doppeltetraeder dagegen, indem es die Spitze des zweiten Haupttetraeders, aus der Grundfläche des ersten hervor, dem Erdinnern zuwendet, erscheint als ein wenigstens ideell völlig selbstständig vom Erdinnern abgelöstes, auf jener Spitze leicht beweglich balancirendes Individuum, welches sich in horizontaler Richtung nach rechts oder links drehen, in verticalen Richtungen auf und ab wiegen mag. Auf ein so bedingtes Neigen könnte man die Thatsache zurückführen, dass die erste Haupttetraederspitze bei Südamerika fast vertical über der linken Grundkante liegt und dessen linke Hauptendfläche, mit der linken Grundecke des zweiten Haupttetraeders als Galapagos-Inseln, grösstentheils submarin geworden ist, während seine beiden andern Hauptendflächen zu breiter Entfaltung aus dem Meere gehoben sind. Und bezüglich des Formganzen nehmen nun die beiden Haupttetraedern gemeinschaftlichen Mittelmassen des Erdtheiles den Charakter als Rumpf, die je drei Grundecken des ersten und des zweiten Haupttetraeders, und die Spitze des ersten, den Character als eigentliche, wieder tetraedrische Glieder des ganzen Landkörpers an, dessen achtes Glied, die dem Erdinnern zugewendete Spitze des zweiten Haupttetraeders, als der Beobachtung entzogen, hier ausser Frage bleibt. Von diesen Gliedern erscheinen nur drei, nämlich die untere Grundecke, das linke aufgesetzte Tetraeder, und die Tetraederspitze wenigstens theilweise, wie sich zeigen wird, weit aus dem Gesammtkörper hervorgestreckt: dagegen die vier übrigen, nämlich die rechte und linke Grundecke, das rechte und das obere secundäre Tetraeder, in den Gesammtkörper oder den Rumpf wie zurückgezogen. Dadurch wird die lebendige Auffassung solcher Gliederung bei Südamerika etwas erschwert, während sie durch die Verhältnisse anderer Erdtheile sehr ausdrucksvoll gerechtfertigt werden wird.

Eine zweite Complication des ersten Haupttetraeders wird ebenfalls durch ein klar ausgebildetes Wassersystem angezeigt, nämlich durch das Gebiet des Titicaca-Sees, dessen Isolirtheit dazu zwingt, die Spitze dieses Haupttetraeders als horizontal *abgestumpft* zu betrachten. Diese Auffassung wird dadurch unterstützt, dass auch die untere Grundecke, besonders durch die Magalhaens-Strasse, abgestumpft ist. Im Uebrigen sind beide Fälle etwas verschieden. Denn die Umwallung des See-Gebietes lässt die Spitze des Haupttetraeders fast wie in den Gesammtorganismus des Erdtheiles zurückgezogen erscheinen, wie dies bei andern seiner Glieder nur weniger vollständig stattfindet. Die untere Grundecke ist dagegen als Feuerland weit hervorgestreckt geblieben, und zwar mit dem Charakter des Eingelenkteins, also der Beweglichkeit. Es wird sich übrigens zeigen, dass die Falkland-Inseln als äusserste Gelenkspitze dazu gehören.

Da also zwei der Ecken des ersten Haupttetraeders eine übereinstimmende Modification erfahren haben, so lässt sich bei den beiden andern Ecken eine ähnlich übereinstimmende Modification als dritte Complication der einfachen Form des ersten Haupttetraeders erwarten, und wieder vermittelst eines besonderen Wassersystems finden. Letzteres wird trotz der Schwierigkeiten, welche durch die Isthmus-Verbindung mit Nordamerika bedingt sind, am leichtesten an dieser linken Grundecke erkannt. Vom Knoten von Popayan aus verlaufen nämlich zwei Wasserscheiden als gegabelte Fortsetzung der linken Endkante. Die eine Wasserscheide bildet die westliche Grenze des Magdalenen-Flussgebietes bis nach dem inneren Golf von Darien. Die zweite verläuft als Theilgrenze des Amazonen- und als vollständige Grenze des Orinoco-Gebietes bis nach der Trinitad-Insel. Die zwischen beiden Wasserscheiden liegende Dreiecksfläche, mit dem Magdalenenflusse und den rechts davon liegenden kleineren Küstenflüssen, lässt sich nach bequemster Auffassung als von einer *Abstumpfung* dieser Grundecke *von der Endkante aus* herrührend betrachten; und eben im Gegensatze zu dieser *Kantabstumpfung* sei die vorige als *gerade Abstumpfung* bezeichnet. An der rechten Grundecke lässt sich ein ähnlich gesondertes Wassersystem durch gabelförmige Theilung der rechten Endkante umgrenzen, so dass die eine Wasserscheide vielleicht den nördlichen Parnahyba nach Osten, die andere den unteren Lauf des S. Francisco nach Nordosten begrenzt. Die erstere wird indess vielleicht angemessener als nach Acaraçu verlaufend gefunden werden, wo die vorspringende Küstenecke grössere Höhe zeigt. Ob diese Kantabstumpfungen symmetrisch auch von den eigentlichen, submarinen Grundkanten aus stattfinden, bleibt zweifelhaft, könnte aber an der linken Grundecke wenigstens sehr wahrscheinlich werden. Hier würde der Magdalenenfluss der Abstumpfungsfläche der Endkante, die weiter rechts liegenden Küstenflüsse dagegen der Abstumpfungsfläche von der oberen Grundkante her angehören, und das Maracaibo-Gebiet würde zweifelhaft zur einen oder anderen Abstumpfungsfläche zu rechnen sein. Auch die Verhältnisse an der rechten Grundecke erscheinen in einer andern Hinsicht nicht so einfach, wie zuerst angenommen wurde. Im Gegensatze zur eigentlichen Kantabstumpfung zeigt sich nämlich ein so ungetheilter Verlauf der rechten Endkante bis zum scharf hervortretenden Cap S. Roque, dass die Wassersysteme seiner nächsten Umgebung eine andere Auffassung der Formen vielleicht besser rechtfertigen; nämlich eine Abstumpfung dieser Grundecke zugleich von den Hauptendflächen und den Kanten her, oder eine „Zuschärfung" von der Endkante. Dadurch würden zu beiden Seiten der modificirten Endkante je eine kleine Abstumpfungsfläche erscheinen, von denen die eine die Küstenflüsse zwischen dem S. Francisco und Cap S. Roque, die andere diejenigen zwischen letzterem und Acaraçu enthielte. Aber auf diese genauere Modellirung soll zunächst kein besonderes Gewicht gelegt, sondern vorwiegend von einer einfachen Kantabstumpfung gesprochen werden, welche die früher bemerkte Unsicherheit über den Verlauf der rechten und linken Endkante gegen die Küste, und über die eigentliche Lage der betreffenden Grundecken verursacht. Wegen später zu besprechender Umstände sind indess alle diese kleinen, in ihrer Bedeutung zweifelhaft erscheinenden Wasserscheiden in den Kantabstumpfungsflächen als punktirte Linien angegeben.

Nun steht nichts der Annahme der Wahrscheinlichkeit entgegen, dass die als secundäre Tetraeder wahrnehmbaren Ecken des zweiten Haupttetraeders ähnliche Modificationen erfahren haben werden; und gerade Abstumpfungen des einen, oder Kantabstumpfungen des anderen Paares werden neben der oben geltend gemachten Aufwärtskrümmung und besser als diese dazu führen, die Grundecken desselben als aufgesetzte wirkliche Tetraederformen in den Flächen des ersten Haupttetraeders wie der Augenschein lehrt, auftreten zu lassen. Dabei sind diese aufgesetzten Tetraeder, wenn oder so weit ihre Flächen aus Kantabstumpfungen hervorgegangen sind, um irgend einen Winkel gegen das zweite Haupttetraeder verschoben; und dieser Umstand erschwert die ideelle Construction der wahren Gestalt des zweiten Haupttetraeders in ausserordentlichem Grade, so dass sie bisher nicht gelungen ist. Betrachtet man die secundären Tetraeder jedes für sich, dann kann man das gelegentliche Durchbrechen ihrer Endkanten seitens einzelner Flüsse bequem als gerade Abstumpfung ihrer secundären Grundecken auffassen. —

Was sich also im Vorstehenden als der Grundtypus der allgemeinen Gestalt des südamerikanischen Continents ergeben hat und für die übrigen Erdtheile ergeben wird, das ist ein realiter festgewachsenes Haupttetraeder, mit einem Paare gerade abgestumpfter, einem Paare von der Endkante aus abgestumpfter Ecken, und mit in den Endflächen aufgewachsenen secundären Tetraedern, — welche in einem anderen Sinne auch als die Grundecken eines zweiten, das erste durchstechenden Haupttetraeders in dem ideell, auf seiner nach dem Erdinnern gerichteten zweiten Hauptspitze, mobil balancirenden mineralen Doppeltetraeder, wie einer Zwillings- oder hermaphroditischen Form, aufgefasst werden können. —

In Betreff der speciellen Gestaltung des südamerikanischen Haupttetraeders verdient noch eine Anzahl von Umständen nähere Betrachtung für den Vergleich mit anderen Erdtheilen.

Das Auftreten der secundären Tetraeder in den Hauptendflächen bedingt in der Abgrenzung gegen den Ocean ein sphärisches Ausbauchen der betreffenden Strecken der Grundkanten, eine Gliederung der letzteren in einen das secundäre Tetraeder umschliessenden, zunächst allgemein als gekrümmt zu bezeichnenden, und in zwei gerade Theile, welche die Durchschnittslinie der Hauptendfläche mit der Meeresfläche conserviren sollen, aber natürlich aus mannigfachen Gründen doch sehr unregelmässig gestaltet sein können, während hier das Typische zu betrachten ist. Die Grundkanten sind also eigentlich dreigliedrig. Aber hier, wo wegen der Nähe der secundären Tetraeder zu den Grundecken die einen geraden Strecken mehr oder minder vollständig verschwinden, ist wesentlich nur eine Zweigliedrigkeit zu erkennen. Dabei bedingen die Grösse und specielle Lage des aufgesetzten Tetraeders, wie auch andere Umstände, das Grössenverhältniss zwischen dem geraden und dem gekrümmten Theile jeder Grundkante. So hat die linke Grundkante einen grössten geraden, einen kleineren gekrümmten Theil, welche nahe unter der Tetraederspitze zusammenstossen. Die rechte Grundkante hat umgekehrt einen kleinsten geraden und, zunächst der La Plata-Mündung beginnend, einen grössten gekrümmten Theil. Die obere Grundkante endlich hat beide Theile von ungefähr gleicher Grösse, und die Amazonen-Mündung bildet die Grenze zwischen ihnen.

In den Endkanten wird ebenfalls, wenn auch nicht durch die secundären Tetraeder sondern mehr durch das Zusammenfügen des ebenen und des sphärischen Configurations-Elementes veranlasst, eine ähnliche engere Gliederung stattfinden. Sie ist durch Depressionen oder bedeutendere Erhebungen, und durch den oberen Verlauf von Gewässern mehrfach kenntlich gemacht. Aber die absoluten Höhenunterschiede sind überhaupt nicht sehr stark wechselnd, Genaueres darüber ist nur unvollständig bekannt oder wegen des localen Einflusses von Gebirgsketten schwierig zu behandeln; und so muss auf den Nachweis solcher Gliederung der Endkanten hier verzichtet werden. Was aber ihre horizontalen Projectionen betrifft, in welchen die Endkanten der Karten ausdrucksvoll zur Erscheinung kommen, so genügt es, zunächst mit Rücksicht auf die tetraedrischen Grundecken nur ihren characteristischen Verlauf im Ganzen, nicht eine engere Gliederung in's Auge zu fassen. Dann verläuft die untere Endkante als einfachst gerade Linie nach dem Feuerlande, die linke mit einfacher Krümmung nach rechts nach der linken Grundecke, und die rechte Endkante zeigt als Wellenlinie eine Mittelform zwischen jenen Extremen.

Von der Tetraederspitze abgesehen, setzen sich nun die tetraedrischen Grundecken aus den Endkanten und aus Theilen der Grundkanten wie folgt zusammen: die untere, aus drei geraden, die linke aus drei gekrümmten, und die rechte aus einer geraden, einer gekrümmten und einer welligen Mittelform, so dass also diese letztere Grundecke auch eine Mittelform zwischen jenen Extremen besitzt. Diese Zusammenstellung, obgleich sehr characteristisch, ist natürlich nicht genau, weil die Endkanten sich in anderer Projection zeigen als die Grundkanten, und weil sie in ganzer Erstreckung herangezogen sind, während ihre oberen Theile doch die hier ausser Betracht gelassene Tetraederspitze bilden. Indess zeigt sich die Zusammenstellung wenigstens vorläufig für den Vergleich verschiedener Erdtheile, und als Fingerzeig dafür brauchbar, dass selbst eine genauere Betrachtung der Formen ähnlich lohnend werden mag, wie man dies in der gewöhnlichen Osteologie reichlich erfährt.

Das Wassersystem jeder Hauptendfläche wird durch das vorgelagerte secundäre Tetraeder jedenfalls zweigliedrig gestaltet, indem die einen Mündungen rechts, die andern links vom secundären Tetraeder liegen müssen. Von der Haupttetraederspitze aus gesehen, soll das rechts vom secundären Tetraeder mündende Wassersystem das *rechte*, das links davon mündende das *linke* jeder Hauptendfläche genannt werden. So entsprechen, in der rechten und der oberen Hauptendfläche, der La Plata und der Amazonen-Strom einander als rechte, der S. Francisco und der Orinoco als linke Wassergebiete. Die Flüsse der secundären Endflächen der aufgesetzten Tetraeder vereinigen sich theilweise mit denen der betreffenden Hauptendfläche, theilweise münden sie direct in den Ocean. Dabei sind nun verschiedene Umstände sehr beachtenswerth. Von den rechten Wassersystemen gehört nur der Amazonen-Strom nach Ursprung und Masse zweifellos der Hauptendfläche; aus dieser schöpft noch bedeutend sogar der wesentlich den secundären Endflächen angehörende Rio Negro. Der La Plata dagegen verdankt ein wesentlichstes Glied, den Parana (und Uruguay) als Seitenstück des Rio Negro, einer secundären Endfläche; und er hat seitens der volksthümlichen Anschauung erst im untersten Verlaufe den der Hauptendfläche entsprechend gleichmässig generalisirenden Namen erhalten. Ferner entspringen die linken Wassersysteme, der S. Francisco und Orinoco, ausschliesslich den secundären Endflächen, wenn sie auch, besonders der letztere, im weiteren Verlaufe bedeutenden Zuwachs aus den Hauptendflächen erhalten. In diesen Verhältnissen spricht sich ein relativ sehr grosser Wasserreichthum der secundären Tetraeder aus. Er mag ja theilweise durch die Entwickelung ihrer Endflächen bedingt sein, wie ein Vergleich der Ausdehnung des rechten mit der des oberen Tetraeders erwarten lässt; er mag aber auch theilweise als eine characteristische Beschaffenheit des zweiten (innerirdischen) Haupttetraeders, als eines sehr nassen im Gegensatze zum oberirdischen ersten als eines mehr trockenen, aufgefasst werden können oder müssen. (Das Alte Testament kennt die bedeutende Grösse der innerirdischen Meeresmassen.)

Wie sich das eine und das andere Wassersystem jeder Hauptendfläche im Besonderen gestaltet, das hängt in verständlicher Weise einerseits von der Lage und Form des secundären Tetraeders ab; und da lässt sich denken, dass bei grosser Nähe zur Grundecke das eine System nicht nur zu einem einzigen Flusse, wie der Orinoco oder der S. Francisco zusammengedrängt, sondern selbst ganz zum Verschwinden gebracht werden kann, so dass wesentlich nur ein einziges Wassersystem der Hauptendfläche übrig bleibt. Die besondere

Gestaltung des Wassersystemes hängt anderseits vom Spitzwinkel, von der Neigung und Ausdehnung der Hauptendfläche, sowie davon ab, wie sich das sphärische Configurations-Element in ihr selbst oder von den Endkanten aus geltend macht, ursprünglich, oder im Zusammenhange mit der substanziellen Beschaffenheit des Bodens durch fortschreitendes Verwittern und Auswaschen. Auf der einfach geneigten Ebene bilden die Quellen bis zu ihren Mündungen eine Reihe paralleler Flüsse, wie dies im Anschlusse an die geradlinige untere Endkante in der linken und in der rechten Endfläche zu bemerken ist. Die convexe Wölbung eines Theiles der Hauptendfläche wird das Wassersystem desselben divergirend verlaufen lassen, und dieser Fall ist, im Anschlusse an die Rechtskrümmung der linken Endkante, in deren westlichen Küstenflüssen wenigstens angedeutet. Die concave Wölbung eines Theiles der Endfläche wird alle betreffenden Quellen zu einem einzigen grossen Strome convergirend machen, wie sich dies, im Anschlusse an dieselbe Krümmung der linken Endkante, in der oberen Endfläche so ausdrucksvoll zeigt. Wo endlich, ebenfalls als Mittelform zwischen convex und concav, und in einem anderen Gegensatze zur ebenen Fläche, sowie im Anschlusse an die gewellte rechte Endkante, convexe und concave Wölbungen zu parallelen Terrainwellen combinirt sind, da werden sich die Quellen zu wenigen grossen Parallelströmen gruppiren, deren unterer Verlauf, ob getrennt bleibend oder sich vereinigend, dann von den übrigen Bedingungen und besonders von der Lage des secundären Tetraeders abhängt.

Im Allgemeinen bleiben die Wasser der einen sekundären Endfläche theilweise oder ganz als ein besonderes Küstenflussgebiet bestehen, welches neben den beiden, rechten und linken, Hauptwassersystemen eine untergeordnete Dreigliedrigkeit bedingt. Eine solche wird übrigens auch dadurch angedeutet, dass, neben den ganzen Wassersystemen der Hauptendflächen einerseits die Kantabstumpfungs-, anderseits die geraden Abstumpfungsflächen der Tetraederecken die Unterlagen für besondere Wassersysteme bilden. Von diesen ist besonders das völlig isolirte Seegebiet der abgestumpften Tetraederspitze, und im stärksten Gegensatze dazu das direct oceanische Wassergebiet der abgestumpften Grundecke bemerkenswerth.

Zur Characteristik der allgemeinen Lage des südamerikanischen Haupttetraeders dient eine für die untere Grundecke gezogene Schwerlinie, deren oberes Ende östliche Abweichung vom mittleren Meridiane zeigt.

Von der Tetraederspitze oder dem Schwerpunkte der Grundfläche aus betrachtet, lassen die drei Grundecken mehr oder minder starke Krümmungen ihrer äussersten Theile nach links herum erkennen. In ihren grösseren Gliedermassen dagegen, wenn man die seitens der aufgesetzten Tetraeder bedingten Krümmungen der Grundkanten und die Form der Endkanten in Betracht zieht, zeigt nur die rechte Grundecke eine etwas verwischte Krümmung nach links herum, welche durch eine sehr stark ausgesprochene Krümmung der linken Grundecke nach rechts herum mehr als nur compensirt erscheint. In der Krümmung der äussersten Ecken, besonders in der sehr starken der unteren Grundecke liegt die Begründung der früheren Voraussetzung einer Aufwärtskrümmung der Grundecken des zweiten Haupttetraeders, so dass sie auch ohne Abstumpfungsflächen die tetraedrische Pyramidenform zeigen könnten.

In dem mehr ideellen Sinne, zu welchem das zweite Haupttetraeder die Auffassungsweise über das Doppeltetraeder beeinflusst hat, kann man entweder in jener östlichen Abweichung der Schwerlinie und in der überwiegenden Rechtskrümmung der grossen Masse der linken Grundecke die begonnene Realisation der als möglich besprochenen Horizontaldrehung des Doppeltetraeders, und zwar nach rechts herum finden, — wobei die äussersten, dünnsten Glieder, besonders aber die abgeschnittene, nur wie eingelenkte untere (Feuerlands-)Grundecke etwas zurückgeblieben sind. Oder, man kann in den Krümmungen der äussersten Ecken die begonnene Realisation solcher Drehung, aber nach links herum finden, welche gegenüber der grossen, festgewachsenen Tetraedermasse auf ein ohnmächtiges Ringen jener leicht beweglichen äussersten Glieder beschränkt geblieben ist. Dann aber beide Auffassungen als ideell zunächst gleichwerthig vereinigend, wird man in der Abweichung der Schwerlinie, besonders aber in den entgegengesetzten Krümmungen der Grundecken gleichmässig die körperlich bis zu gewissem Grade fixirten Tendenzen des typischen Doppeltetraeders zu Horizontaldrehungen nach rechts und nach links herum, zu Schwingungen um eine mittlere Gleichgewichtslage gelten lassen können, welche von Erdtheil zu Erdtheil eine fortschreitende Aenderung zu erkennen geben wird.

Schliesslich ist noch die Art bemerkenswerth, in welcher der reale Anschluss an Nordamerika und der mehr ideelle an Afrika stattfindet. Für jenen dient die linke, für diesen die rechte Grundecke, welchen beiden die Kantabstumpfung eigen ist; und es wird sich zeigen, dass auch bei jenen beiden Erdtheilen gerade solche Grundecken mit Kantabstumpfungen die Anschlüsse bilden helfen.

In der beigefügten Karte von Südamerika sind, der geschilderten tetraedrischen Gliederung entsprechend, die dreistrahligen Haupt- und secundären Endkantensterne als rothe Linien, die Hauptendflächen roth, grün, gelb, die secundären Endflächen in ähnlichen Farben, dagegen die geraden Abstumpfungsflächen und die Kantabstumpfungsflächen blau dargestellt. Bei den folgenden Erdtheilen, in ihren correspondirenden Stellungen, sind die mit den südamerikanischen der Lage nach correspondirenden Hauptendflächen mit jenen stets gleichfarbig gemacht. Flächen, welche nachbarlichen Erdtheilen angehören, sind, zur Unterscheidung vom betreffenden Haupterdtheile selbst, stets ohne Färbung gelassen.

# Afrika.

Mit drei Karten, Blatt 2, 3, 4.

Es bedarf des festen Eingewöhnens der Vorstellungen, zu welchen die einfachen und klaren Formverhältnisse von Südamerika geführt haben, wenn man die Schwierigkeiten überwinden will, welche Afrika (Blatt 2) dem Verständnisse der folgerichtigen Gesetzmässigkeit seiner Gestaltung darbietet; und man muss willig bleiben, sich ungewöhntere neue Anschauungen anzueignen, welche durch besondere Verhältnisse dieses Erdtheiles aufgezwungen werden. Diese Schwierigkeiten sind natürlich zum Theil darin begründet, dass seine Wassersysteme wenig genau bekannt, auch wegen des Klimas oder wegen geologischer Verhältnisse nur unvollständig oder temporär entwickelt, oder seit langer Zeit bedeutend verändert sind; dass also die genauere Auffassung über Details der durch sie angezeigten tetraedrischen Formen etwas schwankend sein muss. Wie schon erwähnt, lässt sich indess doch sagen, dass selbst die bedeutenden geographischen Entdeckungen während der letzten Jahrzehnte eigentlich in keinem wesentlichen Punkte die ursprüngliche Auffassung zu ändern gezwungen haben, — abgesehen von einer allerdings wichtigen Verschiebung der Tetraederspitze um etwa fünf Breitengrade weiter nach Süden, und ferner abgesehen von der besonderen Gestaltung dieser Spitze. Es lässt sich deshalb diese Auffassung jetzt wirklich als in der Hauptsache abgeschlossen betrachten, wie schwankend sie auch in untergeordneten Punkten noch bleiben und in der Folge corrigirt werden mag.

Die grössten Schwierigkeiten liegen vielmehr darin, dass sich in diesem Erdtheile, verglichen mit Südamerika, das sphärische Configurations-Element weit überwiegender geltend macht, und zwar sowohl in der Abrundung seiner Figur im Ganzen, wie in der plumpen Rundung vieler seiner Theile, und im Lostrennen oder im Zusammenfalten anderer Theile in einer Weise, gegen deren unbefangene Anerkennung sich die Reste der herrschenden Zeitmeinungen Jahrzehnte lang sträuben können. Dazu erscheint der ganze Erdtheil höchst unselbstständig, in breiter Erstreckung an Asia-Europa angelehnt, theilweise sogar mit ihm verwachsen, so dass es nicht geringe Mühe macht, den Erdtheil als geographisches Ganzes vollständig zusammenzufinden; denn Arabien gehört nach allen hier überhaupt in Betracht kommenden Verhältnissen ganz zweifellos zu Afrika statt zu Asien. Hat man aber diese Schwierigkeiten überwunden, dann macht Afrika den Eindruck, als sei es die embryonale Form der ebenso scharflinigen wie feinen und klaren Gliederung von Südamerika; und bei der Analyse solcher embryonalen plumpen und gefalteten Form muss man mit grosser Vorsicht die zusammen und die gegeneinander wirkenden Umstände in Betracht ziehen, bevor man zu einem befriedigenden Abschlusse der Auffassung über manche wichtige Punkte gelangen kann. —

Ueber die allgemeine, der südamerikanischen ähnliche Dreieckform seiner Grundfläche kann man trotz der Abrundung nicht im Zweifel bleiben, und wird dabei das Capland unbedenklich als die untere Grundecke des ungleichseitigen Dreiecks gelten lassen, einer plumpen Feuerlandsecke entsprechend. Dabei ist der Knick der linken Grundkante hier zu fast rechtem Winkel verstärkt, so dass sie südwestliche Lage, die obere Grundkante dagegen nordwestliche angenommen hat, wie sich aus dem Zusammenhange aller Umstände ergeben wird. Nur die rechten Grundkanten beider Erdtheile haben übereinstimmende Lage. Die genauere Lage der beiden anderen Grundecken erscheint zunächst sehr zweifelhaft, und das von ihnen abhängige Grössenverhältniss der Grundkanten wird deshalb besser erst in der Folge besprochen.

Die Hauptendflächen ergiessen ihre Wassersysteme einerseits in den Indischen, anderseits in den Südatlantischen, und drittens, theilweise direct, theilweise indirect durch das Mittelländische Meer in den Nordatlantischen Ocean. Dabei muss man mehr als je von der verzwickten Lage der Quellen und ihrem verzwickten Verlaufe absehen, wesentlich nur das Ortsverhältniss derselben zu ihren Mündungen in den Grundkanten für jene drei Oceane in's Auge fassen. Dann ergeben sich die generellen Neigungen der Endflächen, der allgemeine Verlauf der Endkanten und ihre Vereinigung in der Tetraederspitze, an deren nördlichem Abhange das Nilgebiet für die obere Endfläche beginnt. So gewinnt man aus den allgemeinen Fallrichtungen der drei grossen Wassergebiete die Anschauung des allgemeinen Charakters der dreiseitigen Pyramide, indem man die Binnengewässer und die genaue Lage der Grundecken vorläufig noch ausser Acht lässt.

Die Tetraederspitze liegt hier, im Gegensatze zu Südamerika, der rechten Grundkante näher als der linken, wenn auch in weit weniger stark ausgesprochenem Verhältnisse. Sie ist aber zugleich bedeutend weiter nach der unteren Grundecke gerückt. Und im Zusammenhange mit dieser Lage der Spitze gestalten sich Spitzwinkel und Ausdehnung jeder Hauptendfläche anders als bei Südamerika.

Die Complicationen dieses vorläufig in groben Zügen modellirten Haupttetraeders sind denen bei Südamerika ähnlich. So erscheinen in den Hauptendflächen aufgesetzte Tetraeder, deren allgemeine Lage unverkennbar, deren besondere Beschaffenheit aber theilweise wieder sehr schwierig festzustellen ist, beziehungsweise noch unsicher bleibt. In der oberen Endfläche ist es das Erhebungsgebiet der westlichen Mittelmeerküste, welches mit seiner Endkante weit nach Süden reicht. Der Versuch, seine secundären Endflächen und Endkanten zu bestimmen, kann nach Lage der Verhältnisse vielleicht noch nicht auf die Dauer befriedigend ausfallen. Als wahrscheinliehst ergiebt sich, dass die nordwestliche secundäre Endfläche die Küstenflüsse westlich von Cap Blanco (oder Bon) bis etwa zur Mündung des Wadi Draa oder nur Cap Ghir an der Atlantischen Küste enthält, so dass ihre Wasserscheide gegen Süden durch die Vereinigung von zwei der secundären Endkanten gebildet wird. Die südöstliche secundäre Endfläche scheint ihre Durchschnittslinie mit der Hauptendfläche im Wadi Igharghar zu finden und die nördlichen bis südwestlichen Zuführungen desselben zu enthalten. Die südwestliche secundäre Endfläche schliesst sich an die das Igharghar-Gebiet im Westen als dritte secundäre Endkante begrenzende Wasserscheide, und wird, die Wadi Tighebert, Msaud und Saura bergend, vielleicht schon im unteren Laufe des Wadi Draa das Ende ihrer Durchschnittslinie mit der Hauptendfläche finden, während der obere Anfang dieser Linie noch unsicher ist. Dieses sekundäre Tetraeder hat gedrungenere, mehr gleichseitige Gestalt, verglichen mit den langgestreckten von Südamerika. Es liegt aber, von der Haupttetraederspitze aus betrachtet, wie in Südamerika zunächst der linken Endkante, und zugleich zunächst der linken Grundecke, wenn auch in bedeutend grösserer Entfernung von letzterer, wie sich in der Folge bestimmter ergeben wird.

In der rechten Hauptendfläche ist die bei Südamerika besprochene Möglichkeit verwirklicht, indem ihr secundäres Tetraeder als Madagascar vom Continente abgelöst ist. Die geringe Ausbildung seiner Endflächen lässt über die Lage der Endkanten im Zweifel, wenn man nicht die submarinen Bodenverhältnisse mitberücksichtigt. Mit Zuhilfenahme derselben erscheint auch dieses secundäre Tetraeder von sehr gedrungener Form, aber noch weit charakteristischer ist der Grad embryonaler Zusammenfaltung seiner beiden submarinen Endkanten. Es liegt, im Gegensatz zu dem entsprechenden von Südamerika, zunächst der rechten Endkante und zugleich zunächst der rechten Grundecke, — wie immer von der Haupttetraederspitze aus betrachtet —, beiden indess ebenfalls ferner bleibend als in Südamerika.

In der linken Hauptendfläche ist im Zusammenhange mit mancherlei Umständen, die theilweise erst noch zur Sprache kommen werden, das secundäre Tetraeder aus dem fernen insularen Zustande der südamerikanischen Galapagos hier als Hoch-Sudan, ebenfalls von gedrungenster Form, ganz continental geworden. Die Durchschnittslinien seiner Endflächen mit der Hauptendfläche geben unverkennbar: die nordwestliche das Bett für den oberen nordöstlichen, die nordöstliche das Bett für den mittleren südöstlichen Lauf des Niger, der dann die secundäre Endfläche bis etwas oberhalb der Einmündung des Benuë ausgewaschen, und nun scharf nach Süden biegend die östliche secundäre Endkante durchbrochen hat. Die nördliche secundäre Endkante scheint übrigens vom mittleren Niger ebenfalls durchbrochen worden zu sein, sich also über ihn hinaus weiter nach Norden zu erstrecken. Die Durchschnittslinie der südlichen secundären Endfläche mit der Hauptendfläche bildet kein Flussbett, sondern ist dachfirstartig, und beiden Flächen gehören alle Küstenflüsse westlich vom Niger bis etwa Monrovia. — Dieses secundäre Tetraeder liegt wie in Südamerika zunächst der rechten Endkante und zunächst der rechten Grundecke, von der Haupttetraederspitze aus gesehen, ist aber beiden zugleich weit näher gerückt, als in irgend einem anderen Falle, und compensirt dadurch das bei den andern secundären Tetraedern bemerkte Entrücktsein in grössere Fernen.

Fasst man nun mit Zuhilfenahme der secundären Tetraeder das afrikanische Doppeltetraeder und die ideelle Mobilität des ideellen Grundtypus der Erdtheile in's Auge, dann wird man, von Südamerika zu Afrika übergehend, das Verschieben der Tetraederspitze nach der rechten Grundkante, im Zusammenhange mit der continentalen Aufnahme des linken secundären Tetraeders und dem insularen Ablösen des rechten, als das Resultat einer Verticaldrehung des typischen Doppeltetraeders um seine ungefähr meridionale Schwerpunktaxe für die untere Grundecke gelten lassen können. Da aber die Tetraederspitze zugleich bedeutend nach Süden gerückt ist, so erscheint das Südende dieser Schwerlinie zugleich stärker nach dem Erdinnern geneigt, die untere Grundecke also stärker als bei Südamerika submarin geworden zu sein. Das musste ihre nächsten Tiefländer rechts und links ebenfalls submarin verschwinden machen, während durch solche Neigung der Schwerlinie des ideellen Grundtypus die ganze obere Hauptendfläche zu grosser Ausdehnung und bis fast zur Horizontalität gehoben erscheinen konnte.

Die zweite Modification zeigt sich in der in grossem Maassstabe ausgeführten Abstumpfung einer Grundecke, aber hier nicht der unteren, sondern der rechten; das heisst wieder derjenigen, in deren Nähe sich kein aufgesetztes Tetraeder befindet. In dieser Hinsicht entspricht also Arabien dem Feuerlande, wie wenig entsprechend seine plumpe Form und Grösse im Uebrigen auch erscheint. Bei dieser Abstumpfung sind folgende Umstände bemerkenswerth. Die drei tetraedrischen Kanten sind nämlich sehr ungleich behandelt, indem die rechte Grundkante durch den Golf von Aden sehr breit, die rechte Endkante dagegen durch die Strasse Babel Mandeb nur schmal eingeschnitten, und die obere Grundkante endlich, wenigstens in historischer Zeit und seitens der natürlichen Geographie ganz intakt gelassen ist. Es hat also keine vollständige Ausführung des Abstumpfens stattgefunden, während doch dem Menschen wiederholt eine Art von andeutungsweiser Vervollständigung der ganzen Operation vermittelst des Suezkanales nahegelegt worden ist. In vorhistorischen Zeiten mag die Landenge von Suez gelegentlich submarin gewesen sein, wie auch genug Anzeichen dafür vorhanden sind, dass der Meerbusen von Akaba dann bis zum Jordanthale verlängert war.

Nach der Analogie, welche sich in den Formverhältnissen zeigt, darf man vielleicht im Voraus erwarten, dass auch an der Tetraederspitze eine Abstumpfung in sehr grossem Maassstabe veranlagt, aber in irgend welchem Sinne, und mit ungleicher Behandlung der Endkanten, beziehungsweise der Endflächen, unvollständig ausgeführt sein wird, während also die ganze Spitze selbst überhaupt nicht abgestumpft erscheinen mag. Diese allgemein geartete Erwartung, welche natürlich noch nicht, oder überhaupt nicht auf jeden besonderen Umstand zutreffend ausgedehnt werden kann oder soll, wird durch die Wirklichkeit in einer eigenthümlichen Weise gerechtfertigt.

Es besteht nämlich nicht eine einzige Abstumpfungsfläche wie in Südamerika; sondern die Abstumpfung, in relativ tiefem Niveau auf ausserordentlich grossen Umfang ihrer Fläche angelegt, zeigt eine ungleiche Behandlung der einzelnen Endkanten und Endflächen in der Weise, dass die ganze Abstumpfungsfläche in mehrere einzelne Abschnitte zerlegt erscheint, welche verschiedene Höhenlagen, sehr verschiedene Ausdehnungen, und entweder permanente oder temporäre, oder nur theilweise räumliche Isolirtheit (als Seen mit Abfluss) der Wassersysteme besitzen, welche sie bergen oder einst genährt haben. So hat die linke Endkante das grosse Abstumpfungsgebiet des Tsad-Sees. Rechnet man die gegenwärtig trocken liegenden Wadis, soweit ihr sicherer oder wahrscheinlicher Verlauf dies gestattet, als die oberen, einer früheren Epoche des Erdtheiles angehörig gewesenen Anfänge der jetzigen Flussgebiete der Endflächen, dann erscheinen in den beiden anderen Endkanten keine Abstumpfungsflächen für isolirte Wassersysteme. Solche treten dagegen, wenn auch mehrfach mit Abfluss versehen, in dem Spitzwinkel jeder Endfläche auf. So bergen die Abstumpfungen der Endflächen die grossen Seen des Nils für die obere, und des Congo für die linke Endfläche, und auch der Njassa der rechten Endfläche ist nicht völlig isolirt. Dabei ist die äusserste Spitze des Tetraeders selbst wirklich gar nicht abgestumpft. Der allgemeine Character des Unfertigen, welche der ganzen Abstumpfungsoperation bei Afrika eigen ist, macht fast den Eindruck, als sei das beabsichtigt Gewesene mitten in der Ausführung vollständig aufgegeben. Aber neben solcher mechanischen Auffassung einer von Aussen bewirkten Arbeit giebt es eine organische, welche den embryonischen Character dieses Erdtheiles auch darin angezeigt findet, dass seine Spitze als ein der Anlage nach sehr grosses Glied noch unausgebildet mit dem Gesammtkörper verknüpft, wie ein plumpes Stummelglied geblieben ist, wie die Glieder der Dickhäuter.

Was die dritte Modification des Haupttetraeders, die Abstumpfungen der beiden anderen Grundecken von den Endkanten aus betrifft, so macht sie sich nicht so unmittelbar auffallend bemerklich wie bei Südamerika; sie ist ebenfalls wie noch in der Ausbildung begriffen gewesen und stehen geblieben zu betrachten, und man muss deshalb mit Wahrscheinlichkeiten rechnen, so lange genauere Karten fehlen. Die untere Grundecke ist so tief submarin versenkt, dass man eine steil abfallende Kantabstumpfungsfläche von geringer Ausdehnung erwarten darf. Man wird ihr vielleicht nur die Küstenflüsse vom Grossen Fischflusse bis zum Cap der Guten Hoffnung zuzurechnen haben, so dass sie ähnlich beschränkt erscheint, wie die Kantabstumpfungsfläche der rechten Grundecke von Südamerika. An die Wasserscheide, welche dieses Flussgebiet von Küste zu Küste im Norden begrenzt, schliesst sich nun die untere Endkante an, in afrikanisch grobzügiger Wellenlinie die Wasserscheide bildend zwischen den Flussgebieten der linken und der rechten Endfläche. In jener zählen der Oranje-Fluss und der Congo, mit Allem, was an Wadis von gleicher Fallrichtung sicher oder wahrscheinlich zwischen ihnen rangirt, ohne eigentliche Abstumpfungsgebiete zu markiren. In der rechten Endfläche zählen, vom Kei-Flusse beginnend, besonders der Limpopo, Sambesi, Rovuma und Rufidji, dessen nördliche Quellen schon der Tetraederspitze entspringen, und die nördlicheren Flüsse bis Cap Gardafui.

Die Kantabstumpfung der linken Grundecke wird man aus demselben Grunde, der Senkung der unteren Grundecke, hier durch Hebung bedeutende Ausdehnung und ein grosses Wassersystem besitzend erwarten dürfen, mehr noch als an der linken Grundecke von Südamerika. In diesem Sinne, und von den vorspringenden Landecken als Kantmarken geleitet, wird man die Flüsse vom Casamance bis etwa zum Südlichen Cap Blanco (Levrier-Bai) in ihr liegend finden. Das ist freilich ohne genauere Localkenntniss noch nicht zuverlässig zu entscheiden, lässt sich aber vorläufig als sehr wahrscheinlich annehmen. Die linke Endkante geht dann von der dieses Wassersystem (mit Senegal und Gambia) umschliessenden Wasserscheide aus im weiten nördlichen Bogen, — wenn das Wadi-Gebiet des Etmet Taderret wirklich zum Niger-Gebiete rangirt, — also im Gegensatze zur linken Endkante von Südamerika mit Krümmung nach links herum, nach dem Abstumpfungsgebiete des Tsad-Sees, und bildet von hier aus die Wasserscheide in fast geradlinigem Zickzack zwischen den Flussgebieten Congo und Nil.

Die rechte Endkante verläuft von der Tetraederspitze aus zunächst mit einem ähnlichen Gemische von geraden Linien und kleinen Bögen als Wasserscheide zwischen dem Nil-Gebiete und den Flüssen der rechten Endfläche nördlich vom Rufidji bis zur Strasse Babel Mandeb. Ihren weiteren Verlauf wird man als nach der Hormus-Strasse gerichtet anzunehmen geneigt sein, wie die punktirte Linie andeutet. Da aber Euphrat und Tigris in der Durchschnittslinie zwischen einer Hauptendfläche von Asien und der Arabischen Fläche fliesst, so muss letztere eine Fallrichtung zwischen Nordost und Ost bis Südost besitzen, und besitzt sie nach Aussage der Wadis wirklich. Eine solche Fallrichtung stimmt aber durchaus nicht mit derjenigen der oberen Endfläche von Afrika überein. Um diesen Widerspruch zu lösen, könnte man sich mit der mechanischen Auffassung behelfen, dass die arabische Grundecke vom Continente in solcher Weise abgebrochen sei, um an Arabien südwestlich die schmale Bruchfläche mit Wasserscheide gegen die nordöstliche arabische Hauptfläche von erforderlicher Fallrichtung zu zeigen. Dabei würde diese Wasserscheide für die typische Form des Erdtheiles bedeutungslos sein. Dass aber gerade diese Wasserscheide als der untere Verlauf der rechten Hauptendkante angesprochen und voll ausgezogen ist, beruhet in einer anders gearteten Auffassung, welche erst in der Folge gerechtfertigt werden wird. Uebrigens wird jene mechanische Auffassung schon deshalb zweifelhaft, weil die arabische Grundecke theilweise auf dem asiatischen Continente aufliegen würde; man also entweder ein Abbrechen durch Unterwaschen seitens des Euphrat, oder ein solches seitens des Oceans (richtiger seitens des alten Gichon von der jetzt rudimentären, einst mächtig gewesenen Gichonquelle aus?), mit Durchbiegung der Bruchstelle nach unten statt nach oben erwarten könnte.

Die drei Endkanten zeigen weniger so extrem verschiedene Formen wie in Südamerika, sondern dem übrigen Character von Afrika entsprechend mehr plumpe Mischformen, in denen sich indess theilweise eine stärker ausgeprägte Zweigliedrigkeit bemerklich macht. Geht man aber nicht näher auf diese Formnüancen ein, dann wird man die linke Endkante als die nach links herum gekrümmte, die rechte als die eventuell gebrochen geradlinige, und die untere als von grobwelliger Mischform wenigstens der Anlage nach gelten lassen können. Dann sind also gleichmässig die linken Endkanten beider Erdtheile, aber in entgegengesetztem Sinne gekrümmt. Die beiden anderen Paare dagegen haben der Form nach ihre relativen Stellungen vertauscht, wie auch das rechte secundäre Tetraeder seine Stellung von Südamerika zu Afrika von links nach rechts, von der Tetraederspitze aus gesehen, gewechselt hat.

Die Gliederung der Grundkanten ist theilweise geringer, theilweise stärker ausgeprägt zweigliedrig, als in Südamerika; sie wird bei der oberen und rechten wegen grösserer Entfernung der secundären Tetraeder von den nächsten Grundecken fast dreigliedrig. Findet man bei der einen Auffassung die rechte Grundecke an der Hormus-Strasse, dann zeigt das Grössenverhältniss der Grundkanten nur mässige Unterschiede. Doch ist im Gegensatze zu Südamerika die linke Grundkante die kleinste. Letztere hat einen grössten geraden, einen sehr kleinen gekrümmten Theil, der linken Grundkante von Südamerika entsprechend; aber fast ohne Spur von Dreigliedrigkeit, weil sich das linke Tetraeder so dicht an die Kantabstumpfungsfläche der linken Grundecke anschliesst. Die rechte Grundkante hat, in umgekehrter relativer Lage verglichen mit der rechten Grundkante von Südamerika, einen grössten gekrümmten, einen kleineren geraden Theil, wenn man das gerade untere Stück, also die Dreigliedrigkeit ausser Acht lässt und dagegen die submarine Erstreckung des rechten secundären Tetraeders berücksichtigt. Die obere Grundkante endlich hat beide Theile von ungefähr gleicher Erstreckung, und entspricht Südamerika auch in der relativen Lage dieser Theile. Indess wird, wie die Zweigliedrigkeit der Endkanten, so die Dreigliedrigkeit auch der oberen Grundkante doch so auffallend, dass in dieser Hinsicht strenge Vergleiche mit Südamerika kaum noch zu passen scheinen.

Sieht man aber wie früher von der Tetraederspitze ab, ferner von einer Zweigliedrigkeit der End- und einer Dreigliedrigkeit der Grundkanten, dann setzen sich die tetraedrischen Grundecken in folgender Weise aus Endkanten und Theilen von Grundkanten zusammen: die linke aus drei gekrümmten, wie in Südamerika; die rechte aus drei geraden, und die untere aus einer geraden, einer gekrümmten und einer Mischform; — so dass also die beiden letzteren Grundecken ihre relative Stellung, gegenüber den südamerikanischen, vertauscht haben.

Das Wassersystem jeder Hauptendfläche wird durch das vorgelagerte secundäre Tetraeder wie immer zweigliedrig getheilt; aber nur in der oberen Endfläche ist dieses Verhältniss angenähert so einfach, wie in Südamerika ausgebildet, wenn man von der veränderten Fallrichtung ihres arabischen Theiles absieht. Denn das rechte Wassersystem ist als Nil fast so grossartig veranlagt wie der entsprechende Amazonen-Strom, und das linke Wassersystem könnte ebenfalls eine dem Orinoco entsprechende Grösse besitzen. Aber es ist auf Wadis reducirt, welche es von der linken Endkante her in grosser Ausdehnung trocken lassen, was ja auch für den westlichen Theil des rechten Gebietes gilt. Ob das linke Wassersystem wieder dem secundären Tetraeder entspringt und wesentlich angehört, ist noch nicht sicher zu entscheiden, wird aber durch den Wasserreichthum der südöstlichen secundären Endfläche sehr wahrscheinlich, in deren Durchschnittslinie mit der Hauptendfläche der Wadi Igharghar liegt. — In der linken Hauptendfläche fehlt das sonst grösste, rechte Wassersystem wegen Mangels räumlicher Grundlage fast vollständig, hat nur die Küstenflüsse etwa vom S. Paul River bis vor dem Camance aufzuweisen. Dagegen ist hier das linke Wassersystem in ganz ausserordentlichem Grade entwickelt, und entspringt als Niger sicher dem secundären Tetraeder. Indess bleibt der Niger den Umständen entsprechend von den südlicheren Wassern der Hauptfläche getrennt, deren Congo mit ihm an Grösse rivalisirt. — Solche Zersplitterung des (rechten und des) linken Wassersystems in mehrere grosse Glieder wiederholt sich in der rechten Hauptendfläche noch vielseitiger, weil die Tetraederspitze näher liegt. Diese Endfläche würde eigentlich nur wenig grössere Küstenflüsse als die linke von Südamerika besitzen, wenn nicht starke Faltungen der Endkanten einzelne umfangreiche Bettungen wie besonders für den Sambesi lieferten.

Die allgemeine Lage des afrikanischen Tetraeders ist der Art, dass, wenn man seine Schwerlinie für die untere Grundecke zieht, dieselbe kaum eine Abweichung vom mittleren Meridiane zeigt. Von Südamerika her würde also der ideelle Grundtypus der Erdtheile eine Horizontaldrehung (in Horizontalebene) nach links herum vollzogen haben, oder vollziehen müssen, um die meridionale Stellung von Afrika einzunehmen.

Die Grundecken lassen in ihren grossen Massen theilweise sehr stark ausgeprägte Krümmungen erkennen. Dieselben gehen bei der linken Grundecke in Folge der Krümmung der Endkante, und bei der rechten Grundecke, trotz der Geradlinigkeit ihrer Kanten, nach links herum, bei der unteren Grundecke dagegen nach rechts herum, und nur ihre äusserste Ecke lässt die entgegengesetzte Krümmung erkennen. Im Ganzen überwiegen also die Realisationen einer ideellen Tendenz des continentalen Grundtypus zur Horizontaldrehung nach links herum.

Durch diese sich mehrenden Anzeichen von ideellen rotatorischen Antrieben an den Erdtheilen und in der Erdoberfläche aufmerksam gemacht, denen die ideelle Grundform ausgesetzt zu sein scheint, und welche in gewissem Umfange, durch Gegenantriebe beeinflusst, in mancherlei Beziehungen als thatsächlich sehr beschränkt realisirt sich auffassen lassen, wird dem Beobachter der Versuch nahe gelegt, wesentliche Configurations-Elemente von Afrika durch solche Horizontaldrehung um den Schwerpunkt der Grundfläche zu übereinstimmender Anordnung mit denen von Südamerika zu bringen. Aber dieser Versuch misslingt. Wie sich auch die übrigen Erdtheile in dieser Hinsicht verhalten mögen, — das afrikanische Tetraeder ist nicht durch solche Drehung aus dem südamerikanischen abzuleiten. In dieser Beziehung besteht trotz vielseitiger Uebereinstimmung zwischen beiden Erdtheilen eine Kluft; — indess doch nur so lange, als man beide Erdtheile gleichmässig vom peripherischen Standpunkte, von dem der Erdoberfläche aus betrachtet. Denn diese Kluft verschwindet fast vollständig, und Südamerika und Afrika werden in den wesentlichsten Zügen ihrer Configuration übereinstimmend, sobald man etwa Afrika ungefähr wie aus einem Standpunkte im Erdinnern betrachtet, und zwar indem man das durchscheinende Bild der um die Schwerlinie für die linke, mit Südamerika meist übereinstimmende Grundecke umgewendeten Karte zeichnet. Das so im Ganzen reversirte Afrika (siehe die betreffende Karte Afrika II, Blatt 3) stimmt dann mit dem Bilde von Südamerika in einer Anzahl wichtiger Punkte überein, nämlich in der Lage der aufgesetzten Tetraeder, und in der Zusammensetzung und Abstumpfungsart der Grundecken. Die Uebereinstimmung würde vervollständigt werden, wenn man sich noch eine Verticaldrehung (in Verticalebene) um die Schwerlinie für die abgestumpfte untere Grundecke als Axe so weit ausgeführt denkt, dass Madagaskar wieder continental, das secundäre linke Tetraeder dagegen wie die Galapagos-Inseln insular abgelöst wird.

In solcher Reversion des Bildes von Afrika scheint freilich zunächst nur müssige Spielerei zu liegen. Sie könnte indess doch tiefen Sinn bergen. Für das zweite Haupttetraeder ist das Erdinnere gewiss der angemessenere, wenn auch für jetzt nur ideell zugängliche Beobachtungsort. Die negativen Körper-, die oceanischen Gefässformen der Erdoberfläche zeigen zweifelsfrei vielfache Aehnlichkeit mit den soliden Continentalformen. Und das Durchscheinende ist eben auch eine Art negativen Tetraederbildes: es wird die positive Continentalfigur, wenn man sich den Continent als *hohle*, in der Grundfläche offene Pyramide, und dann als solche durchgestülpt denkt. — Der Grundtypus der Erdtheile, mit seinen speciellen Form-Elementen und Variationen nach mannigfachen Richtungen, bildet etwas wie Hieroglyphen; und indem sich diese von Erdtheil zu Erdtheil gesetzmässig wenn auch für die mechanische Auffassung ungewohnt eigenartig ändern, fügen sie sich zu einer Schrift aneinander, welche einen überraschend reichen Inhalt birgt, und der Entzifferung wie der abermaligen ernsten Beachtung harrt, nachdem sie wieder einmal Jahrtausende lang vergessen und unlesbar gewesen ist. Es mag deshalb sehr wohl sein, dass die afrikanisch-geographische Hieroglyphe wirklich als sonderbar geformter Wegweiser — in das Erdinnere den modernsten Menschenkindern dienen soll, denen die „guns of Burrisaul" in der Gegend des Ganges-Delta vorläufig noch nicht genügen werden als akustische Fingerzeige für das „Donnern" innerirdischer Gewitter, von dem das Alte Testament in Chan. 59, 2 erzählt, auch in Ps. 18, 14.

Aber das im Ganzen reversirte Bild von Afrika, wenn man an dem Verlaufe seiner einen Endkante nach der Hormus-Strasse festhält, zeigt noch weit mehr als das gewöhnliche Bild eine unbefriedigende Gestalt für jedes Auge, welches das Wesen der Formen der mineralen Glieder der Erdoberfläche verständnissvoll in sich aufgenommen hat. Dieser Gestalt würde zweifellos etwas fehlen, nämlich ein äusserster Theil der abgestumpften Grundecke, welcher wie die Falkland-Inseln bei Südamerika durch zweifache Abstumpfung (entsprechend den Abstumpfungsflächen der Tetraederspitze Afrika's in bedeutend verschiedenen Höhenlagen) abgetrennt, und also noch auf Asien liegen könnte. Letzteres kann aber im Gebiete des Euphrat und Tigris selbst unmöglich der Fall sein, denn dieses Flussgebiet und die Golfe von Persien und Oman würden gerade die Abtrennung bewirken. Nun könnte man die abgetrennte äusserste Grundecke in dem Hochlande von Iran und Afghanistan suchen und finden wollen, statt in ihm eine unvollständige Abstumpfungsfläche für die asiatische Tetraederspitze zu erkennen. Der Gedanke lässt sich nicht ganz abweisen; er wird aber doch wegen unvollständiger Kenntniss der localen Wasserläufe wie ihrer geologischen und meteorologischen Bedingungen vorläufig, und dann auch deshalb ein sehr zweifelhafter bleiben müssen, weil ein anderer Ausweg vielleicht näher liegt.

Aus der bestehenden Verlegenheit hilft nämlich jene Auffassung heraus, welche Afrika als ein in embryonaler Entwickelung stehen gebliebenes und noch stark zusammengefaltetes Gebilde betrachtet, und deshalb die untere Hälfte seiner arabischen Endkante in der *ausgezogenen* Linie von der Strasse Bab el Mandeb nach der Halbinsel Arabia Peträa, als dem Seitenstück der Falkland-Inseln von Südamerika, verlaufend anerkennt. Natürlich führt solche Auffassung zu dem Versuche, das noch ganz embryonisch zusammengefaltete Glied dieses Erdtheiles, also die abgestumpfte Grundecke Arabien, zu normaler Lage zu entfalten, indem man, den Isthmus von Suez ganz auflösend, Arabien in dem Gelenke der Strasse Bab el Mandeb zurückbiegt. Dies kann indess wegen der geringen Breite des Golfes von Aden nur in sehr ungenügendem Grade geschehen. Ueberdies würde es eine, für jedes an den übrigen Länderformen angemessen geschulte Formgefühl, fast unmögliche Form ergeben. Denn die eine Haupt-Endfläche würde in dem abgestumpften Theile fast doppelte Breite annehmen, die andere (mit dem Nil) aber ihre Fortsetzung in einem auf etwa ein Zwanzigstel ihrer Breite reducirten Landstreifen zur Seite der Endkante finden sollen. Aus dieser neuen Verlegenheit hilft nun die Achtung vor der Anschauung der volksthümlichen alten Geographie, welche Arabien lieber zu Asien als zu Afrika rechnet. Die innerste Grundlage dieser Anschauung kann nämlich darin bestehen, dass die abgestumpfte Grundecke von Afrika in einer Hinsicht wirklich normale Lage für die *peripherische* Betrachtung hat, ebenso wie die übrigen Erdtheile, dass also Arabien in dieser Einen Hinsicht zu letzteren gerechnet werden muss und deshalb räumlich zu Asien gerechnet werden konnte. Daraus folgt aber, dass bei der Reversion des Bildes von Afrika sein arabisches Glied nicht ebenfalls reversirt werden darf, soll dieses Glied nicht in eine im Gelenke der Bab el Mandeb-Strasse verdrehte Lage kommen. Dreht man dieses Glied also wieder zurück, dann ergiebt das partiell reversirte und aus der embryonalen Faltung entwickelte Afrika eine mit dem Wesen der Länderformen organisch harmonirende Gestalt, wie die betreffende Karte Afrika III, Blatt 4 besonders dann zeigt, wenn man das Rothe Meer als ausgewaschenes Tiefland wieder anfügt.

Während also das gewöhnliche Bild von Afrika eine der Anlage nach mehr gleichseitige Grundform zeigt, gewinnt es bei der Auffassung seiner ideellen Beweglichkeit und embryonalen Faltung jene langgestreckte, unten zugespitzte Form, welche Südamerika eigen ist. Es wird sich zeigen, dass beide Grundformen in den übrigen Erdtheilen getrennt vorkommen, und gleichmässig vertreten sind, während sie sich im embryonischen Afrika noch gleichmässig verschmolzen finden.

Es ist schon bei Südamerika hervorgehoben, dass die seine nächsten Beziehungen zu Afrika vermittelnde linke Grundecke des letzteren ebenfalls eine mit Kantabstumpfung versehene ist. Von dieser für die zu betrachtenden Erdtheile vorherrschend geltenden Regel findet bei dem unmittelbaren Anschlusse von Afrika zu Asien eine Ausnahme statt, indem die rechte Grundecke des ersteren eine gerade abgestumpfte ist, während die anschliessende Grundecke von Asien wieder normal die Kantabstumpfung zeigen wird. Solche andere Art der Verbindung hat jedenfalls auch eine wesentlich andere Bedeutung, als jene normale, aber dieser weitere Unterschied kann hier nicht in Betracht kommen. Uebrigens wird diese Ausnahme durch das Zusammenwirken der beiden für Arabien möglichen Endkantentheile wesentlich gemildert, denn die zwischen ihnen liegende Dreiecksfläche lässt sich als von einer Hauptkantabstumpfung herrührend betrachten.

Die Beziehungen zwischen Afrika und Europa sind einerseits nur etwas entfernter, dieselben wie die zu Asien, und finden andererseits vermittelst des algerischen secundären Tetraeders statt. Darin liegt ein anderer Ausnahmefall von besonderer Bedeutung, dessen Eigenthümlichkeiten erst bei Europa besprochen werden können.

Wegen der grossen Ausdehnung des Mittelländischen Meeres gegenüber dem nordatlantischen Oceane, soweit er für die afrikanische Küste in Betracht kommt, ist es immerhin bemerkenswerth, dass jene mit dem südatlantischen und dem indischen Oceane eine vierseitige Grundfläche für Afrika ergeben, als handle es sich um eine vierseitige Pyramide als Grundform dieses Erdtheiles. Fasst man nun in's Auge, dass die oceanischen Verhältnisse in bestimmter früherer Zeit, nämlich zunächst vor der Noachsfluth für die Dauer von 1656 Jahren ganz anders waren, als sie es heute sind, dass speciell der Indische Ocean ein Binnenmeer, das Madagaskar-Tetraeder also continental war: dann muss man die Möglichkeit gelten lassen, dass sich eine Vierseitigkeit der afrikanischen Grundfläche in solchen früheren Zeiten ganz unverkennbar vorwiegend ausgesprochen haben könnte. Zieht man ferner den Umstand in Betracht, dass auch die binnenländischen Wasserverhältnisse dieses Erdtheiles sich in ausserordentlich starkem Grade geändert haben, dann muss man weiter an die Möglichkeit denken, dass solcher Grundfläche wirklich auch ein vierstrahliger Endkantenstern entsprochen haben könnte, eine vergleichende Erdkunde jener Zeiten Afrika also als eine flache vierseitige Pyramide aufgefasst haben würde. Man könnte auch versucht werden, letztere noch jetzt zu finden. In der That könnte mit dem Tsad-See-Gebiete die Gabelung zweier Endkanten nach dem beginnen, was jetzt als linkes und oberes secundäres Tetraeder angesprochen ist. In diesem Falle würden vielleicht Sardinien, jedenfalls aber die Cap Verde-Inseln, und dann etwa Ascension und S. Helena, in die Stellungen als secundäre Tetraeder einrücken können. Es mag fraglich sein, ob eine weitere Läuterung der Anschauungen sogar heute noch dazu führen wird, Afrika für sich allein als eine vierseitige Pyramide aufzufassen. Wahrscheinlicher ist es aber, dass es mit vollem Rechte ausschliesslich als der vorzeitlichen Geographie entlehntes Modell des egyptischen Pyramidenbaues dienen konnte. Für diese vorzeitliche Geographie Egyptens war die relativ flache vierseitige Pyramide wirklich die plastische Nachbildung dessen, was jetzt bei den Erdtheilen als erste Hauptpyramide aufzufassen ist. Indess jene Geographie und ihre Nachbildungen waren nicht wie die heutigen ausschliesslich auf die Oberflächenverhältnisse beschränkt, sondern nach Erfahrung und Ueberlieferung in der Lage gewesen, den in Obigem gefundenen afrikanischen Wegweiser nach dem Erdinnern und speziell nach der hohlen Beschaffenheit der afrikanischen Pyramide, bis zu der richtig orientirten Lage des Einganges in die Höhlung der Continentalpyramide, genauer zu verfolgen. Dieselbe vorzeitliche Geographie hat dann das zweite Haupttetraeder, beziehungsweise hier die zweite afrikanisch vierseitige Hauptpyramide, indem sie deren oberflächlich relativ sehr klein und nahe bei einander erscheinenden Grundecken in einer kleinen Basis vereinigte, als relativ sehr hohen nicht hohlen Obelisken modellirt, um eine wichtige Relation zwischen den Höhen der einen und der anderen Pyramide anschaulich zu machen. Pyramiden und Obelisken Egyptens sind also plastische Lehrmittel der vergleichenden Erdkunde von Afrika gewesen, und zwar — wie die Geographie aller alttestamentlichen (biblischen und sogenannt apokryphischen) Bücher lehrt — für jede von drei vornoachidischen Epochen, mit deren je 10858 Jahre auseinander liegenden Beginne an Afrika der Muttermund der biblischen „Mutter Erde“ (IV. Esra 3, 50) mit tiefinnerem „Mutterschoose“ (IV. Esra 2, 41; 3, 48. 53) für die Geburt je eines neuen Menschengeschlechtes (das adamitische ist das jüngste nach zahlreichen älteren) aus dem Erdinnern in das Erdäussere geöffnet war, also Afrika seine unvergleichlich grossartige Mission erfüllte. (Nach G. Schweinfurth leiten die arabischen Geographen den Namen des Erdtheiles von apricus, sonnenhaft her, und das würde ja den mächtigsten Eindruck wiedergeben, den die aus dem matt erleuchteten Erdinnern hervorgeborenen Menschen der letzten drei Geburtsacte erfahren mussten.)

---

# Asien.

Mit zwei Karten, Blatt 5, 6.

Dieser Erdtheil giebt über das Gesetz seiner Gestaltung noch weit schwieriger zu lösende Räthsel auf als Afrika, und die Gründe dafür sind noch mannigfaltiger. Unsichere Kenntniss in Betreff der Wassersysteme von Centralasien wird freilich auch in diesem Falle nicht mehr wesentlich störenden Einfluss ausüben können. Aber das sphärische Configurations-Element macht sich noch einseitiger geltend in der abgerundeten Massenhaftigkeit des Hauptkörpers, der fast nur kümmerliche äusserste Spitzen von Gliedern hervorstreckt, und in dem vielfach verzwickten Zusammenfalten von Gliedern, zu dessen Anerkennung sich der Gewohnheitssinn noch widerwilliger als bei Afrika bequemen mag. Was sich aus der allgemeinen Rundung des Hauptkörpers als zahlreiche kleine und auch einzelne grosse Glieder theilweise oder vollständig abgelöst hat, bringt arge Verwirrung in das einfache Bild der tetraedrischen Grundfläche, selbst da, wo die submarinen Terrainverhältnisse sicheren Zusammenhang erkennen lassen. Es ist, — freilich erst, nachdem man sich weiter hindurchgefunden hat, — als habe man es in Asien mit einer noch auf der untersten Stufe stehenden embryonalen Masse zu thun, aus welcher aber schon nun so feiner, vollendeter, geartete Abgliederungen hervortreten. Dazu ist Asien im Sinne der reinen Mineralgeographie geläufiger Art gar kein besonderer Erdtheil zu nennen, wie dies bei Amerika und Afrika der Fall ist. Denn in solchem Sinne, und auch im Sinne der Mineral- und Pflanzen-, oder der Mineral- und Thier-Geographie, ist Asien nur ein kaum zu trennender, wenn auch der grösste Theil des eigentlichen Continentes Asia-Europa. Aber die Erdtheile sollen hier zunächst nur im Sinne der vereinigten Mineral- und Menschen-Geographie betrachtet werden, für welche Mineral und Mensch zwei wesentliche Elemente jedes vollständigen und individuell geschlossenen Erdtheiles bilden. Und in solchem Sinne ist Asien wirklich ein bestimmt in sich geschlossener Erdtheil, wie dies auch der menschliche Sprachgebrauch anerkennt. Dabei ist seine räumliche Abgrenzung gegen Europa indess doch keine leichte Aufgabe, weil man sich dafür nicht etwa von den staatlichen oder ethnographischen Amöbenbewegungen der Menschheit leiten oder irreleiten lassen darf, sondern das wirkliche minerale Fundament für solche schwankenden Bewegungen oder für das zeitweise Schwärmen der menschlichen Wurzelfüssler aufsuchen muss. Hierzu vermag nur die vergleichende Erdkunde in dem bisher entwickelten Sinne zu verhelfen, indem sie wieder in den Wasserläufen die zuverlässige Lösung aller Räthsel finden wird. — Andere Schwierigkeiten erwachsen für die Betrachtung von Asien aus der Art seiner Beziehungen zu Australien, und da dieser letztere Erdtheil noch zu unbekannt ist, als dass sich die zu ihm gehörigen insularen Glieder ganz zuverlässig bezeichnen liessen, so sind jene Schwierigkeiten für jetzt nicht zweifelsfrei zu überwinden. Indess haben sie kaum grosse Bedeutung. —

Die Grundfläche des asiatischen Haupttetraeders hat eine äusserst verworrene Begrenzung, welche es neben anderen Gründen zunächst sehr zweifelhaft macht, welche Stellung man ihm für die vergleichende Betrachtung zuschreiben soll. Diese Zweifel werden um so unbequemer, als nur eine sehr lockere Verbindung mit dem südöstlichen Inselgebiete stattfindet, und die Vorstellung seines wesentlichen und ausgedehnten Zusammenhanges mit dem Continente deshalb vielleicht nur schwierig Platz greifen kann. Gegenüber Südamerika und Afrika können und müssen hier andere, wichtigere Umstände leiten, als die durch specielle Wellungen der Hauptendflächen und die Höhe des Meeresniveau bedingte Form der Grundkanten. Diese Umstände sind: die vorherrschende Verbindungsweise der Erdtheile unter einander vermittelst ihrer linken und beziehungsweise rechten Grundecken, welche normale Kantabstumpfungen zeigen, und dann die vorherrschend gerade Abstumpfung der unteren Grundecke. Wie sich Afrika's Ausnahmen von diesen Regeln letzteren doch wieder accommodiren, vermittelst seiner Doppelform, und Doppelstellung für die Betrachtung, und vermittelst der gleichzeitigen Kantabstumpfung seiner gerade abgestumpften rechten Grundecke, das ist bei diesem Erdtheile erläutert. Nun sind bei Asien die westliche (kleinasiatische) und die nordöstliche Grundecke sicher unmittelbar mit Kantabstumpfungen versehen, wie sich in der Folge zeigen wird. Man wird deshalb nicht leicht irre gehen, wenn man zunächst die südöstliche Inselgruppe als die gerade abgestumpfte untere Grundecke, und den Erdtheil demgemäss in solcher Stellung betrachtet, in welcher er mit Rücksicht auf später zu Besprechendes als Asien I der Karten bezeichnet ist. Indem man diese Lage des Erdtheiles als die mit Südamerika und Afrika correspondirende normale auffasst, muss man zunächst von dem gleichzeitigen und anders gearteten Bezuge zu Europa ganz absehen. Im Uebrigen kann nur aus dem folgenden Zusammenwirken aller Umstände die Rechtfertigung solcher Auffassung der Situation im Ganzen und Einzelnen hervorgehen.

Die allgemeine Dreiecksform ist ja besonders dann unverkennbar, wenn man die ergänzenden submarinen Erhebungsgebiete nach Südosten hin mit in Betracht zieht. Kleinasien gehört zur linken Grundecke; die rechte liegt an der Bering-Strasse. Das Grössenverhältniss der Grundkanten zeigt geringere Unterschiede, correspondirt aber im Uebrigen mit dem von Südamerika, indem die linke die grösste, die rechte die mittlere, die obere die kleinste ist.

In diesen Grundkanten münden die Wassersysteme der tetraedrischen Endflächen, einerseits in den Grossen, anderseits in den Indischen Ocean, und drittens theilweise in das Sibirische Eismeer, theilweise indirect (durch Ostsee und Mittelmeer) in den Nordatlantischen Ocean. Darin könnte wieder ein Grund gefunden werden, die Grundfläche von Asien ebenfalls als vierseitig zu betrachten, wie die von Afrika. Lässt man aber das Mittelmeer, als eines der vermittelnden Glieder, wegen seiner eigenen wie wegen der Grösse seiner asiatischen Zuflüsse, in gleichem Range wie bei Afrika ohne Rücksicht auf den nordatlantischen Ocean gelten, dann beanspruchen das Ostsee-Gebiet als zweites, wenn auch kleineres und der Persische Meerbusen als ähnlich kleines Verbindungsglied nach einem Oceane, vielleicht ein gleiches Recht, während andere maritime Verbindungsglieder kaum gleichen Rang besitzen, weil sie vielseitig geöffnet sind, jene dagegen nur einseitig. Man kommt also folgerichtiger dazu, die asiatische Grundfläche als sechsseitig aufzufassen, und zwar mit der freilich etwas gesuchten Eigenthümlichkeit, — die aber vielleicht richtiger durch Hinzurechnen von Europa begründet wird, — dass zwischen den ausgedehnten Küstengebieten des Indischen, des Grossen Oceanes und des Nordpolarmeeres einerseits und denen des Mittelmeeres anderseits als grossen Seiten, auf der einen und anderen Seite die kleinen Küstengebiete der Ostsee und des Persischen Golfes als kleinere Seiten des Sechsecks eingeschoben sind. Wenn man nun beachtet, dass die Plastik China's, wenn sie Persönlichkeiten von grosser Bedeutung für den Continent oder sein staatliches Hauptglied darstellt, fast stets zu Postamenten von derartig ungleichseitig sechseckigem Grundriss greift, der in den monumentalen Thürmen freilich zu völliger Symmetrie corrumpirt ist; dann versteht man nach dem Vorgange bei Egypten, dass hier ebenfalls Reminiscenzen einer vergleichenden Erdkunde zu Grunde liegen, welche bei den Postamenten wesentlich an der Flächenform des Erdtheiles haften, bei den Thürmen mit ungerader Anzahl der Etagen dagegen noch andere Dinge einfliessen lassen, die hier nicht zur Sprache kommen dürfen, wo die Berücksichtigung der wesentlich einstöckigen Pyramiden Egyptens bereits als eine geographisch ausschweifende Zumuthung erscheinen mag. Der Widerspruch des modernen Menschenwitzes in solchen Angelegenheiten ist bedeutungslos. Denn zu plastischen Lehrmitteln der asiatischen Wissenschaft (mit ihrer mythologischen Sprache) der vergleichenden Erdkunde stimmt die alttestamentliche Angabe, dass sich, in nahezu 5000 Jahren, für die nächstfolgenden drei Weltalter mit je einem Geburtsacte für ein neues Menschengeschlecht — stets unter unmittelbar vorhergehendem Ersäufen eines grossen Theiles der alten Erdbevölkerung — der „Muttermund" der Erde dann nahe der Ostküste von Asien (von Japan) öffnen, also Asien wieder einmal, wie in früheren „Ewigkeiten", zu einer ähnlich grossartigen, sogenannten „Schöpfungs"-Mission wie zuletzt Afrika berufen sein wird. (Und in später folgenden drei Weltperioden wird Nordamerika eine ähnliche Mission in dem planetarisch streng geregelten Cyclus der verschiedenen Epochen des Erdelebens mit ihren furchtbar zerstörenden Katastrophen zu übernehmen haben.)

Indess beim Aufsuchen der typischen Körperform von Asien darf man sich am wenigsten an eine durch die Benennung von Meerestheilen bedingte Gliederung der Grundfläche und ihres Umrisses anklammern wollen. Man muss vielmehr vor allen Dingen wieder die Ortsverhältnisse der Quellen zu den Mündungen der Flussgebiete in's Auge fassen. Diese lassen über die allgemeinen Neigungen von drei Hauptendflächen, den ungefähren Verlauf der Endkanten und die ungefähre Lage der Tetraederspitze gar keinen ernstlichen Zweifel. Letztere hat fast eine mittlere Stellung, ist aber doch der linken Endkante wieder näher gerückt, so dass ähnlich wie in Südamerika die linke Endfläche von südwestlicher Fallrichtung die kleinste ist. Dagegen liegt die Tetraederspitze zugleich noch wie in Afrika der unteren Grundecke etwas näher und dadurch erhält die obere Endfläche mit nördlicher bis nordwestlicher Fallrichtung die grösste, die rechte Endfläche mit östlicher bis südöstlicher Fallrichtung eine mittlere Ausdehnung.

Hat man so die allgemeine Lage und Neigung der Hauptendflächen herausgefunden, dann zeigen von den Modificationen dieses Haupttetraeders die wichtigsten, nämlich seine aufgesetzten Tetraeder, wieder sehr eigenartige Verhältnisse. In der rechten Endfläche ist das secundäre Tetraeder so weit submarin geworden, dass es nur seinen dreistrahligen Endkantenstern in der Inselgruppe von Japan mit Sachalin und den Kurilen besonders klar erkennbar gelassen hat. Es ist also submarin aufgesetzt wie Madagascar, liegt aber wieder wie bei Südamerika zunächst der linken Endkante und zugleich zunächst der linken Grundecke, von der Tetraederspitze aus gesehen.

Das secundäre Tetraeder der linken Haupt-Endfläche bildet die indische Halbinsel. Seine südöstliche secundäre Endfläche birgt den Ganges und dessen südlichere Parallelflüsse; sie durchschneidet die Hauptendfläche im Bett des unteren Brahmaputra. Seine westliche secundäre Endfläche schneidet die Hauptendfläche im ganzen südwestlichen Laufe des Indus, und enthält die von Nordost und Ost kommenden Zuflüsse desselben, sowie deren Parallelflüsse bis zur Südspitze der Halbinsel. In der Durchschnittslinie zwischen der dritten, nordwestlichen secundären mit der Haupt-Endfläche fliessen einerseits der obere Indus, anderseits der obere Brahmaputra. Eine Gabeltheilung zwischen beiden, wie zwischen dem Amazonen-Strom und dem Orinoco, findet aber hier wegen grosser Höhe der Tetraederspitzen nicht statt. Diese secundäre Endfläche ist sehr schmal, und ist dicht an die Hauptendkanten, beziehungsweise an das gerade Abstumpfungsgebiet der Haupttetraederspitze geschoben. Bei diesem secundären Tetraeder scheint die Insel Ceylon als eine gerade abgestumpfte Grundecke des zweiten Haupttetraeders (oder des als selbstständiges Glied betrachteten secundären Tetraeders, aufgefasst werden zu müssen.

Beim Auffinden von Form und specieller Lage des secundären Tetraeders der oberen Endfläche begegnet man Schwierigkeiten anderer Art. Es bildet offenbar das uralisch-baltische Erhebungsgebiet. Aber der ungewöhnlich grosse Umfang des letzteren, und seine stichhaltige Abgrenzung gegen Europa erregen hartnäckige Zweifel, welche nur mühsam durch sorgfältige Berücksichtigung der Flussläufe, freilich mit eigenthümlichen Resultaten überwunden werden können. Gegenseitige Correcturen der Configurationsverhältnisse von Asien und Europa führen schliesslich zum Ziele. Für die bedeutende Grösse dieses oberen Tetraeders bildet das linke allerdings schon einen Uebergang, und die relative Kleinheit des trockenen Areals des rechten secundären Tetraeders stimmt als Gegensatz dazu. Man hat dabei das zweite Haupttetraeder nur in etwas höherem Niveau das erste durchstechend zu betrachten, als dies bei anderen Continenten der Fall ist. Da sich ein Conflict mit der linken Grundecke in der Folge lösen wird, und indem man die genauere Abgrenzung gegen Europa bis zur Betrachtung dieses Erdtheiles aufschiebt, so ergeben sich bei Berücksichtigung der allgemeinen Fallrichtung der oberen Hauptendfläche folgende Verhältnisse für das secundäre Tetraeder. Seine östliche oder nordöstliche Endfläche durchschneidet die Hauptendfläche im Bette des Irtysch und des unteren Ob, und birgt alle westlichen Quellen derselben. Es könnte indess sein, dass Nura und Ischim die obere Strecke dieser Durchschnittslinie bilden helfen, so dass diese Endfläche von ähnlicher Schmalheit wäre, wie die nördliche oder nordöstliche des indischen Tetraeders. Erst genauere Kenntniss der betreffenden Wassergebiete wird hierüber Sicherheit gewinnen lassen. Die norduralische secundäre Endkante verläuft wahrscheinlich über Novaja Semlja, vielleicht aber auch zwischen dem Obischen Busen und dem Karischen Meere, wenn jene Inseln etwa der Abstumpfung einer Grundecke des Polarlandes angehören sollten. Die an diese Endkante sich anschliessende nordwestliche secundäre Endfläche birgt die Zuflüsse des Ostsibirischen Meeres und der Ostsee. Dabei könnte man das Weisse Meer, den Finnischen Busen und das Seen-Gebiet zwischen beiden als in der Durchschnittslinie mit einer europäischen Hauptendfläche liegend betrachten. Aber nach den submarinen Anschlüssen bis Novaja Semlja zu urtheilen, wird dies vielmehr mit dem Bottnischen Meerbusen, dem Kemijoki und dem bei Kola mündenden Flusse der Fall sein. Die Wasserscheide, welche das Flusssystem dieser secundären Endfläche in Südost begrenzt, ist von der Weichsel durchbrochen, so dass die äusserste Grundecke auch dieses secundären Tetraeders gerade abgestumpft erscheint, in dem untersten Parallellaufe von Weichsel und Oder zwischen diesen liegend. Diese Endkante ist übrigens so flach gewölbt und von solchem Materiale, dass sie leicht mehrfach durchbrochen werden konnte, theils natürlich, theils künstlich. Für die südwestliche, secundäre Endfläche liegen dann, von der westlichen secundären Grundecke an der Oder anfangend, folgende Flussläufe in den Durchschnittslinien mit europäischen Flüssen: Warthe, Netze, mittlere Weichsel, unterer Bug nach der einen Richtung; und nach der anderen: unterer Pripet, mittlerer Dnjepr, mittlerer Donez, bis zum scharfen Bogen des Don nach Südwest. Nördlich von diesem Bogen des Don beginnen die Durchschnittslinien der secundären Endfläche mit asiatischen Flächen, besonders mit der oberen Hauptendfläche. In dieser Durchschnittslinie liegen dann der Reihe nach: die untere Wolga, das Caspische Meer, der alte Lauf des Amu Darja, der Aral-See, der untere Syr-Darja, der untere Tschu, der Balkasch-See, und vermuthlich die ganze östlicher liegende Seen-Reihe, deren genauere Verhältnisse freilich noch sehr unsicher sind. Diese Durchschnittslinie liegt fast horizontal; zur Seenbildung wirken indess später zur Sprache kommende Umstände ganz wesentlich mit. — Das obere secundäre Tetraeder liegt, wie bisher stets, zunächst der linken Endkante und zugleich zunächst der linken Grundecke, von der Tetraederspitze aus gesehen.

Der Typus des asiatischen Doppeltetraeders ist offenbar in mancher Beziehung ein anderer als der von Südamerika und Afrika, die unter sich weit ähnlicher sind. Das liegt an der noch viel weiter als bei Afrika durchgeführten Abrundung, beziehungsweise Gleichseitigkeit des Haupttheiles der Grundfläche. Dann wird ein einfacher Vergleich im Sinne der ideellen Mobilität des ideellen typischen Doppeltetraeders dadurch erschwert, dass Japan stärker insular als Madagascar und trotzdem das indische Tetraeder halbinsular ist, also eine Drehung des Grundtypus um seine Schwerlinie für die untere Grundecke nicht diese Erscheinungen zugleich erklären kann. Dabei ist nur die Verschiebung der Haupttetraederspitze in die Nähe der linken Grundkante zu Stande gekommen. Das südliche Ende dieser Schwerlinie ist wohl etwas stärker gegen das Erdinnere geneigt, als bei Afrika, und dadurch werden die starken Abstumpfungen der unteren Grundecke, das halbinsulare Herauslösen des indischen Tetraeders, und die grosse Ausdehnung der oberen Hauptendfläche wie ihres uralischen Tetraeders verständlich. Aber die Gesammtheit der Erscheinungen wird erst durch ein gleichzeitiges Heben der linken (kleinasiatischen) Grundecke und Senken der ganzen rechten Grundkante des ideellen Doppeltetraeders erklärlich, oder richtiger durch ein gleichzeitiges Senken der nordöstlichen wie der südöstlichen Grundecke.

Die geraden Abstumpfungen zweier Endkanten sind in ähnlich grossem Maassstabe wie bei Afrika, aber mit einem gewissen Gegensatze vollzogen. Denn was bei letzterem als ein einziges grosses Glied, die abgestumpfte arabische Grundecke auftritt, das ist bei Asien in viele Inseln zersplittert, als sollte dieses Glied des Gesammtkörpers im Verschwinden begriffen gekennzeichnet werden. Worin man das Resultat einer zweiten Abstumpfung, das Seitenstück zu den Falkland-Inseln oder zu dem angefaltet gebliebenen Arabia-Peträa erkennen muss, bleibt zweifelhaft. Indess der dichte Halbkreis von Inseln, welcher Borneo und Celebes umgiebt, und die wahrscheinlichen Verhältnisse von Australien, machen es ebenfalls wahrscheinlich, dass Neu-Guinea dieser zweite abgestumpfte Theil der unteren Grundecke ist. Dann wäre freilich die Grundfläche von Asien doch weit langgestreckter, als der erste Anschein im Anschlusse an die gewöhnlichen Vorstellungen giebt. Erst die Wassersysteme von Australien werden diese Zweifel vielleicht ganz beseitigen lassen. Birgt aber Asien wirklich (wie Afrika) auch diesen langgestreckten Tetraedertypus in sich, dann ist dies eben nur noch rudimentär der Fall und das submarine Versenken der Grundecke zeigt ihn wie erwähnt als im Verschwinden begriffen. — In demselben grossen Maassstabe ist nun auch die Haupttetraederspitze abgestumpft, aber was bei Afrika in eine grössere Anzahl von Abstumpfungsflächen zersplittert ist, das tritt in Asien als eine einzige von grosser Ausdehnung auf. Freilich kann man auch das Iranische Hochland als ein zweites, das Seen-Gebiet nördlich vom Himmels-Gebirge als ein drittes und den Baikal-See als ein viertes Abstumpfungsgebiet auffassen. Dann würde nur die

Vertheilung der Abstumpfungsflächen auf Tetraederspitze, Endkanten und Endflächen eine andere als bei Afrika sein.

Von der Umwallung des Hauptabstumpfungsgebietes der Tetraederspitze beginnend, wird man nach sorgfältiger Erwägung aller Möglichkeiten die untere Hauptendkante kaum anders erkennen können, denn als die Wasserscheide zwischen dem Chara-usu-Saluen im Westen, und dem Lan-tsang-Kambodja und Jang-tse-kiang-Gebiete im Osten, und sich, oberhalb der Malayischen Halbinsel abgebrochen, in Sumatra und Java bis Timor, und dann in Neu-Guinea fortsetzend. Die ganz ausserordentlichen Verhältnisse der Flussläufe zu beiden Seiten des oberen Theiles dieser Endkante sind theilweise durch den Sinn der Krümmung derselben, ferner dadurch bedingt, dass das linke secundäre Tetraeder sich mit seiner östlichen Endkante so dicht an die untere Hauptendkante anschliesst. Die wesentlichste Bedingung für diese Flussläufe wird indess in einem anderen Umstande liegen. Es ist nämlich sehr bemerkenswerth, dass Asien wegen der Vielseitigkeit seiner Beziehungen zu anderen Erdtheilen, wegen seiner Doppelform und wie sich zeigen wird auch wegen seiner Doppelstellung, denselben zweiseitigen Character seiner abgestumpften Grundecke noch ausdrucksvoller erkennen lässt, als dies bei Afrika's abgestumpfter Grundecke der Fall war. Die abgestumpfte Grundecke zeigt also gleichzeitig die Kantabstumpfung. Denn die untere Hauptendkante gabelt sich zunächst in der Malayischen Halbinsel anfangend durch Borneo, Luzon nach Formosa, und die innerhalb dieser Gabelung liegende Dreiecksfläche weist noch mehrere verworren liegende untergeordnete Kantlinien auf, wie in den meisten Fällen. Dann wird aber klar, dass die Gabelung der unteren Hauptendkante eigentlich weit früher beginnt, von einem dem Knoten von Popayan ähnlichen aber dicht an der Tetraederspitze liegenden Punkte und mit ähnlich schmalem Regione der Dreiecksflächen, welche also westlich den Saluen und Irawadi, östlich den Kambodja bergen, während die westliche Kantlinie dieser Abstumpfung über die Andamanen und Nikobaren durch Sumatra, die östlichste durch Borneo nach Luzon verläuft. — Die untere Hauptendkante zeigt ein einfaches S als eigenthümliche Mischform.

Die rechte Endkante bildet die Wasserscheide zwischen den nordwestlichen Gebieten des Baikal-Sees, der Lena, des Kolima, und den südöstlichen Kerulen und Amur. Jenseits des Kolima beginnt die Gabelung für die normale Kantabstumpfung der rechten Grundecke, und die diese Abstumpfungsfläche begrenzenden Wasserscheiden verlaufen einerseits nach dem Ostcap, anderseits nach dem Cap Lopatka. — Diese Endkante lässt sich als eine freilich verkrüppelte gerade betrachten.

Die linke Endkante endlich schliesst sich im Hindu-Kusch-Gebirge an die Abstumpfungsfläche der Tetraederspitze an, bildet also hier die Wasserscheide zwischen Indus und Amu-Darja. Dann trifft sie im Iran-Plateau das Gebiet der unsicheren zweiten Abstumpfungsfläche der Tetraederspitze, und verläuft von hier weiter westlich als nordöstliche Wasserscheide des Tigris- und Euphrat-Gebietes. Jenseits des Kara-su auf der linken und des Kura auf der oberen Hauptendfläche gabelt sich die Endkante für die normale Kantabstumpfung der linken Grundecke, und die Wasserscheiden dieser Abstumpfungsfläche verlaufen, die eine nach den Dardanellen, die andere bis zwischen Don und Wolga hinauf. Die letztere wird dadurch trotz des Auswaschens der Fläche schliesslich gewaltsam nach Osten abgelenkt, und die Kantabstumpfungsfläche bildet noch eine Durchschnittslienie einerseits mit einer europäischen, anderseits mit der südwestlichen Endfläche des uralisch-baltischen secundären Tetraeders, und weist hier dem Osak, vielleicht auch dem Medwjediza das Bett an, da hier streitiges Terrain entsteht. — Diese Endkante lässt sich als die einfach gekrümmte betrachten, und zwar ist der Sinn der Krümmung nach rechts herum, derselbe wie bei Südamerika.

Die beiden eigentlichen Kantabstumpfungen, ebenso wie die mit der geraden Abstumpfung der unteren Grundecke combinirte, bilden im Vergleich zu denen von Südamerika insofern einen auffallenden Gegensatz, als ihre Dreiecksflächen stark concave Uferlinien zwischen den Kantlinien zeigen, während die beiden anderen Erdtheile dabei ebenso entschieden convexe Uferlinien haben, und deshalb auch die Auffassung nahelegten, dass die Abstumpfungsoperation einen weniger einfachen Charakter habe, eine modificirte Fortsetzung der Hauptendkante übrig lassend und mehrere untergeordnete Kantlinien bildend. Es mag sehr wohl sein, dass auch genauere Terrainkenntniss zum Festhalten solcher Unterschiede als nicht unwesentlich für die verschiedenen Erdtheile veranlassen wird.

Die Gliederung der linken Grundkante erscheint, wegen der zweifelhaften Stellung und halbinsularen Form des indischen Tetraeders, selbst zweifelhaft, fast dreigliedrig, und zwar aus zwei gekrümmten und einem geraden Theile bestehend, wenn man die untere Hälfte der unteren Endkante als gekrümmt gelten lässt; oder aus einem gekrümmten und einem geraden Theile, wenn man die Nähe des indischen Tetraeders zur unteren Grundecke trotz des tiefen Einschneidens des bengalischen Busens in's Auge fasst. In diesem Falle läge die Ausnahme vor, dass die untere Grundecke abgestumpft wäre, trotzdem sie nicht aus ausschliesslich geraden Kanten oder Kanttheilen zusammengesetzt ist. Vielleicht wird eine genauere Erwägung sich dafür entscheiden, den südlicheren Theil der unteren Endkante als gerade, und bei Dreigliedrigkeit der linken Grundkante die untere Grundecke ganz aus geraden Kantlinien zusammengesetzt gelten zu lassen, was durch embryonale Faltung und den starken Conflict zwischen gerader und Kantabstumpfung verwischt sein mag. — Den oberen Theil der linken Grundkante als geradlinig zu betrachten, erscheint ohne Zuhilfenahme des Begriffes embryonaler Faltung freilich auch etwas gezwungen. Die linke Grundecke würde dann aus zwei gekrümmten und einer geraden, oder aber wie die correspondirenden Grundecken von Südamerika und Afrika, aus drei gekrümmten Kanttheilen zusammengesetzt sein. — Die rechte Grundecke erscheint aus zwei geraden und einer gekrümmten Kante zusammengesetzt, wenn man nicht dazu kommt, die rechte Endkante als die wellige Mischform und die untere Endkante als die eigentlich gerade aufzufassen. Dadurch würde der asiatische Grundtypus dem südamerikanischen gleichartiger werden. Das indische Tetraeder würde dann die Krümmung des oberen Theiles der linken Grundkante bedingen helfen; und der Wirrwar bei der unteren Endkante und Grundecke würde überhaupt auf die embryonische Faltung, den Conflict zwischen gerader und Kantabstumpfung, und endlich auf den Anschluss nach Australien zurückgeführt werden. — Die Verhältnisse zeigen sich ja noch sehr verworren; wegen der geschlossenen Massenhaftigkeit des Hauptkörpers, des spitzen Hervortretens seiner zwei grossen secundären Tetraeder, der complicirten Abstumpfung seiner unteren Grundecke, und des maritimen Zerfaserns dieser und der ganzen rechten Endfläche mit ihrem aufgesetzten Tetraeder. Aber schliesslich scheint es doch am folgerichtigsten zu begründen, wenn man den asiatischen Typus als wesentlichst identisch mit dem südamerikanischen betrachtet, und nur die untere Grundecke afrikanisch massenhaft breit abgestumpft findet, so dass die rechte Grundkante die Linie der Philippinen in sich aufnimmt.

Die grossen Wassersysteme werden durch die geometrischen Verhältnisse des continentalen Tetraeders ebenfalls vielfach verworren gestaltet. In der oberen Hauptendfläche bleibt das rechte Wassersystem wegen des sehr stumpfen Spitzwinkels in grosse Parallelströme getheilt. Das Hauptglied des linken Wassergebietes entspringt wieder als Wolga einer secundären Endfläche, wie der Orinoco. Aber die starke Hebung und sonderbare Einwärtskrümmung der linken Grundecke in das weit darüber hinaus vorgestreckte secundäre Tetraeder hinein macht fast dieses ganze linke Wassersystem, mit dem betreffenden von der linken Hauptendkante entspringenden Theile, bei concaver Wölbung dieses Theiles der oberen Hauptendfläche, zu einem streng geschlossenen grossen Binnenwassergebiete. Nur die jenseit der linken Grundecke den secundären Endflächen entspringenden Wasser erreichen oceanische Mündung. — In der linken Hauptendfläche bildet der Indus ein grösstes Glied des rechten Wassersytems. Da er aber allem Anscheine nach in der nördlichen secundären Endfläche des Indischen Tetraeders entspringt, so repräsentirt er eigentlich nur die secundären Zuflüsse des Rio Negro im nördlichen Südamerika, und Euphrat und Tigris sind die getrennt davon bleibenden Repräsentanten des normaler Weise der Hauptendfläche entstammenden rechten Haupt-Wassersystems. Das linke Wassersystem, dessen Brahmaputra der nördlichen secundären Endfläche entspringen wird, gehört auch in seinem Hauptgliede als Ganges dem secundären Tetraeder an, ohne wegen tiefer Senkung der unteren Grundecke und tiefen Einschneidens des bengalischen Busens Vereinigung mit den westlichen Wassern der unteren Endkante zu finden. — In der rechten Hauptendfläche bleibt das rechte Wassersystem in einzelne grosse Flüsse zersplittert. Das linke würde dagegen durch relative Hebung des secundären Tetraeders sehr leicht so eingeschlossen werden, dass das Ochotskische dem Schwarzen Meere entspräche, und das Japanische Meer etwas wie den Aral- und Balkasch-See übrig liesse.

Die grosse Massen der Grundecken zeigen theils für sich, theils durch die formbedingende Lage der secundären Tetraeder in starkem Grade und in ungewöhnlicher Uebereinstimmung eine Horizontaldrehung nach links herum, beziehungsweise eine Tendenz dazu, welche nur durch eine Rechtsdrehung der äussersten Theile der linken und der rechten Grundecke, in Papua (Neu-Guinea) aber auch der unteren Grundecke, in ihrer eventuellen weiteren Verwirklichung begrenzt wird. Nach der Lage der Schwerpunktlinie für die untere Grundecke gegen den Meridian erscheint diese Tendenz zur Horizontaldrehung des tetraedrischen Grundtypus der Erdtheile beim Uebergange von Afrika zu Asien als zu einem Elftel einer vollen Umdrehung um den Schwerpunkt des ideellen Grundtypus vollzogen, während diese Drehung von Südamerika zu Asien nur etwa ein halbes Elftel beträgt.

Der Anschluss an Afrika findet, wie schon erwähnt, für diese bisher als normal in's Auge gefasste Lage I des asiatischen Tetraeders regelrecht vermittelst der von der Endkante aus abgestumpften linken Grundecke statt; indem doch unter auffallender Abwendung der letzteren, bei gleichzeitig abweisendem Zusammenfalten der anschliessenden afrikanischen Grundecke, als solle dadurch der Ausnahmefall noch schärfer markirt werden, dass letztere eben die anormal gerade abgestumpfte, ihre Kantabstumpfung nur eine untergeordnete ist. Ebenfalls so durch gleichzeitige Kantabstumpfung abgeschwächt abnorm schliessen sich Asien an Australien, und ohne solche Kantabstumpfung Südamerika an das Südpolarland. Aber der Sinn dieser Anschluss-Beziehungen ist vorläufig noch so dunkel, wie die Urgeschichte vergangener Jahrzehntausende und die Folgezeit unserer Tage. Dasselbe gilt für den wieder normal erscheinenden Anschluss Asiens vermittelst der rechten Grundecke an eine nordamerikanische, welche allerdings ebenfalls die einfache Kantabstumpfung zeigt, aber den Anschluss in anderer Hinsicht und für die Gegenwart abnorm macht. Denn dieser Anschluss passt nicht für die Hauptbeziehungen zwischen den Erdtheilen in der gegenwärtigen Epoche. Jedenfalls stimmen diese vielseitigen Beziehungen, die Ausbildung der Form von Asien in ihrer vielseitigen Gleichmässigkeit und doch wieder in ihrem Mangel übersichtlicher Einfachheit zusammen. Indess Asien kommt für den jetzigen Zweck wesentlich nur in seinem unmittelbarsten Bezuge zu Afrika und Europa in Betracht. Indem seine linke Grundecke sich von Afrika abwendet, scheint sie sich um so dichter an eine Grundecke von Europa anzuschliessen, welche die Kantabstumpfung besitzt. Trotzdem würde sich diese Beziehung, weil mit der linken Grundecke von Asien stattfindend, als abnorm erweisen, — wenn Asien für Europa nicht zu einer zweiten, etwas anders gearteten Auffassung seiner Lage Gelegenheit bieten würde, obwohl in einem ganz anderen Sinn, als dies bei Afrika der Fall war.

Asien birgt nämlich, wie schon erwähnt, eigentlich ebenfalls zwei Grundformen in sich; die mehr gleichzeitig tetraedrische seines Hauptkörpers, und die mehr langgestreckte, welche durch die reiche Inselbildung der langen abgestumpften Grundecke wie im Verschwinden begriffen in den Hintergrund tritt. Und wie Afrika zwei Auffassungen über seine Lage, zwei verschiedene Standpunkte für die Beobachtung zulässt, ja provocirt, so ist auch die vorstehende Auffassung über die Lage des asiatischen Tetraeders weder die allein mögliche, noch die ausschliesslich richtige. Sie entspricht eben nur gewissen Verhältnissen und Beziehungen des Erdtheiles, besonders denen zu Afrika; und andere Beziehungen, jetzt besonders diejenigen zu Europa, veranlassen aus mehrfachen Gründen eine anders geartete Auffassung seiner Lage, bei welcher die Nordostecke die untere tetraedrische Grundecke ist. In dieser Lage sei der Erdtheil als Asien II der Karten bezeichnet.

Zu solcher Auffassung führt die Regel, dass die Verbindung von Asien mit seiner rechten, — und die kleinasiatische ist für Asien II die rechte, — mit der linken Grundecke von Europa stattzufinden hat, als welche die europäisch-türkische wirklich erscheinen wird. Die stark ausgesprochenen Tendenzen des typischen Tetraederkörpers in Asien zur Horizontaldrehung nach links herum machen es sehr wahrscheinlich, dass jene eben nur in den einen Hinsichten, nämlich für Afrika, bis zur ersten Lage des Erdtheiles als Asien I, in anderen Hinsichten aber, nämlich für Europa, weiter bis zu dieser zweiten Lage als Asien II verwirklicht sind. Allerdings hat Asien II dann nicht eine gerade abgestumpfte Grundecke als untere; aber dasselbe gilt ja auch für Afrika. Und indem dieser Erdtheil schliesslich doch jedenfalls auch ein Oberflächenglied der Erde ist, bei welchem von Südamerika aus die gerade Abstumpfung von der unteren auf die rechte Grundecke, also links herum gegangen ist, kann diese gerade Abstumpfung nun sehr wohl, im Sinne einer weiteren Linksherumdrehung, bei Asien II an der linken Grundecke wie zu finden so zu erwarten gewesen sein. Dergleichen Umstände vereinigen sich dahin, dass man die Lage Asien II ebenfalls als diesem Erdtheile eigenthümlich anerkennen kann oder muss. In ihr hat also der tetraedrische Grundtypus der Erdtheile eine weitere Horizontaldrehung nach links herum, und zwar um drei Elftel einer vollen Drehung vollzogen, so dass von Südamerika zu Asien II vier und ein halbes Elftel einer vollen Kreisdrehung des Grundtypus stattgefunden hat. Asien II schliesst sich nun völlig normal vermittelst seiner rechten Grundecke an Europa an. Indess hat sein inniges Verwachsen mit diesem Erdtheile doch einen ganz anderen Character, der erst bei Europa ergänzend zu besprechen sein wird.

---

# Europa.

Mit einer Karte, Blatt 7.

Dieser Erdtheil hat für die oberflächliche Betrachtung fast nur ideell, politisch oder ethnographisch eine selbstständige Existenz, die im breiten Anwachsen an Asien fast völlig in diesem aufgehen müsste, als eine Grundecke desselben. Trotzdem, und trotz seiner scheinbar völlig verworrenen und verwirrenden Gestalt und Verhältnisse, ist der Erdtheil ein Miniaturtetraeder, welches den Grundtypus in ähnlich strengem Sinne sogar wie Südamerika zeigt, wenn auch in wesentlich neuer Art. Er ist ausserordentlich reich in seiner Peripherie gegliedert, und darin hat er Aehnlichkeit mit Asien. Aber während die Gliederung von Asien, aus einem unverhältnissmässig plumpen Rumpf kaum erst hervortritt, hier mit ebenso plumpen, dort mit völlig zerfaserten Gliedern, lässt Europa die doppeltetraedrische Gliederung in voller und gleichmässiger Entfaltung erkennen. Ja, es hat sich in dieser Hinsicht ein schroffer Gegensatz zu allen übrigen Erdtheilen in ihm herausgebildet, insofern die gleichmässige Entfaltung und umfangreiche Entwickelung der Glieder auf Kosten des Rumpfes geschehen ist, der nur noch mässigsten Umfang besitzt und insofern die Glieder nicht mehr wesentlich innerhalb der Peripherie des Rumpfes liegen, sondern meist weit aus diesem hervorgestreckt, wie durch aussen liegende Gelenkbildungen mit ihm verknüpft sind. Europa ist einem Organismus in jenem Stadium seiner Entwickelung oder von jenem Typus zu vergleichen, wo unverhältnissmässig grosse Glieder an kleinem Rumpfe das Gedeihen des ideellen Ganzen, als eines einzigen Individuums, statt einer lockeren Association gefährden.

Seine Grundfläche zeigt trotz aller Zerrissenheit das lang gestreckte Dreieck sogar so unverkennbar wie Südamerika, und es kann kein Zweifel darüber aufkommen, dass am Nord-Cap die untere Grundecke liegt, also die linke zunächst Kleinasien, die rechte in der pyrenäischen Halbinsel zu finden ist. Der Erdtheil muss folglich in solcher Lage betrachtet werden, im Widerspruche mit der geläufigen Anschauung, welcher ganz andere, auf die Gliederung des Erdganzen bezügliche Verhältnisse unbewusst zu Grunde liegen, wie später erläutert werden kann. Die obere Grundkante ist wie bei Südamerika die kleinste, aber die Grössenverhältnisse der beiden andern Grundkanten sind vertauscht, indem die rechte die grösste, die linke die mittlere ist.

Für die in den Grundkanten mündenden Wasser der tetraedrischen Endflächen kommt das arktische Eismeer nicht in Betracht. Die rechte Endfläche ergiesst ihr Wasser in den nordatlantischen Ocean, die obere in das Mittelmeer, die linke theils in das Schwarze Meer, theils in das Ostseegebiet. Nach diesen allgemeinen Fallrichtungen gewinnt man ein vorläufiges Bild der dreiseitigen Pyramide, deren Spitze in der Schweiz liegt, also der oberen Grundkante zunächst gerückt ist, im schroffsten Gegensatze zu den übrigen Erdtheilen, wie er sich auch in der umgekehrten Stellung des ganzen Erdtheiles ausgesprochen findet. Dabei wird der oberen Endfläche die geringste Ausdehnung gelassen, während die beiden anderen zu nahe gleicher Grösse veranlagt sind. Dasselbe Verhältniss ist freilich schon in Asien II angenähert vorbereitet, und darin liegt wieder eine Art Begründung für die Annahme von Asien II bei seinem Vergleiche und Bezuge zu Europa.

Von den Modificationen des Haupttetraeders treten zunächst die secundären Tetraeder meist leicht bemerklich hervor, während freilich die genaue Auffassung ihrer speciellen Verhältnisse aus verschiedenen Gründen erschwert wird. Das rechte secundäre Tetraeder ist als Grossbritannien insular vom Continente abgelöst, wie bei Afrika und Asien I. Der in der Karte angegebene Verlauf seiner secundären Endkanten, welche natürlich und künstlich mehrfach durchbrochen sind, ist der wahrscheinlichste, freilich könnte auch Landsend Grundecke sein. In den Shetland-Inseln scheint eine abgestumpfte Grundecke dieses secundären Tetraeders vorzuliegen, (während Island als ein aufgesetztes Tetraeder des Nordpolarlandes anzuerkennen sein wird). Es liegt, von der Haupttetraederspitze aus gesehen, zunächst der linken Endkante und Grundecke, beiden indess sehr fern bleibend und auf Dreigliedrigkeit der rechten Grundkante hinweisend. Ohne Rücksicht auf letzteren Umstand ist seine Lage wie in Südamerika und wie bei Asien in beiden Stellungen. — Das obere Tetraeder ist noch weit mehr als das entsprechende indische von Asien II halbinsular und sogar vielfach insular geworden. Es schliesst sich, nicht mit zwei, sondern nur mit einer secundären Endkante an die Haupttetraederspitze, so dass im Westen die Rhone, im Osten der untere Po mit dem Ticino in den Durchschnittslinien je einer secundären mit der oberen Hauptendfläche verlaufen. Die beiden anderen secundären Endkanten biegen sich nach innen zusammen, ähnlich wie zwei submarine von Madagascar. Dieses obere Tetraeder schliesst sich im Sinne einer Dreigliedrigkeit der oberen Grundkante zwar dicht an die Tetraederspitze, beziehungsweise sogar an die rechte Endkante, es liegt aber im Ganzen zunächst der linken Grundecke und Endkante, von der Tetraederspitze aus betrachtet. Es hat also dieselbe relative Lage wie in Südamerika, Afrika, Asien I und annähernd auch Asien II. — Die Verhältnisse des linken secundären Tetraeders sind nur schwierig zu enträthseln und es wird eine Erleichterung gewähren, wenn erst die übrigen Verhältnisse dieses Erdtheiles erörtert werden.

Von der Tetraederspitze beginnend, verläuft die untere Endkante als Wasserscheide zwischen der Donau und Oder auf der linken, und Rhein bis Elbe auf der rechten Hauptendfläche, dann durch Dänemark, und schliesslich als Wasserscheide zwischen Schweden und Norwegen nach dem Nord-Cap. Die Form dieser Endkante mit einfachem Ausdrucke zu bezeichnen, muss man wohl verzichten. Ohne die starke Durchbiegung um das Quellgebiet der Elbe herum, würde man in ihr die schwach nach rechts herum gekrümmte erkennen können. Die untere Grundecke ist nun in grossem Umfange abgestumpft, und da diese Operation im Grossen gewöhnlich zweimal, im Kleinen aber auch mehrfach geschieht, so liegt darin ein verständlicher Uebergang zu der Thatsache, dass die untere Endkante noch mehrfach natürlich und künstlich in kleinen Verhältnissen durch See- und Landcanäle unterbrochen ist. Trotzdem erscheint die untere Grundecke nicht vollständig losgetrennt, sondern hängt, wenn auch nur indirect durch asiatisches und theilweise streitiges Terrain nördlich vom Bottnischen Busen mit dem ganzen Erdtheile zusammen. In Analogie hiermit ist die für den geringen Umfang von Europa sehr hohe Tetraederspitze ebenfalls in sehr tiefem Niveau, aber unvollständig durch die verschiedenen Schweizer See-Gebiete abgestumpft, so dass die eigentliche Tetraederspitze selbst als Knotenpunkt der drei Endkanten erhalten ist. Nur wenige der verschiedenen Abstumpfungsgebiete tragen wirkliche Binnenwasser, die zweifelhaften Umwallungen werden meist durchbrochen.

Die rechte Endkante bildet die Wasserscheide zwischen der Rhone und dem Ebro auf der oberen, und Rhein bis Garonne auf der rechten Hauptendfläche. Jenseits der Quelle des Ebro gabelt sich die Endkante um das Flussgebiet, Guadalquivir bis Minho, einer ausserordentlich grossen Kantabstumpfungsfläche der rechten Grundecke zu umschliessen. Die convexe Uferlinie dieser Fläche lässt die Abstumpfung wieder als eine complicirte erscheinen, so dass untergeordnete Kantlinien noch zwischen den einzelnen Flüssen zu ziehen sein werden. Diese ganze rechte Grundecke als individuelles tetraedrisches Glied ist dann wie ein secundäres Tetraeder fast insular vom Continente entfernt und wenigstens künstlich durch Canäle abgelöst. Die Form dieser Endkante ist wieder zweifelhaft, weil in ihrem oberen Theile, wie bei der unteren Endkante, ebenfalls ein so merkwürdiges Durchbiegen um ein Quellgebiet herum stattfindet.

Die linke Endkante verläuft in annähernd einfach gerader Linie als südwestliche Wasserscheide des Donau-Gebietes, gabelt sich aber an ihrem unteren Ende, um wieder die Kantabstumpfungsfläche der linken Grundecke zu umschliessen. Dabei verläuft die eine Zweigkante so, dass sie die untere Donau nach Norden zwingt, und die andere durch Morea nach Kreta. Auch in dieser Abstumpfungsfläche, trotzdem sie stark concave Uferlinie besitzt, sind weitere Kantlinien zu erkennen.

Nachdem so die oberen Grenzen der linken Hauptendfläche umschrieben sind, wird sich die Lage ihres secundär tetraedrischen Inhaltes leichter auffinden und verstehen, sowie sein Conflict mit Asien bewältigen lassen. Erst die March und dann die Donau werden aus ihren normalen Fallrichtungen der linken Hauptendfläche durch das vorgelagerte secundäre Tetraeder plötzlich nach Süden abgelenkt. Ihre Betten müssen also Durchschnittslinien mit einer secundären Endfläche sein, wobei das Gebiet zwischen Donau und Theiss streitiges Terrain ist. Nun verläuft in Nord durch Ost bis Süd um das ganze Theissgebiet herum eine Wasserscheide gegen die untere Donau, als eine Endkante des secundären Tetraeders, welche beim Eisernen Thore von der Donau durchbrochen ist, aber sich als Ostgrenze der Morawa fortsetzt, so dass diese wieder in der Durchschnittslinie mit der Hauptendfläche fliesst, während sich zwischen Morawa und Drina streitiges Terrain befindet. Die untere nördliche Fortsetzung dieser südwestlichen secundären Endfläche liefert dann in ihrer Durchschnittslinie mit der Hauptendfläche das Bett der Oder und birgt alle östlichen Zuflüsse der letzteren bis zur Mündung der Warthe. Dabei ist die Scheidung zwischen March und Oder lediglich durch die im Anschlusse an die Krümmung der Hauptendkante convexe Wölbung der Hauptendfläche, nicht durch eine secundäre Endkante veranlasst, mit welcher sich die übrigen Flussläufe nicht vereinigen lassen würden. Die nordwestliche secundäre Wasserscheide verläuft am wahrscheinlichsten zwischen Oder und Warthe bis zur Mündung der letzteren. An dieser Mündung beginnt also die nordöstliche secundäre Endfläche, so dass Warthe, Bzura und Bug, oder besser Warthe, Netze, Weichsel bis Bugmündung und Bug in der Durchschnittslinie mit der südwestlichen Endfläche des uralisch-baltischen secundären Tetraeders fliessen, beziehungsweise zwischen Warthe und Netze streitiges Terrain liegt. In dieser Durchschnittslinie, aber nach Ost und Südost fliessen dann weiter Pripet und Dnjepr. Die dritte, die östliche secundäre Endkante bildet dann die südliche Grenze des Weichsel- und Dnjepr-Gebietes; aber der letztere durchbricht sie mit seiner scharfen Biegung nach Süd und Südwest, deren Wiederholungen im Donez und Don die Fortsetzung dieser Endkante bis in die Nähe der Wolga unter wiederholter Durchbrechung erkennen lassen. — Von der Tetraederspitze aus gesehen, liegt das linke secundäre Tetraeder zunächst der rechten Endkante und rechten Grundecke, wie in Südamerika und Afrika.

Bei solcher Gestaltung des linken secundären Tetraeders ergiebt sich nun die Ergänzung der Gestalt des uralisch-baltischen in der Weise, dass seine westliche Grundecke bis nach dem Knick der Oder am Finow-Canal reicht, aber durch die Weichsel, und unter Verwerfung nach Norden abgestumpft ist.

Nach Lage der aufgesetzten Tetraeder gliedern sich die europäischen Grundkanten in Bezug auf Krümmung und Geradlinigkeit, in der Anlage und abgesehen von den Grössenverhältnissen, wesentlich so wie in Südamerika. Aber die Zusammensetzung der Grundecken wird wegen der tief einschneidenden Gliederung bei Europa überhaupt sehr unklar und nicht sicher vergleichbar.

Die Gestaltung der Wassersysteme bleibt eine so zersplitterte, wie die Form des ganzen Erdtheiles. In der oberen Hauptendfläche bilden Rhone und Ebro das rechte Wassergebiet; der Po ist das linke System, welches wieder dem secundären Tetraeder entspringt. — In der rechten Hauptendfläche bleiben beide Wassersysteme, das rechte: Elbe, Weser, Rhein, Maas, und das linke: Seine, Loire, Garonne, mehrfach getheilt, wie fast in allen Fällen, in denen das secundäre Tetraeder insular geworden ist. Nur in der linken Hauptendfläche sammelt sich das rechte Wassersystem zur einen grossen Donau mit reichlichem Zufluss aus secundären Endflächen. Das linke Wassergebiet tritt als Oder auf, die aber der Hauptendfläche, nicht dem secundären Tetraeder entspringt. Dieser Ausnahme gegenüber bildet nun die nordöstliche secundäre Endfläche eine Grundlage für das grosse Weichsel-Gewässer. Indess verlaufen auch die Wasser der secundären Endflächen mehrfach getrennt.

Wenn man die Schwerpunktlinie für die untere Grundecke zieht, so zeigt sie fast dieselbe Ablenkung gegen den Meridian wie in Südamerika. Mit Bezug auf die Meridiane ist also die, nach der kleinen Drehung in Afrika, von Südamerika bis Asien in zwei starken Drehungen intensiver weiter geführte Horizontaldrehung des tetraedrischen Grundtypus der Erdtheile mittelst eines vierten Impulses im Betrage von einem Elftel zum halben Kreise bis zur entgegengesetzten Lage in Europa vollzogen. Dabei ist das Nordende dieser Schwerlinie, die untere Grundecke relativ stark gehoben, im Gegensatze zu den übrigen Erdtheilen, und dadurch die obere Endfläche noch weiter, als durch die Lage der Tetraederspitze, zu steilem Abfalle und submariner Lage, und ihr secundäres Tetraeder zu insularer Zersplitterung gekommen. Ausserdem ist auch die ganze rechte Seite des Erdtheiles tiefer gesenkt, einer Verticaldrehung des typischen Tetraeders um jene Schwerlinie entsprechend.

Die Tendenzen zu Horizontaldrehungen des Tetraeders, so weit sie sich in den Formen der Grundecken ausprägen, sind so widerspruchsvoll theils nach rechts, in der unteren Grundecke, theils nach links herum angedeutet, dass man in Zweifel bleibt, ob die Drehung nach rechts herum wirklich überwiegt.

Der Anschluss von Europa an Asien findet mit des ersteren linken Grundecke statt, welche Kantabstumpfung besitzt. Er ist also in dieser Beziehung normal, und bleibt so, wenn man dafür wie erwähnt Asien II in Betracht zieht, dessen anschliessende dann die rechte mit Kantabstumpfung ist. Indess neben diesem gewöhnlichen Anschlusse von Erdtheil zu Erdtheil vermittelst der oberen Grundecken, der in diesem Falle übrigens eher ein Abwenden erkennen lässt, findet hier ein ganz ausserordentliches Verhältniss statt, indem beide Erdtheile dadurch innig mit einander vereinigt, wie mit einander verwachsen sind, dass ihre benachbarten seitlichen secundären Tetraeder, das rechte von Asien II und das linke von Europa, also Grundecken des zweiten, dem Erdinnern zugewendeten, ihm angehörenden Haupttetraeders, in ausserordentlicher Ausdehnung zu langen Spitzen ausgezogen, gegenseitig an einander vorbei tief in den Körper des anderen Erdtheiles (wie phallisch) hineindrängen. Dabei werden dann die äussersten Theile dieser lang gestreckten secundären Grundecken von Flüssen mehrfach durchbrochen, abgeschnitten, und von der staatlichen oder ethnographischen Amöbenbewegung der Menschheit mehr oder minder vollständig aus ihrem Verbande mit demjenigen Erdtheile abgelöst, dem sie geographisch eigentlich angehören, und dagegen von dem anderen Erdtheile wie zu gegenseitiger Befruchtung assimilirt.

Der Anschluss von Europa an Afrika findet mit des ersteren rechter Grundecke nach des zweiten linker Grundecke statt, und beide haben die Kantabstumpfung. Es liegt also ein normaler, wenn auch, wegen der freilich grossen Entfernung dieser Grundecken von einander, nur sehr lockerer Anschluss vor, welcher die drei Erdtheile: Afrika, Asien I/II und Europa, zu einem fast geschlossenen Ringe vereinigt, der in der volksthümlichen Anschauung eben die Alte Welt bildet. Neben dieser Art des Anschlusses findet indess eine andere Art in weit innigerer Weise statt, wenn sie auch heute submarin versteckt und in anderer Weise verdeckt ist. Für diesen Anschluss dienen nämlich wieder secundäre Tetraeder und zwar hier diejenigen der beiderseitigen oberen Hauptendflächen, also das italische und algerische. Dass dabei die rechte europäische Grundecke ebenfalls in's Spiel kommt, findet seine Parallele darin, dass auch die rechte Grundecke von Asien II, besonders mit ihrem nördlichen Theile, sich ausdrucksvoll in die Nähe des linken secundären Tetraeders von Europa drängt, mehr als nach dessen linker Grundecke. Der Sinn, in welchem jenes Nähern geschieht, scheint freilich ein gerade entgegengesetzter zu sein; denn die rechte asiatische Grundecke scheint sich gerade dem weiteren Eindringen der secundären europäischen Grundecke entgegenzustellen. Aber dieser innige Anschluss zwischen Europa und Afrika ist wie erwähnt gegenwärtig submarin versenkt; und dazu wendet sich die sicilianische secundäre Grundecke mit Einwärtsbiegung so entschieden von der secundären afrikanischen Cap Bon-Ecke ab, dass die einstige physiologische oder psychische Bedeutung eines solchen Anschlusses oder Verwachsens für die Lebensverhältnisse der Organismen in der Gegenwart kaum grossen Werth haben wird.

Dieser zweite Fall des Verwachsens von Erdtheilen vermittelst ihrer secundären Tetraeder macht nun einen dritten derartigen, für Afrika und Asien vorliegenden als einen Umstand verständlich, welcher die drei Erdtheile der Alten Welt inniger als durch jede andere Beziehung zu einem Ganzen aus gleichmässig gearteten Gliedern mit gleichmässig gearteten und ganz bestimmt eigenthümlichen, in der Neuen Welt nur sehr schwach andeutungsweise vertretenen Beziehungen vereinigt, oder einst vereinigt hatte. Dieser dritte Fall giebt sich einerseits durch die jetzt submarine, nach Afrika, nach dessem rechten secundären Tetraeder, hin gerichtete Erstreckung des linken secundären Tetraeders von Asien I zu erkennen. Und seine reale Existenz in einer fernen Vorzeit, nämlich vor der letzten Noachsfluth, wird anderseits dadurch bestätigt, dass Ptolomäus' Erdtafel trotz der seiner Zeit vorausgegangenen egyptischen Umschiffung von Afrika, noch das südliche Land enthält, welches Afrika mit Hinterindien verband, und den indischen Ocean zu einem zweiten und grösseren Mittel- oder Binnenmeere machte. Indess ist hier nicht der Ort für besondere Rechtfertigung der alten Geographen.

In der verflossenen grösseren Hälfte der gegenwärtigen Weltperiode ist die phallische Herrschaft auch geographisch in der Alten Welt dominirend gewesen, — wie in der ersten Hälfte des einzelnen Menschenlebens der Fall zu sein pflegt.

## Nordamerika.

Mit einer Karte. Blatt 8.

Dieser Erdtheil besitzt ausschliesslich den gedrungenen, mehr gleichseitigen Typus der tetraedrischen Formen. Er bildet also den reinen Gegensatz zu Südamerika und Europa, während in Afrika und Asien beide Typen, der langgestreckte und der gleichseitige in verschiedenem Grade gleichzeitig vertreten waren. Nordamerika gleicht dem gleichseitigen Hauptkörper von Asien, hat aber im Gegensatze zu diesem seine secundären Tetraeder aus ihrem weiten Hervorstrecken, welches in Europa ein Maximum erreichte, fast vollständig, mit wenigen Ausnahmen strenger als Südamerika, diesem darin gleichend, wieder an sich, ja so in sich hinein gezogen, dass nur kleinste Glieder an grossem Rumpfe nach aussen hervortreten.

Die allgemeine Dreiecksform seiner Grundfläche ist mühelos zu erkennen. Ihre Ecken liegen am Isthmus, in Neu-Fundland und an der Bering-Strasse. Damit sind die Grundkanten, und durch diese ist mit Hilfe der Flussquellen die allgemeine Anordnung der Endflächen und Endkanten der dreiseitigen Pyramide gegeben. Nicht ebenso leicht findet man diejenige Grundecke heraus, welche als die untere die Lage des ganzen Tetraeders gegen den Meridian characterisirt. Europa ist zu klein und liegt zu fern, als dass die geographische Verbindung mit ihm massgebend sein könnte. Dagegen sprechen andere Umstände um so deutlicher dafür, dass die Bering's die untere Grundecke ist. Denn die vielfachen rotatorischen Tendenzen der Schwerlinie für die untere Grundecke lassen von Europa über Nord- zu Südamerika die zweite Hälfte der Kreisdrehung, also eine meridional mittlere Stellung für Nordamerika wie für Asien II auch dem innern Wesen nach erwarten. Dazu fordert der Anschluss an Südamerika gerade diese Lage der unteren Grundecke; und wenn sie nicht die gerade Abstumpfung besitzt, so bieten Afrika und Asien II Parallelen dazu, während Nordamerika zugleich noch Beziehungen zu Asien durch diese untere Grundecke conservirt. Neu-Fundland wird sich als die gerade abgestumpfte Grundecke erweisen. Wollte man sie als die untere betrachten, dann würde der Erdtheil bei grosser Kürze sehr in die Breite gezogen erscheinen, also eine dem reversirten Afrika ähnliche Gestalt zeigen. Das mag für andere geographische Verhältnisse und Zeiten sich als angemessen erweisen, führt aber heute zu unangemessenen Formen und Verhältnissen. Denn der tetraedrische Grundtypus, um von Europa zu solcher Lage in Nordamerika zu gelangen, müsste sehr starke Horizontaldrehung nach rechts herum vollzogen haben, während sich dafür nur schwache und für temporären und localen Stillstand deutungsfähige Tendenzen in Europa und Nordamerika finden liesen und lassen. Und er müsste ferner, um aus solcher nordamerikanischen Stellung in die unzweifelhaft folgende südamerikanische, und zum Kreisschlusse der ganzen Horizontaldrehung nach links herum zu gelangen, letztere mit einem noch um etwa die Hälfte grösseren Sprunge vollenden, als schon bei der Bering's als unterer Grundecke erforderlich ist, während die in Nordamerika's Form gut ausgesprochenen Tendenzen zur Drehung nach links herum keineswegs entsprechend viel intensiver als bei Afrika und Asien erscheinen. Der Anschluss an Europa fordert jedenfalls nicht die untere, sondern die linke Grundecke von Nordamerika, und wenn Neu-Fundland als solche linke die gerade Abstumpfung zeigt, so findet dies in Afrika's rechter Grundecke nach Asien hin seinen ähnlichen Fall. Aus dergleichen Erwägungen ergiebt sich, dass für die gegenwärtigen geographischen Zustände die Bering's Grundecke als die untere Grundecke des Erdtheiles anzusprechen ist, letzterer also in solcher, Asien I gerade entgegengesetzter Lage betrachtet werden muss. Dabei kann man aber im Sinne behalten, dass Nordamerika für andere als die wichtigsten Beziehungen der Gegenwart, für Beziehungen, welche einer fernen Vergangenheit und einer ähnlich fernen Zukunft angehören, vielleicht besonders für diejenigen zum Nordpolarlande, eine andere Lage als dann ebenfalls oder vorherrschend normal besitzen mag, wie dies für Asien und in einem anderen Sinne auch für Afrika geltend gefunden wurde.

In jener gegenwärtig als normal anzusehenden Lage von Nordamerika mit der unteren Grundecke an der Bering-Strasse ist nun das Grössenverhältniss der Grundkanten mit dem von Europa übereinstimmend; denn die rechte ist die grösste, die linke die mittlere, die obere die kleinste. Die Wassersysteme der Endflächen münden in diesen Grundkanten einerseits in den Grossen Ocean, anderseits in das nördliche Eismeer, und drittens in den nordatlantischen Ocean. Zwei der Endkanten, einander, ähnlich wie in Südamerika und zugleich letztere selbst verlängernd, bilden die westliche Begrenzung aller Quellen, welche ihre Wasser zwischen dem Isthmus und der Bering-Strasse in den Grossen Ocean schicken. Die dritte Endkante schliesst sich ihnen an, indem sie zunächst die Wasserscheide zwischen dem Missouri der oberen und dem Saskatchewan der linken Endfläche, dann die nördliche Wasserscheide für das ganze Seen-Gebiet des S. Lorenz-Stromes bildet, und endlich durch Neu-Fundland ausläuft.

Danach liegt die Tetraederspitze zunächst der rechten Grundkante, der unteren Grundecke näher, in Uebereinstimmung mit Afrika, im stärksten Gegensatze zu Südamerika. Die rechte Endfläche fällt steil und schmal mit Küstenflüssen in den Ocean ab; dagegen besitzen die linke mit grossem, die obere Endfläche mit kleinerem Spitzwinkel, entsprechend grosse Ausdehnung mit langem Verlaufe wesentlich vereinigter grosser Ströme.

Die wichtigsten Modificationen dieses in allgemeinen Zügen umschriebenen Haupttetraeders, die in seinen Endflächen aufgesetzten secundären Tetraeder, zeigen folgende Verhältnisse, wobei im Voraus hervorzuheben ist, dass ausnahmsweise nicht eines von ihnen völlig insular vom Continente abgelöst ist, sondern nur kleine Theile von ihnen halbinsular bis insular geworden sind. Das californische der rechten Hauptendfläche ist sehr langgestreckt wie in Südamerika, und sein schmalstes südliches Ende ist halbinsular, während es in Südamerika in den Hauptkörper zurückgebogen erscheint. Seine eine secundäre Endfläche birgt alle Küstenflüsse zwischen Cap San Lucas und der Mündung des Columbia; und zwischen beiden Punkten begrenzen zwei der secundären Endkanten als Wasserscheiden das ganze Gebiet dieser Küstenflüsse. Die sich anschliessende dritte secundäre Endkante verläuft nach der scharfen Biegung des Snake River, so dass das untere Bett des Columbia in der Durchschnittslinie der nördlichen secundären mit der Haupt-Endfläche liegt. Diese dritte Endkante ist aber vom Snake River nur durchbrochen, und verläuft, wiederholt durchbrochen, eigentlich bis zum oberen Columbia, wenn nicht sogar bis zum Frazer, wie die Flussläufe trotz der Verwaschungen des Terrains wahrscheinlich machen. — In der Durchschnittslinie der östlichen secundären Endfläche mit der Hauptendfläche fliessen nach Norden der mittlere Snake River, nach Süden der untere Colorado, während sich in der mittleren Erstreckung dieser Linie ein kleines Binnenwassergebiet gebildet zeigt. — Dieses Tetraeder liegt, von der Haupttetraederspitze aus betrachtet, der linken Endkante zunächst, der linken Grundecke aber doch sehr fern bleibend, und deshalb auf eine Dreigliedrigkeit der rechten Grundkante hinweisend.

Das secundäre Tetraeder der linken Hauptendfläche ist wegen geringer Neigung der Flächen und ihrer Durchschnittslinien, wodurch reiche Seen- und Inselbildungen gefördert werden, sowie wegen der Nähe des Nordpollandes, dessen Glieder sich noch nicht abgrenzen lassen, sehr unklar ausgebildet. Wahrscheinlich sind seine Verhältnisse wie folgt. In der Durchschnittslinie seiner südwestlichen mit der Haupt-Endfläche fliesst der Mackenzie und liegt dessen ganzes oberes Seen-Gebiet mit Winnipeg und Lonely Lake. Diese secundäre Endfläche wird von zwei Endkanten als Wasserscheiden eingeschlossen, deren eine an der Mündung des Mackenzie ausläuft, während die andere, ein oder mehrere Male durch Flüsse unterbrochen, vermuthlich in der Nähe des S. Josef-Sees, östlich davon, an die linke Hauptendkante kommt. Die dritte secundäre Endkante geht dann nach der Melville-Halbinsel. Wohin aber die nördlicher gelegenen Inseln und das Baffin Land zu rechnen sind, ob eine einfache Anlagerung, wie jetzt zwischen Afrika und Asien, oder eine gegenseitige Durchdringung, dem Anscheine nach mit einem aufgesetzten Tetraeder des Nordpolarlandes stattfindet, darüber lassen sich zunächst nur vage Vermuthungen hegen. — Von der Tetraederspitze aus gesehen liegt dieses secundäre Tetraeder mit nächstem Anschlusse an die linke Endkante doch ziemlich in der Mitte der Grundkante, ja der unteren Grundecke näher.

Das secundäre Tetraeder der oberen Hauptendfläche hat in der Durchschnittslinie seiner nördlichen Endfläche mit der Hauptendfläche den Lauf des St. Lorenz-Stromes und dessen ganzes Seen-Gebiet liegen. Seine nordöstliche secundäre Endkante wird, mit Rücksicht auf die gerade Abstumpfung der linken Grundecke des Haupttetraeders nur bis an die Strommündung, nicht durch Neu-Schottland verlaufen, während die westliche und nordwestliche Fortsetzung dieser Endkante das Seen-Gebiet gegen das Mississippi-Gebiet abgrenzt, und gegen die linke Hauptendkante verläuft. Die dritte secundäre Endkante schliesst sich südlich vom Erie-See an jene beiden an, und umgrenzt zunächst das ganze Becken des Ohio mit Cumberland und Tennessee-Fluss. Bei der Entscheidung über ihren weiteren Verlauf begegnet man einigen Schwierigkeiten. Zieht man sie bis in die Nähe der Mississippi-Mündung, so dass dieser Strom seiner ganzen Länge nach in der Durchschnittslinie zwischen der westlichen secundären und der Haupt-Endfläche fliesst, dann erscheint die scharfe Wendung des Tennessee nach Norden durch nichts als locale Bodensubstanz gerechtfertigt. Letztere Wendung scheint den Verlauf dieser Endkante nach der Mündung des Ohio in den Mississippi unbedingt zu fordern, während der Zug nach der Halbinsel Florida durch nichts gerechtfertigt wird. Dann muss man aber diese Endkante hier durch den Mississippi unterbrochen und ihre Fortsetzung nördlich vom Arkansas auslaufend finden, mit mittlerem Arkansas und unterem Red River in der Durchschnittslinie des südwestlichen Theiles der secundären und der oberen Endfläche. Für solches Abstumpfen einer Grundecke des secundären Tetraeders finden sich ja Beispiele genug, und ebenso für das arge Zusammenfalten der beiden westlichen secundären Endkanten. Dann fliessen der Kansas, der früh durchbrechende Missouri eine kurze Strecke, und der ganze obere Mississippi in der Durchschnittslinie zwischen der nordwestlichen secundären und der oberen Hauptendfläche. — Von der Tetraederspitze aus betrachtet, liegt das obere secundäre Tetraeder wie in allen übrigen Erdtheilen zunächst der linken Endkante und hier zugleich zunächst der linken Grundecke.

Die zweite Modification des Haupttetraeders, die gerade Abstumpfung eines Paares seiner Ecken, ist wie bei Südamerika nur in ausserordentlich geringem Umfange vollzogen, und ist wie bei Asien II an der linken Grundecke zu finden, wo Neu-Fundland vollständig abgetrennt ist. Wie in allen anderen Fällen ist es auch hier die Tetraederspitze, welche dieselbe gerade Abstumpfung erfahren hat. Da aber die Abstumpfungsfläche mit dem Grossen Salt Lake ziemlich weit seitlich von der selbst unberührt gebliebenen Spitze liegt, so spricht die stets beobachtete Analogie der Verhältnisse dafür, dass auch die linke Grundecke nicht vollständig abgetrennt ist, dass also Neu-Schottland und ein Theil von Neu-Braunschweig zur linken Grundecke des ersten Haupttetraeders, nicht zur Grundecke des linken secundären Tetraeders gehören. Dabei kann sich dann zugleich in untergeordnetem Grade eine Kantabstumpfung der linken Grundecke bemerklich machen, um den Ausnahmefall wieder zu mildern, dass die Verbindung nach Europa mit dieser abgestumpften Grundecke stattfindet.

Das zweite Paar der tetraedrischen Ecken, die untere und die rechte Grundecke, sind in so grossen Verhältnissen wie bei Asien und Europa von den Endkanten aus abgestumpft. Die Abstumpfungsfläche der unteren Grundecke enthält die Flüsse Kwichpak und Kuskokwim. Die untere Endkante gabelt sich früh, und ihre Zweige verlaufen einerseits durch Alaska und die sich anschliessende Inselreihe der Aleuten, anderseits vermuthlich nach Point Hope, während andere Kantlinien nach der Bering-Strasse und vielleicht noch in der Richtung der St. Matthäus-Insel gehen, alle mit meist concaven Uferlinien zwischen sich. — In der rechten Grundecke gabelt sich die Hauptendkante so, dass der eine Zweig die Wasserscheide durch den ganzen Isthmus hindurch, und auch noch im Westen vom Rio Atrato in Südamerika bildet, während der andere Zweig durch Yukatan, Cuba, Hayti, Rio und die sich anschliessende Inselreihe bis Trinidad in weitem Bogen verläuft. In beiden Fällen suchen also die Gabeln der Endkanten den genauesten und umfassenden Anschluss an die Endkantengabeln, beziehungsweise Grundecken, einerseits von Asien, anderseits von Südamerika. Die tiefe Senkung der rechten Grundecke, mit Hebung der linken Hauptendfläche bis fast zur Horizontalität mit reicher Seen-Bildung, hat nicht nur die Uferlinie der Kantabstumpfungsfläche tief concav gemacht, mit dem Reste einer inneren Kantlinie über Jamaica, sondern mit dem Golf von Mexico fast eine ausserordentlich grosse gerade Abstumpfung über den Isthmus von Tehuantepec andeutungsweise vorbereitet, in ähnlichen Verhältnissen wie bei Europa und Afrika für deren rechte, oder bei Asien zu Australien ebenfalls für die entsprechende rechte Grundecke eines möglichen Asien III mit der kleinasiatischen als unterer Grundecke. (Asiens vorzugsweise dreifache Stellungsmöglichkeit ist in der Bezeichnung seines Hochplateau als „Dach der Welt", wie eines in Wasserfluthgefahren Rettung ermöglichenden Hausdaches, für alle Weltfluthen durch heute unverstandene Tradition conservirt.) Der ideelle Isthmus an der Bering-Strasse ist oceanisch, der reale Isthmus von Panama muss künstlich durchschnitten werden, um den Begriff der Neuen Welt in seine heute realeren Componenten zerlegen zu helfen. Das tiefe Einschneiden des Golfes von Mexico hat zugleich den für Nordamerika anscheinend einzigen Fall des weit gehenden Ausstreckens eines grossen tetraedrischen Gliedes, eben der rechten Grundecke, aus dem Hauptkörper hervor veranlasst.

Die Lage der Tetraeder und die dadurch bedingte Gliederung der Grundkanten in gerade und gekrümmte Theile, während der Character der Endkanten freilich meist unklar bleibt, deutet auf eine sehr starke Tendenz zur Horizontaldrehung des tetraedrischen Grundtypus nach links herum. Nur in geringem Grade machen sich an den äussersten Grundspitzen Gegenantriebe nach rechts herum bemerklich. Die starke Tendenz hilft zunächst die Auffassung rechtfertigen, dass sie mit anderthalb Elfteln einer vollen Umdrehung von Europa aus zu der als normal geltend gemachten Lage von Nordamerika geführt hat. Diese Tendenz ist aber ferner darum so einseitig stark ausgeprägt, um auch noch den folgenden Umschwung von vier Elfteln des vollen Kreises bewirken zu können, damit der Grundtypus wieder die Lage von Südamerika erreicht, während weder in einem zwischenliegenden Erdtheile, noch in einer aufgedrängten Möglichkeit anderer Lage von Nordamerika, wie dies bei Asien der Fall war, Gelegenheit zur Station für einen getheilten und folgenden Drehungsimpuls gegeben ist.

Die Gliederung der Wassersysteme der Hauptendflächen durch die vorgelagerten secundären Tetraeder zeigt folgende Verhältnisse, für die Tetraederspitze als Beobachtungsort. In der rechten Hauptendfläche ist der Columbia das Hauptglied des übrigens zu Küstenflüssen zersplitterten rechten Wassersystemes, der Hauptendfläche entspringend. Das linke Wassersystem tritt, ausser im Colorado, ebenfalls nur als Küstenflüsse auf, und jener gehört ausnahmsweise nicht einer secundären Endfläche. Das rechte aufgesetzte Tetraeder ist also ausserordentlich trocken. Indess kann man dieses Verhältniss der Wasserläufe an der europäischen Oder auf der linken Hauptendfläche vorgebildet finden, während die Trockenheit des californischen Tetraeders durch die Schmalheit seiner Flächen mitbedingt ist.

In der linken Endfläche trägt das tiefe Einschneiden der Hudson-Bai seinen Theil der Schuld an der Zersplitterung und geringen Entwickelung des rechten Flusssystemes; oder es ist die Frage, ob man die Bedeutung des rechten Wassersystemes nach jener Bai beurtheilen muss, wie die Mündungen sehr grosser Ströme den Character von Meeresbuchten annehmen mögen. Das linke Wassersystem hat langen Verlauf in grossflächigem Gebiete. Betrachtet man es als durch Flüsse gebildet, dann entspringt es fraglos ebenfalls nicht dem secundären Tetraeder, und darin würde eine Ausnahme liegen, welche bei der Grösse der betreffenden secundären Fläche unverständlich wäre. Hier erscheinen nun zwei verschiedene Auffassungen möglich, welche schon bei dem uralisch-baltischen Tetraeder hätten zur Sprache gebracht werden können, wenn nicht neben dessen reichen See-Gebieten zugleich mächtige Flussläufe die gewöhnliche Regel des Wasserreichthumes der Grundecke des zweiten Haupttetraeders aufrecht erhalten zeigten. Entweder ist nämlich das zweite Haupttetraeder von Nordamerika, im Gegensatze zu den Verhältnissen in allen übrigen Erdtheilen, überhaupt sehr trocken, oder seine Wassersysteme haben den gewöhnlichen Character von Flussläufen gegen den von relativ stabilen Seen vertauscht, durch deren Reichthum sich freilich das linke Tetraeder auszeichnet.

In der oberen Hauptendfläche ist das rechte Wassersystem in der Hauptsache zum grossen Mississippi vereinigt, der wieder fraglos der Hauptendfläche angehört. Das linke Wassersystem zeigt denselben Charakter, wie in der linken Hauptendfläche, aber die Seen-Bildung ist noch weit grossartiger. Die Seen werden theilweise in der Durchschnittslinie der nördlichen secundären mit der Hauptendfläche liegen, aber das Fliessende wird wieder wesentlich der letzteren angehören, und in solchem Sinne haben auch die bei den politischen Abgrenzungen zur Geltung kommenden Anschauungen den unteren Lauf des St. Lorenz-Stromes ausschliesslich zur Hauptendfläche, beziehungsweise zur linken Grundecke als tetraedrischem Körpergliede gerechnet, statt zum aufgesetzten Tetraeder als einem anderen solcher Glieder.

Die Anschlüsse von Nordamerika nach anderen Erdtheilen sind schon gelegentlich besprochen. Da man vom Nordpolarlande absehen muss, und wenn man nur die mineral-geographischen Anschlüsse berücksichtigt, dann finden sie stets mit Grundecken statt, welche Kantabstumpfung zeigen. Es mag aber noch ausdrücklich hervorgehoben werden, dass die bei der Alten Welt so wesentlich geübte Verbindungsweise vermittelst der secundären Tetraeder hier in der Neuen Welt wirklich vollständig ausgeschlossen ist. Sie könnte hier nur mit den oberen aufgesetzten Tetraedern von Süd- und Nordamerika stattfinden, aber das von ersterem zeigt nicht die geringste Spur einer Verlängerung in solchem Sinne, und das von letzterem wendet seine südwestliche Grundecke noch weit ausdrucksvoller von einer Verbindung nach Südamerika ab, als solches am rechten Tetraeder von Afrika und am oberen von Europa, nur für die heutigen geographischen Verhältnisse, beobachtet werden konnte.

In der Neuen Welt, der die Zukunft der gegenwärtigen Weltperiode angehört, ist also auch geographisch die phallische Herrschaft wie in der zweiten Hälfte des einzelnen Menschenlebens depossidirt.

---

## Allgemeines.

Mit einer Karte. Blatt 9.

Neben der unverkennbar vielseitigen Uebereinstimmung und innigen Verbindung einerseits der drei Erdtheile der Alten Welt, anderseits der zwei Erdtheile der Neuen Welt, sind vielfach Umstände zur Sprache gekommen, welche durch Verschiedenheiten, durch Unterdrückung und Zerstörung früherer Verbindungen, durch ausdrückliches Abwenden wichtiger tetraedrischer Verbindungsglieder, auf eine Auflösung dieser beiden „Welten" und dagegen durch andere Uebereinstimmungen auf andere Gruppirungen der Erdtheile hinweisen, welche zu beachten sich vielfache Anregungen darbieten.

Nun liegt es nahe, die schon gelegentlich erwähnte Verbindung aller fünf Erdtheile unter einander zu beachten. Es bilden die Schwerpunkte dieser fünf Erdtheile auf der Erdoberfläche ein fast in der Richtung der Breitenkreise langgestreckten Dreieck (oder eine verdrückte Ellypse), dessen untere Grundecke in Asien, dessen rechte in Nord- und dessen linke in Südamerika zu finden ist, während Europa die gerade rechte, Afrika die weit ausgebauchte linke Grundkante bilden helfen. Dieses Dreieck hat also im Wesentlichen dieselbe Gestalt, wie die in meridionalen Richtungen liegenden Grundflächen von Südamerika und Afrika. Um den Schwerpunkt dieses Dreiecks erscheinen dann die fünf Erdtheile in der Weise gruppirt, dass sie ihre oberen Grundkanten jenem, wie einem Pole, (beziehungsweise je einem ellyptischen Pole für die Alte und für die Neue Welt) mit Abweichungen zuwenden, während ihre unteren Grundecken nach einem ideellen Gegenpole gerichtet sind. Und in dieser geschlossenen Schwerlinie, deren langgestreckte Dreiecksform sich auch als geöffnet ellyptisch mit Zuspitzung am einen asiatischen und Abplattung am anderen amerikanischen Ende der grossen Axe auffassen lässt, erscheinen nun die Erdtheile wie die reell fixirten Stationen eines ideellen Umlaufes (nach links herum) des Grundtypus der Erdtheile (beziehungsweise eines reellen Umlaufs der sie schalenförmig bedeckenden organischen Substanz) in unvollständig geschlossener, verdrückt ellyptischer Bahn auf der Erdoberfläche, (Blatt 9), während dieser Grundtypus sich dabei in derselben Fläche, nach Aussage der meridionalen Abweichungen der Schwerlinien für die unteren Grundecken, mit Schwankungen hin und her einmal um seinen eigenen Schwerpunkt nach links herum dreht. Diese einmalige Umdrehung, mit ihren Schwankungen hin und her an diejenige des Mondes um die Erde erinnernd, muss also eigentlich in Bezug auf die inneren Polpunkte der ideellen Bahnellypse betrachtet werden. Und weiter lassen sich die mit Kantabstumpfungen versehenen Grundecken wegen der mehrfachen (punktirten) Zwischenkanten als den Gliederungstypus von Händen oder Tatzen besitzend ansehen, mit denen die Continente sich gegenseitig erfassen, um unter theilweisem Hin- und Herdrehen, Neigen und Beugen wie beim Ringtanze, den geschlossenen und sich öffnenden Kreis auf der Erdoberfläche zu bilden.

Dann ist man veranlasst, den ganzen Erdtheil Asia-Europa und auf der anderen Seite ganz Amerika als je ein Tetraeder aufzufassen. Es lassen sich weiter Asien, Nord- und Südamerika als die Grundecken eines grossen Haupttetraeders, ferner Afrika, Europa und das polynesische Inselreich als seine secundären Tetraeder, als die Grundecken eines zweiten Haupttetraeders betrachten. Hierfür würde man, soweit es sich um das Verschwinden eines realen Hauptkörpers und der Haupttetraederspitze handelt, und anderseits um das Verschmelzen der letzteren mit secundären Tetraedern, in Europa mit schon kleinem Hauptkörper bei relativ sehr grossen Grundecken und secundären Tetraedern, und dann besonders in Asien, wo das indische, aber auch in Europa, wo das italische, und in Nordamerika, wo das californische secundäre Tetraeder der Haupttetraederspitze theilweise bis zu schwierigem Auseinanderhalten nahe gerückt sind, die vermittelnden Fälle finden können.

Aber bei diesen Versuchen, den tetraedrischen Typus gar auf lockere Associationen von Erdtheilen statt auf einzelne anzuwenden, läuft man Gefahr, heute zu weit zu gehen, in's allzu Unbestimmte und Nebelhafte zu gerathen, so lange man sich wesentlich auf das vorliegende mineral-geographische Material beschränken muss. Es ist deshalb gerathener, bei dem für die bekannten fünf Erdtheile Gewonnenen zu resigniren, der späteren Erforschung der geographischen Verhältnisse der vergangenen und zukünftigen Zeiten ihre Arbeitstheile vorzubehalten.

---

Die vergleichende Geographie früherer Jahrzehnte hat sich vielfach damit beschäftigt, einen innigen Zusammenhang zwischen geographischem Formcharacter nebst Inhalt der Continente und der nach mancherlei Rücksichten abgegrenzten Abtheilungen derselben einerseits, und dem Character und Lebensinhalte der dazu gehörigen Organismen anderseits, besonders der Menschen Völkerschaften und Staaten, aufzusuchen und nachzuweisen. Dafür waren das Beherrschen eines grossen Umfanges vielseitiger Kenntnisse, ganz besonders aber ein fein geartetes Gefühl, eine künstlerisch geartete Phantasie und eine reiche Schulung im masavollen Abwägen und Zusammensetzen der einander verstärkenden oder abschwächenden Wirkungselemente verschiedenster Richtung erforderlich. Die Resultate solcher Untersuchung und Anschauung trugen deshalb mehr den Character eines mit der Individualität eng verknüpften Kunstwerkes, und waren als solches kaum der strengen Prüfung und Discussion zugänglich. Die folgende Zeit hat fast die Fähigkeit, wenigstens aber vielfach den Geschmack für solche vergleichende Morphologie der Erdtheile mit gleichzeitiger Rücksicht auf alle möglicherweise wirkenden oder bewirkten Umstände verloren. Sie hat, um sicher zu gehen, es vorgezogen, einzelne der elementaren Verhältnisse der geographischen Glieder aus dem Ganzen herauszugreifen und diese in strenger verfolgbarer Weise zu vergleichen. So sind besonders „vergleichende Morphologien" entstanden, welche sich fast ausschliesslich mit den nach beliebten Voraussetzungen angeblich ziffermässig ermittelten Massen der verschiedenen geographischen Hauptglieder beschäftigen, ohne auf die Form derselben wesentlich oder überhaupt Rücksicht zu nehmen, oder andere Beziehungen als die auf statisches Gleichgewicht oder auf den Einfluss der Massen auf die planetarische Bewegungsmechanik zu berühren.

In den vorstehenden Blättern ist der Versuch gemacht, ein anderes, ebenso einfaches Element der geographischen Verhältnisse, das der geometrischen Formen, ohne Rücksicht auf die arithmetischen Verhältnisse der Massen, einer beschränkt vergleichenden Morphologie der Continente andeutungsweise zu Grunde zu legen. Versuche in solcher Richtung sind natürlich schon früher unternommen, und zwar nicht nur in jenem unsäglich phrasenhaften Sinne, in welchem man irgendwo gesehene „Runzeln" der Erdrinde als dem „Antlitz" der Erde angehörig beschreibt. Aber diese Versuche litten unter dem vorherrschenden Anlehnen an Theorien über die vulcanische und neptunische Entstehungsweise der Erdrinde, wenn nicht gar an „Schöpfungstheorien". Hier dagegen ist das klar sichtbare und klar modificirte südamerikanische Tetraeder als die thatsächliche Grundlage für den Nachweis benützt, dass ein solcher tetraedrischer Grundtypus den Configurationsverhältnissen auch jedes anderen der als wichtigst besprochenen Erdtheile wirklich zu Grunde liegt, — und dass dieser Typus zugleich als Wegweiser für einen Umlauf in geschlossener Bahnlinie und für gleichzeitige Rotation, und mehrfache Antriebe dazu, um seinen eigenen Schwerpunkt dient. Diese Verhältnisse bleiben thatsächlich richtig, wie sehr auch das sphärisch tetraedrische Element das ebene im Ganzen und Einzelnen verdrängen oder schwieriger erkennbar gestalten mag, und was immer Hervorquellungen, Hebungen, submarines Weiterwachsen und meteorischer Zuwachs, und dann Senkungen, Verwitterungen, oberflächliche und submarine Aus- und Wegwaschungen, jeder Process für sich und alle zusammen zur Ausbildung und fortschreitenden Modification der Grundform beigetragen, oder ihre formwandelnd störenden Schleier darüber gelegt haben mögen. Und diese geometrisch formvergleichende statt arithmetisch massenvergleichende geographische Morphologie erscheint doch als ein für verständig unbefangenes wissenschaftliches Interesse nicht abzuweisendes wichtiges und die arithmetische Massenvergleichung wünschenswerth ergänzendes Element der Erdkunde.

Freilich ist diese formvergleichende Morphologie mit einem Umstande behaftet, der, wie es scheint, heute als ein grober Fehler betrachtet werden soll. Er besteht darin, dass die geometrischen Formverhältnisse vielseitigere Anknüpfungspunkte für Beziehungen nach verschiedenen Richtungen hin darbieten, als in den arithmetischen Massenverhältnissen bisher gefunden und cultivirt worden sind. Denn insofern die geographisch ebene Geometrie an Krystalle erinnert, drängt sich die Frage auf, ob etwa ein Bezug zwischen den tetraedrischen Gliedern und ihrem mineralen Inhalte zu entdecken sein wird. Und insofern die geographisch sphärische Geometrie an die vergleichende Osteologie erinnert, drängt sich die andere Frage auf, ob die den Oberflächen der tetraedrischen Glieder aufgewachsenen, mehr oder minder mobil angehefteten Organismen besonders die Völkerschaften und Staaten der Menschen, den Weichtheilen zu vergleichen sind, für welche die Mineral-Knochen das solide Gerüst der lebendig beweglichen Wesen bilden. Und endlich drängt sich die dritte Frage auf, ob das geographische Skelet und die organischen Weichtheile in ihrer wieder vereinigend vergleichenden Morphologie zur ideellen

Reconstruction eines lebendig beweglichen Wesens führen werden, für dessen Lebensweg die Richtung und Bahnstationen geographisch so ausdrucksvoll als möglich auf der Erdoberfläche markirt sind.

Zur Beantwortung dieser drei Fragen können hier nur schwache Fingerzeige gegeben werden. Aber es ist gar nicht zu verkennen, dass ganz besonders die aufgesetzten Tetraeder und dann fast alle Grundecken beider Haupttetraeder, sich durch einen Reichthum an edlen oder nützlichen Metallen, oder auch Kohlen auszeichnen. Dann lässt ganz besonders ein Blick auf die tetraedrische Karte von Europa bestimmte Beziehungen zur Staatenkarte dieses Erdtheiles, Beziehungen der einzelnen tetraedrischen Glieder zu den einzelnen Staaten erkennen, wenn auch die Congruenz der beiderseitigen Begrenzungen in Folge der Amöben-Bewegungsweise der Völker und Staaten mehr oder minder arg verwaschen und Gegenstand fortgesetzten Streites ist. Endlich aber wird die sogenannte Culturbewegung der Menschheit als diejenige anerkannt werden, für welche einzelnen Erdtheilen die Rolle der Bahnstationen mit Bewegungszeit, Aufenthalt auf jeder Station inbegriffen, von durchschnittlich zwei und ein Viertel Jahrtausenden zugewiesen ist.

Indess giebt es noch einen anderen wichtigen Umstand für die Erforschung und Anerkennung eines innigen Zusammenhanges zwischen der mineralen und der organischen Geographie, also zwischen der formvergleichenden Morphologie der Continente, bis hinauf zum ganzen Planeten, und zwischen der formvergleichenden Morphologie der organischen Gebilde. Dieser Umstand ist im folgenden Abschnitte kurz besprochen, — als eine reale Basis der phantastischen, verschrobenen „Gottähnlichkeit", die auch den Gestirnen gilt.

## Das Tetraeder in anderen Körperformen.

Mit einer Karte, Blatt 10.

Verbindungen von geradlinigen und sphärischen Tetraedern, wie eine solche besonders klar in Südamerika zu finden ist, und dann auch rein sphärische Tetraeder, sind ja in verschiedenen Lebensformen wiederzuerkennen. Indess soll hier nur eine besonders interessante Gruppe von Fällen solcher Art besprochen werden.

Wenn man den menschlichen Körper, und zunächst den Rumpf nach seinen allgemeinen Formcharacteren betrachtet, dann lässt er sich als aus zwei einander durchstechenden Tetraedern zusammengesetzt auffassen. Aber diese Tetraeder sind fast rein sphärisch, und der Regel nach in wichtigen Beziehungen auch völlig symmetrisch gestaltet. Die Betrachtung und Zeichnung zu vereinfachen, mögen die Tetraeder indess als ebene behandelt werden. Dann giebt die Fig. 1 das allgemeine Schema der äusseren Erscheinung des menschlichen Rumpfes von vorn gesehen. Die Symmetrie in Bezug auf die verticale Axe ist dadurch bedingt, dass mindestens zwei der Dreiecksflächen jedes Tetraeders gleichschenklige Dreiecke sind, und zwar beim oberen Tetraeder die Flächen r l m und r l b, beim unteren die Flächen r' l' m' und r' l' b'. Die Grundecken r, l und b des oberen Tetraeders bilden dabei die rechte und linke Schulter, und die Brustwölbung; die Grundecken des unteren Tetraeders dagegen die rechte und linke Hüftbasis, und die Gesässwölbung. Die Tetraederspitzen sind mit m und m' bezeichnet.

Es besteht also für den menschlichen Rumpf ein ähnliches Verhältniss, wie für die grossen Continente. Mit Rücksicht auf die verticale Erstreckung liegt aber darin ein grosser Unterschied, dass bei letzteren eine sehr niedrige dreiseitige Pyramide mit einer gleichartigen oder nach antiken Angaben mit einer relativ bedeutend höheren durchstochen ist; während beim menschlichen Rumpfe dies mit zwei Pyramiden von annähernd gleicher, relativ zur Grundfläche bedeutender Höhe der Fall ist. Dabei zeigen indess die beiden Geschlechter des heutigen Menschen characteristische Unterschiede. Der männliche Rumpf hat nämlich durchschnittlich höhere Tetraeder, mit breiterer Schultergrundkante bei geringerer Brusthöhe des oberen, und mit schmaler Hüftgrundkante bei ebenfalls geringerer Gesässwölbung. Beim weiblichen Geschlechte mit Tetraedern von durchschnittlich geringerer Höhe sind dagegen jene Verhältnisse von Schulter- und Hüft-Grundkante mit stärkeren Unterschieden gerade umgekehrt, und die beiderseitigen Wölbungen sind bedeutend stärker. So geben die Figuren 2 und 3 in schematischer Weise den tetraedrischen Typus des männlichen und beziehungsweise des weiblichen Rumpfes.

Sieht man indess genauer zu, dann zeigt sich, dass man es bei jedem der beiden den Rumpf bildenden Tetraeder mit einer Zwillingsgestalt als Grundform zu thun hat. Es ist nämlich jedes dieser Tetraeder wieder aus zweien zusammengesetzt, welche so durcheinander gesteckt sind, dass ihre Längsaxen wenig divergirend neben einander liegen, genauer gesprochen in der Nähe der Tetraederspitzen einander kreuzen und also hier hintereinander sich befinden. Diese Zwillingsformen sind äusserlich am stärksten durch die Theilung der Brust- und Gesässwölbungen, dann aber auch durch Doppelspitzen markirt, wie sich bald zeigen wird; und letztere sind aus den im Uebrigen geraden Längsaxen herausgekrümmt, indem sie ähnliche Krümmungsverhältnisse an den Grundecken der Continente wiederholen. Die Figur 4 giebt das schematische Bild dieser Zwillingsgestalten, aber die Tetraederspitzen noch neben statt hinter einander gezeichnet, und ohne jene Krümmung aus der Papierfläche hervor zu zeigen.

Diese tetraedrischen Doppelspitzen erfahren nun theilweise oder vollständige Abstumpfungen, wie sie auch bei den Continenten beobachtet sind. Aber während sie bei letzteren nach den bisherigen Erfahrungen oder von den Vulcanen abgesehen, nie in so tiefem Niveau liegen, dass die Höhlung der geographischen Pyramide, wenn die antike Geographie im Recht sein sollte, dabei aufgeschlossen werden konnte; so ist letzteres bei den unzweifelhaft hohlen Tetraedern des menschlichen

Rumpfes augenscheinlich der Fall. Deshalb kann man, wo überhaupt Abstumpfung stattgefunden hat, nur selten noch von Abstumpfungsflächen sprechen, sondern muss Communicationsöffnungen nach dem Innern, mit Umwallungen wie bei Krateröffnungen, für den Ein- und Austritt von luftförmigen, flüssigen oder solideren Massen und Organismen bestehend finden. Und da nun diese Abstumpfungen nicht immer vollständig an einer tetraedrischen Spitze selbst, sondern bisweilen seitlich, in anderem Niveau und nur theilweise durchgeführt sind, so mag die Spitze seitlich vom Krater, und zwar gewöhnlich in ihn hinein versenkt conservirt sein. In diesem Falle wird sie als Zunge im Krater-Munde bezeichnet.

Die grosse Masse der Spitze des unteren Tetraeders ist beim Menschen, wie bei vielen Thierarten, als Kopf stark hervortretend und dabei gleichzeitig verschieden stark abgeschnürt. In diesem Kopfe liegen der Krater und eventuell die Zunge seiner Zwillingsspitzen. Vom oberen Tetraeder ist nur die eine Zwillingspitze, und nur beim einen Geschlechte, weit hervortretend und nervenreich theilweise abgeschnürt; die andere Spitze, und beim andern Geschlechte beide Zwillingsspitzen, sind kraterförmig, mit sehr rudimentärem Hervortreten im einem Falle, und mit meist sehr rudimentären Zungen ausgebildet.

Hat man sich mit der tetraedrischen Hauptgrundform des menschlichen Rumpfes, den Kopf und seinen Gegenpol inbegriffen, vertraut gemacht, dann liegt es nahe, die übrigen Glieder des ganzen Körpers, also zunächst die Arme und Beine auf ähnlichen Grundtypus zu untersuchen. Aber ein genaueres Eingehen darauf ist schwierig, und für den vorliegenden Zweck zunächst wenig lohnend. Dagegen bietet die Betrachtung gewisser allgemeiner Beziehungen dieser Glieder zum Rumpfe, zur Stellung der Längsaxe desselben, und der Unterabtheilungen der Glieder zu einander, ein eigenthümliches Interesse für die vergleichende Erdkunde.

Was zunächst die allgemeinen Beziehungen der Glieder zum Rumpfe betrifft, so lassen die Beine einen Anschluss an die hinteren Grundflächen $l^1b^2r^2$ und $l^2b^1r^1$ an der Rückseite des unteren Tetraeders Figur 5 sicher erkennen. Man kann die Beine also als in diesen Flächen aufgesetzte Tetraeder betrachten. Ihre ebenfalls sehr grosse Höhe (Länge) braucht dabei nicht zu stören, und die relative Grösse ihrer anliegenden Grundfläche findet auch in jenen Continenten, welche sehr umfangreiche Tetraeder haben, ihr verständliches Analogon.

Den Anschluss der Arme, wenn sie ebenfalls als aufgesetzte Tetraeder betrachtet werden, kann man entweder im oberen Theile der aussenseitlichen Rückenflächen $l^1b^2m^2$ und $r^2b^1m^1$ des unteren Zwillingstetraeders Figur 5 suchen; oder im oberen Theile der Rückenflächen $lr^1m^1$ und $rl^1m$ des oberen Zwillingstetraeders Figur 6. Im ersten Falle würde nur das untere Tetraeder in zwei Paaren seiner Flächen, im zweiten Falle würden das untere und das obere Tetraeder jedes in je einem Paare ihrer Flächen von ungleicher Stellung zum Rumpfe äusserlich aufgesetzte Tetraeder besitzen. Welche dieser Verbindungsweisen, oder ob, wie wahrscheinlich ist, auch diejenigen mit den aussenseitlichen Vorderflächen (Grundflächen) $lb^1r^1$ und $l^1br$ des oberen Zwillingstetraeders Figur 6, sich beim Menschen und bei den verschiedenen Thierarten, sowie etwa bei den verschiedenen Geschlechtern, in Wirklichkeit ausgeführt finden, wird in der vergleichenden Anatomie zu ermitteln sein, kann und braucht aber hier nicht erörtert zu werden. Dasselbe gilt, da die Tetraeder jedenfalls Hohlformen sind, auch für die innenseitig angesetzten Gebilde der Rumpfhöhle.

In Betreff der Beziehungen der Glieder zur Stellung der Längsaxe des Rumpfes ist es rathsam, nur die wichtigsten Repräsentanten der vier Gruppen von Landorganismen mit stark entwickelten Gliedern zu berücksichtigen, nämlich die der Pflanzen und Vierfüssler, der Vögel und Menschen.

Bei den grossen Pflanzen-Individuen wird der Rumpf meist als Stamm bezeichnet. Seine normale Stellung ist die verticale, wie beim Menschen. Von den Gliedern heissen die Arme speciell auch Zweige, die Beine dagegen werden Wurzeln genannt. Diese Glieder sind nicht in Einer axialen Ebene, wie beim Menschen, sondern in mehreren Ebenen ringsum an den Rumpf angeschlossen, also wie an sämmtliche Aussenflächen eines tetraedrischen Grundtypus, während hier keine ansetzbaren Gebilde für Innenflächen vorhanden sind. Im Allgemeinen geschieht das Ansetzen unter mittlerem Winkel einerseits nach oben, anderseits nach unten. Im Besonderen stehen die dem Stamme näheren Gliedertheile mehr horizontal, die ferneren mehr vertical. Die plastische Kunst hat für den Menschen ein ähnliches Gliederungsverhältniss in dem „anbetenden Knaben" geschaffen. — Im Einzelnen zeigen sich bei den Pflanzen extrem verschiedene Gliederungsverhältnisse constant verkörpert. So erinnert die Pfahlwurzel an die Beine des aufrecht stehenden Menschen; die horizontal dicht an der Erdoberfläche sich erstreckende Wurzelbildung an den auf flacher Erde sitzenden Menschen. Wenn aber die Arme aus der „anbetend" erhobenen Haltung mehr und mehr bis zu verticaler Stellung, parallel der Axe des Rumpfes, also in die normale Haltung der Menschenarme herabsinken, dann entsteht für Gefühl und Instinkt des Menschen der „Trauer"-Baum.

Bei den Pflanzen sind die aufgesetzten Tetraeder fest mit dem Rumpfe verwachsen; nur in ganz untergeordneten Verhältnissen macht sich ein Eingelenktsein, in interessanten Fällen sogar mit steter Beweglichkeit bemerklich. Bei den übrigen Organismen ist dieses Eingelenktsein der aufgesetzten Tetraeder die allgemeine Regel, und letztere, ihre Spitzen, werden ausserdem „abgestumpft", so dass sie meist in zwei oder drei grosse Unterglieder zerfallen, während die äusserste Spitze selbst meist eine mehrfache Kantabstumpfung zeigt, mit oder ohne substanzielle Flächen (Schwimmhäute oder Flugfächer) zwischen den Kantlinien. Nach diesen Unterschieden werden die äussersten Abtheilungen der Glieder, Füsse oder Hände mit Zehen oder Fingern, oder Flossen, oder Schwimmfüsse, oder Flügel genannt. Das Eingelenktsein der ganzen Glieder, vielfach mit Beweglichkeit nach allen Richtungen, erinnert an die ideelle vielseitige Beweglichkeit des continentalen Doppeltetraeders. Bei den thierischen Organismen sind aber auch die Unterabtheilungen der Glieder vielfach mit freier Beweglichkeit gegenseitig eingelenkt; und dieser Umstand erinnert ganz besonders an das bei Afrika's rechter Grundecke, dann aber auch bei den unteren Ecken von Südamerika, Asien I und Europa Besprochene; während in den Kantabstumpfungen continentaler Grundecken formale Analogien mit zugreifenden oder abwehrenden Händen, Tatzen, Krallen, oder bewegenden Flossen zu finden sind. Ansatzweise, Umfang und Art der Beweglichkeit der Glieder hängen nun einerseits von der Lage der Rumpfflächen ab, denen sie als Tetraeder aufgesetzt sind; anderseits von der Form der abgestumpft aufsetzenden Spitze jedes Gliedes. Und hierin sind dann wesentliche Unterschiede zwischen den grossen Gruppen von Organismen begründet.

Die grosse Masse der vierfüssigen Landthiere hat horizontal getragenen Rumpf. Die Glieder schliessen sich normal abwärts, also alle nach derselben Richtung an den Rumpf. Einzelne Thierarten nähern sich in Rumpfstellung und Gliederhaltung zeitweise dem Menschen; fast alle thun es in geringem Grade in Bezug auf die Gliederhaltung bei lebhafter Bewegung, oder beim Liegen in völliger Ruhe.

Die Axe des Vogelrumpfes erscheint im Allgemeinen unter mittlerem Winkel geneigt; sie variirt im Einzelnen bis zu horizontaler oder verticaler Stellung. Die Glieder sind nicht nach derselben, sondern paarweise nach entgegengesetzter Richtung an den Rumpf gefügt; in den Extremen der Stellung des ruhenden Rumpfes nach unten und oben, oder nach vorn und hinten; mit thierisch vertical abstehenden oder menschlich axial anliegenden Füssen, bei stets nur halb axial anliegenden Armen (Flügeln), weil diese im Ellbogengelenk dann gefaltet sind. Beim Fluge dagegen, also bei der charakteristischsten Lebensthätigkeit, ist die typische Stellung des Rumpfes die horizontale, wie bei den Vierfüsslern. Die Füsse werden wie beim Menschen parallel der Axe des Rumpfes fortgestreckt; die Flügel aber normal zu dieser Axe, wie bei den Vierfüsslern, indem nicht nach derselben, sondern nach entgegengesetzten und zu jenen (denen der Füsse) normalen Richtungen, und mit Bewegungsfeld in Ebene normal zur Rumpfaxe statt parallel derselben.

Für das Gliederungsverhältniss des Menschen wird als hervorragend charakteristisch die verticale Stellung des Rumpfes, und die axiale Haltung der Arme als Trauerzweige, der Füsse als Pfahlwurzeln in Anspruch genommen. Beide Gliederpaare sind also in Bezug auf die Rumpfaxe nach derselben Seite gerichtet, und beide sind auch mit Beweglichkeit vorzugsweise nach derselben, der Bauchseite, eingelenkt. Nur die Arme sind vielseitiger bis fast wie diejenigen des fliegenden Vogels beweglich. Bei den verschiedenen Lebensthätigkeiten rücken Rumpf- und Gliederstellung meist denen der Vierfüssler näher.

Die schlanken Arme schliessen sich mit etwas breiterer Masse seitlich an den Rumpf an, haben ungefähr in der Mitte ihrer Erstreckung ein starkes Gelenk, und verlaufen (mit Gelenken) in schlanke Fingerspitzen. Die plumperen Beine sind mit breitesten Massen unten an den Rumpf angeschlossen, haben ebenfalls in der Mitte ein starkes Gelenk, und enden (mit Gelenken) in plumpe Stummel. Im Zusammenhange mit der vorwiegenden Beweglichkeit in den oberen Gelenken nach der Vorderseite des Rumpfes und der entgegengesetzten Art der mittleren Gelenkung, werden bei der embryonalen Gliederfaltung die Oberarme und -schenkel in entgegengesetzter Richtung an die Vorderseite des Rumpfes gelegt, diese Seite verdeckend, und jene werden von den Unterarmen und -schenkeln bedeckt, wieder in entgegengesetzter Richtung. Dabei bleibt also die Rückseite des Rumpfes unbedeckt und direct wahrnehmbar, während die Unterarme und -schenkel offenbar Material für die Bedeckung auch dieser Seite darbieten könnten.

Nun kann man sich einen anderen Gliederungstypus vorstellen. Derselbe habe für mehrseitigere Symmetrie in anderem Sinne einerseits einen Arm und ein Bein, wie ein Mensch, wesentlich für die Vorderseite des Rumpfes, etwa oben links wenn unten rechts angefügt, und den anderen Arm und das andere Bein wesentlich für die Rückseite des Rumpfes, wie das beim Vogel mit beiden Armen der Fall ist. Dieser Gliederungstypus sei ferner nicht zur Fortbewegung mittelst der Beine wie ein Mensch oder mittelst der Arme wie ein Vogel veranlagt, sondern zur Seitwärtsbewegung mit je einem Arm und dem Beine derselben Seite, wie gewisse Krebse, und zwar zur Seitwärtsbewegung ausschliesslich in einer bestimmten Richtung, wie sich etwa die Planeten in ihrer Bahn stets in derselben Richtung bewegen. Dabei seien alle sonst unbekannter Weise massgebenden Verhältnisse im Zusammenhange mit dieser einseitigen Bewegungsweise von solcher Art, dass sie Arm und Bein der einen, etwa der Vorderseite von schlanker, Arm und Bein der andern, also dann der Rückenseite, von plumper Form bedingen, während beim Menschen jenes ausschliesslich bei den Armen, dieses ausschliesslich bei den Beinen der Fall ist. Weiter mag das eine, etwa das obere Gliederpaar, die Arme — also ein vorderer schlanker und ein hinterer plumper — in ihrem substanziellen Aufbau den Character von Schalthiergliedern, also mit äusserer Schale von Mineralsubstanz wie die Continente besitzen, deren innerer Inhalt hier nicht in Frage kommt, das andere, dann das untere Gliederpaar, die Beine, — also wieder ein vorderes schlankes und ein hinteres plumpes — im Gegensatze zu jenen den Character von Polypen oder Quallen von gallertartiger bis flüssiger Beschaffenheit besitzen, wie dies bei den Oceanen der Fall ist. Nun sei der Rumpf verhältnissmässig kurz und ohne Abschnürung der oberen und unteren Spitze des einfachen Doppeltetraeders ohne Zwillingstetraeder, so dass im Wesentlichen gleichförmig an jedem Rumpfende, unmittelbar in der Substanz des Rumpfes, eine Zunge inmitten einer kraterförmigen Höhlung oder Umwallung erscheint, welche mit Flüssigkeit oder Luft gefüllt sein mag, wenn auch eventuell nur temporär. Und endlich sei das Gliederungsverhältniss im normalen oder vielleicht nur im embryonalen Zustande ein derartiges, dass, statt nur das Armpaar wie beim aufrechten Menschen, jedes Gliederpaar von seinem Rumpfende her, dessen Krateröffnung umschliessend, sich in seiner ganzen Erstreckung, ohne die beim embryonalen Menschen übliche Faltung in den Ellbogen- und Kniegelenken, und bis nahe zum andern Ende des Rumpfes an diesen anlegt.

Dann wird der so zusammengelegte Gliederungstypus im Ganzen ungefähr Kugelgestalt haben, oder auch oben und unten an den Rumpfenden oder Polen abgeplattet sein können. Seine vier Glieder werden, sich ringsum neben einander lagernd, sich mittelst des gewechselt liegenden gallertartig flüssigen Beinpaares lückenlos an einander schmiegend, den eigentlichen Rumpf, mit Ausnahme seiner polaren, flüssig erfüllten Krateröffnungen und seiner in diesen liegenden Zungen, vollständig bedecken. Ein solcher Organismus wird also, wenn man den durch Krater und Zunge an seinen Enden markirten Rumpf als aufrecht stehend, und das Ende mit massenhaftem Anschlusse der mineralen Glieder und mit eng begrenzter maritimer Kraterfüllung als oben behandelt, von der einen und anderen Seite her den in den Figuren 7 und 8 typisch dargestellten Anblick seiner Oberfläche gewähren, je nachdem man die Seite mit den schmalen oder die andere mit den plumpen Gliedern betrachtet. In diesen Figuren, in denen Australien wegen anders gearteter physiologisch-geographischer Bedeutung ganz fortgelassen ist, sind die halbirenden Gelenkungen der Glieder durch eventuell nur relative Verengerung, die Unterschiede der substanziellen Beschaffenheit derselben durch verschieden geartete Schraffirung bezeichnet und zwar bei den schaltbierähnlichen oder mineralen Gliedern durch Schattirung tetraedrischer Flächen derselben.

## Alttestamentliche Geographie.

Begegnet man nun in der Wirklichkeit einem, dem äusseren Anscheine nach ähnlich geformten, gegliederten und substanziell zusammengesetzten Organismus, wie er im vorigen Abschnitte nach den Figuren 7 und 8 besprochen ist, dann liegt auf der Hand, dass ein äusserer Beobachter darauf gefasst sein muss, überhaupt nur die Oberfläche der Glieder, nicht aber diejenige des Rumpfes wahrnehmen zu können.

Man mag ferner darauf gefasst sein, dass die wegen gallertartig flüssiger Beschaffenheit leicht beweglichen Glieder zu Zeiten, durch besondere Umstände, veranlasst werden können, ihre jetzige Lage neben den mineralen theilweise zu verlassen, sich ungefähr menschlich embryonisch in sich selbst durch Ueberlagerung unter localer Erhöhung des Meeresniveau zu falten. Dabei würden die einen mineralen Glieder nothwendig in irgend welchem Umfange durch oceanische ebenfalls weiter überlagert (der technische Ausdruck lautet „überschwemmt"), andere minerale Glieder dagegen stärker entblösst werden müssen, während gleichzeitig ein mittlerer Oberflächentheil des eigentlichen Rumpfes selbst überhaupt erst entblösst und in solcher Zeit der Beobachtung von aussen her zugänglich werden könnte.

Aus alle Dem würde folgen, dass ein Beobachter eines solchen Organismus, wenn seine Beobachtung nicht der Zeit theilweiser Entblössung sonst bedeckter Theile des Rumpfes angehört, alle Ursache haben sollte, über den Umfang und die Tiefe seiner Erkenntnis der Anatomie und des Wesens dieses Organismus äusserst vorsichtig zurückhaltend zu urtheilen. Er sollte ferner alle Ursache haben, einem anderen Beobachter, — welcher seit ungezählten Jahrhunderttausenden die heute unzugänglichen geographischen Gliederungsverhältnisse, hier zunächst der äusseren Erdoberfläche, jener anderen Zeiten nicht nur wiederholt wahrgenommen, sondern selbst sie in riesigem Umfange beeinflusst hat, und dem ausserdem auch die aus früheren Weltperioden wiederholten geographischen Gliederungsverhältnisse der Jetztzeit von ihrem Beginn an bis zu ihrem Ende vollkommen genau geläufig sind, — das bescheidene Wort einer den Menschenkindern sonst unzugänglichen Wissenschaft (Chan. 93, 11—14) unbestimmt höchsten Ranges zu gönnen, und sich um dessen und deren eigenartig bedingtes Verständniss zu bemühen, statt sie von der Höhe seiner eigenen Beschränktheit herab zu verurtheilen, oder in unersättlicher Wiederkäuer-Gefrässigkeit zu boycottiren.

Dieser andere Beobachter „von Alters her" wird sich ja mit seinem „Strom des Wissens", seiner „Quelle der Erkenntniss" und seinem „Born der Weisheit" (IV. Esra 14, 47.) am nächst bevorstehenden „Ende" der „zweitausend dreihundert Morgen" (Dan. 8, 14) wieder Geltung gegenüber dem dünkelhaften Schulwitze von Eintagsfliegen zu verschaffen beginnen. Bis dahin aber mag vorläufig angedeutet werden, dass die vergleichende Geographie und geographische Weltgeschichte dieses anderen Beobachters nach folgender lebenswahrer Methode beobachtet worden sind, und nach gleich lebensvoller Methode docirt werden. Dabei wird sich dann zugleich von einzig competenter Seite her eine Kritik des vorliegenden menschenkindlichen Versuches einer vergleichenden Geographie ähnlicher Art ergeben, die nichts als das Resultat hypnotisch geweckter Erkenntniss zu sein prätendiren kann.

Indem dieser andere Beobachter, beziehungsweise sein *alttestamentlicher* Referent, in seinem unerschöpflich grossartigen, dem *Beschauen*, nicht dem „*Lesen*" dargebotenem Schriftgemäldecyclus vorzugsweise die Mineralgeographie in's Auge fassend, in der Einen Weltperiode, in dem zweiten grösseren Zeitraume derselben, der mit einer Noachsfluth beginnt, die wesentlichsten Continente oder zugleich das gesammte Continentalgebiet der äusseren Erdoberfläche von der Form vierseitiger, in der einen Horizontal-Richtung langgestreckter Pyramiden erkennt, und zwar mit „Dach"-First ähnlich zur Kante verlängerter Spitze, und nebenbei mit Grundecken wie plumpen Stummelgliedern mit Krallengliederung an den Enden — vergleicht er sie den aufrecht horizontal liegenden, mit kralligen Fuss- und Handtatzen bewehrten grossen Raubthieren, deren Horizontalprojection eine ähnlich verlängerte, nur stärker sphärisch geartete Pyramide erkennen lässt. (Er vernachlässigt dabei die eine abgestumpfte Grundecke, wie einen Schwanz des Thieres.) Danach characterisirt er den einzelnen Continent durch die besondere Beschaffenheit seiner „Weichtheile", vorzugsweise seiner menschlichen Bevölkerung. So wird ihm Asia(-Europa) wegen seiner in Einer Weltperiode herrschenden gelben Bevölkerung zu einem „Löwen", dessen Kopf und beziehungsweise Schwanz er einerseits in dem der östlichen Hauptendfläche aufgesetzten secundären Tetraeder, anderseits in Europa findet. (Dan. 7, 4.*) So wird ihm Afrika, „zur Seite [von Asia-Europa] gestellt", mit seiner Negerbevölkerung zu einem dunkelfarbigen „Bären" mit der treffenden Characteristik: „Auf, friss viel [Menschen-]Fleisch!" — ja zu einem blossen Bärenrachen mit drei Grundecken als drei „Hauern" (— in der arabischen ist die Menschenfresserei nicht eigentlich Volksinstitution, sondern nur beschränkte Ritual-Action gewesen —), und mit der feineren eigenthümlichen Küstengliederung als „Zähnen". (Dan. 7, 5.) So wird ihm ganz Amerika mit seinen verschiedenfarbigen Bevölkerungen (und theilweise krankhaften Hautfärbungen) zu einem scheckig gefleckten „Pardel". Dessen lang gestreckter Leib erinnert an die Möglichkeit wespenartiger Abschnürung, die wie in ursprünglicher Anlage so heute in wirklicher Theilung zu zwei Continenten zu finden ist, die den Menschenkindern noch nicht genügt. Nun gehört dem südlichen Theil-Continente das aufgesetzte Tetraeder der oberen Hauptendfläche als ein „Kopf". Dem nördlichen Theil-Continente, dem die Möglichkeit dreifach verschiedener Stellung heute nicht so unmittelbar zwingend wie bei Asien abgelauscht werden kann, wird gerade deshalb, das unsicher tappend studirende Menschenkind zuverlässig belehrend, jeder dieser drei Stellungen je eines der drei aufgesetzten secundären Tetraeder des Continents als „Kopf" zugewiesen, so dass der ganze Pardel-Continent einen und drei, also „vier Köpfe" hat. (Dan. 7, 6.) — Und diese drei grossen Thiere sind dem „von den vier Winden des Himmels gepeitschten *grossen* Meere entstiegen" (Dan. 7, 2. 3.), mit einer rückläufigen Noachsfluth, welche der äusseren Erdfläche nur ein kleineres Meeresgebiet übrig lässt. Aber diese Fluth ist nicht die letzte, die speciell alttestamentlich noachitische, sondern die der vorhergegangenen Weltperiode angehörige gewesen; — eben weil die Neue Welt noch als ein thatsächlich ungetheiltes Continentalthier gezeichnet, und die Existenz einer culturherrschenden weissen Menschenrasse verschwiegen ist.

Indem aber der Beobachter, Vergangenheit, Gegenwart und Zukunft, und die unablässige Wiederholung des Wechsels der zeitlichen und räumlichen Verhältnisse gleichmässig überschauend, einzelne dieser vierseitig pyramidalen Thiere, oder ihre gesammte Continentalgruppirung, in anderen Zeiten als dreiseitige Pyramiden, als erste Haupttetraeder anerkennen muss, bezeichnet er zwei, die beiden längsten ihrer Hauptendflächen, oder je zwei derselben, als Vogel-„Flügel", behandelt deren aufgesetzte Tetraeder als die convexe Flügelwölbung markirend, und findet in der, oder in jeder dritten Hauptendfläche das aufgesetzte Tetraeder als „Kopf" des Thieres; oder er bezeichnet die gesammte Continentalgestaltung ausdrücklich als „Adler" (IV. Esra 11.) mit Flügelpaaren und Köpfen, deren Anzahl sich nach der Anzahl der Einzelcontinente und nach ihrer speciellen Gliederung richtet. So haben der asiatische Löwe und der amerikanische Pardel geographische „Flügel", die durch Fluthkatastrophen überschwemmt, wie „ausgerauft" werden können, so dass diese Continente dann ihren Character als Tetraeder mehr oder minder vollständig vertauschen oder ganz verlieren. (Dan. 7, 4. 6.) — Auf den „Adler" ist in der Folge zurückzukommen.

Indem der Beobachter von jenen drei Thieren der nächst vorhergegangenen Weltperiode weiter auf die gegenwärtige übergeht, auf die geographischen Verhältnisse ihres sich unmittelbar anschliessenden kleinsten Zeitraumes blickt, der durch die alttestamentliche Noachsfluth seinen Abschluss findet, sieht er ein viertes, ebenfalls dem grossen Meere, der Fluthkatastrophe beim Entstehen desselben entstiegenes geographisches Thier. Aber diese Fluth ist eben nicht die *rückläufige* noachitische, sondern die nur indirect gezeichnete, alttestamentlich adamitische, die eigentliche furchtbarste *aggressive* Fluth, welche wieder das äussere „grosse" Meer erzeugt, während das innerirdische Meeresgebiet auf ein Siebentel beschränkt wird. (IV. Esra 4, 42. 47. 50.) Und dieses Thier von nicht einfach vergleichbarer ungeheuerlicher Gesammtform ist diejenige Continentalgestaltung, welche sich durch das Entblössen des jetzt wieder submarinen Continentes Nod (Gen. 4, 16 — Oceanien), des „Landes flüchtiger Existenz", weil nur 1656 Jahre bestehend, mit Australien und den Inseln des Grossen Oceanes als heutigen Hochplateau- und Gebirgsgipfel-Resten, im Vereine mit Theilen aller Nachbarcontinente herausgebildet hat. Diesem Entblössen des Continentes Nod gingen nämlich zur Seite, einerseits ein Entblössen bisher submariner Fortsetzungen von nachbarlichen Continenten und Verbindungsgliedern mit ihnen, anderseits ein Ueberfluthen diametral entgegengesetzt liegender bisheriger Continentalmassen. Das in rascher Folge Entblösstwerden dieses vierten geographischen, von Adam bis Noach bestehenden Thieres wird als ein durch „Zermalmen und Fressen" der ganz überflutheten Continentalmassen bedingtes Wachsen desselben aufgefasst, wobei die in seiner Umgebung insular übrig bleibenden Reste jener verschwundenen Ländermassen als von den „Füssen" des gefrässigen Thieres „zerstampft" erscheinen. Diesem vierten Thiere werden nun „zehn Hörner" zugeschrieben. Es besteht also wesentlich aus drei grossen Einzelcontinenten, von denen zwei die Form der dreiseitigen, die dritte diejenige der vierseitigen Pyramide besitzt, deren (aller) zehn Grundecken voraussichtlich wegen starker Krümmung in ihrer Horizontalprojection jetzt als „Hörner", oder auch nach ihrer speciellen Gliederung als „Klauen von Erz" bezeichnet sind. (Dan. 7, 7. 19. 20.) Die gleichzeitigen Gestaltänderungen zweier, dem neuen Nod benachbarter alter Continente werden vorzugsweise an Asien ausführlich geschildert. Diesem „Löwen" werden nämlich, durch Ueberfluthung seiner nördlichen Tiefländer und Entblössen submariner Gebiete im Süden und Südosten „die Flügel ausgerauft", das heisst, er verliert seine bisherige tetraedrische Form vollständig. Sein vierseitig pyramidaler Rumpf, mit dem Rücken als sicherndes „Dach der Welt" für Fluthen aller Zeiten, wird auf zwei lange, relativ starke „Menschenbeine" gestellt. Diese sind zu erkennen: einerseits

*) Anmerkung. Für leichteres Verständniss des Hinweises auf alttestamentliche oder auf sogenannt apokryphe Textstellen sind einzelne wichtigste derselben in ihrem Zusammenhange, aber doch geographisch abgegliedert, als Anhang beigedruckt, indem mehrfach ohne die „Deutungen", welche meist den Zweck haben, das Gezeigte wieder irreleitend zu verschleiern.

in der jetzt submarinen Fortsetzung der indischen Halbinsel, welche sich dann auf das im Süden stärker entblösste Afrika stützend, den Indischen Ocean wirklich zu einem mehr oder minder vollständigen Binnenmeere gestaltet hat, und anderseits in der continentalen Vereinigung seines südöstlichen Halb- und Ganz-Inselgebietes als einem zweiten „Menschenbeine", mit dem Asien auf den Continent Nod gestellt ist. (Dan. 7, 4.)

Es werden dann noch die geographischen Weichtheile dieses vierten Thieres characterisirt. Dem asiatischen Löwen „gab man das Herz eines Menschen". (Dan. 7, 4.) Aber wann ist dies geschehen? Und ist dieses „Menschenherz" etwas anderes als der weisse Arier, der früher nie vorherrschend Raubthier gewesen ist? Man könnte freilich glauben, dieses Menschenherz gehöre ebenfalls der alttestamentlich adamitischen Schöpfung, denn auch Noach's Leib wird in Chan. 106, 2, als „weiss wie Schnee und roth wie Rosenblüthe" gezeichnet, und auch einer seiner angeblichen Söhne ist weiss. (Chan. 89, 9.) Aber das wäre wohl ein arger Irrthum. Der Character der indischen Schöpfungsgeschichte, im Gegensatze zu dem der alttestamentlichen, und der Character der Noachiden spricht dagegen, während jener specielle Noach feuerroth leuchtende Augen hat, also vielleicht ein Albino ist. Dieses „Menschenherz" muss der vor-adamitischen Schöpfung, also ebenfalls dem gegenwärtigen Cyclus von drei Weltperioden, wenn nicht dem früheren angehören, ohne dass seine extrem passiv duldende Natur bis dahin zur Culturherrscherrolle gediehen war. Das wesentlichste Element der Weichtheile des vierten Thieres wird dagegen jedenfalls durch „grosse Zähne von Eisen" und „Klauen von Erz" als herzloser Menschenfresser aller Schattirungen von dunkel bis heller charakterisirt. (Gen. 6, 5. u. ff.; Dan. 7, 7. 19.) Und was von diesen geographischen Weichtheilen als Noachiden übrig bleibt, das wird mit „Augen *wie* eines Menschen Augen", also nur ähnlichen, nachgemachten bis gefälschten, und einem „Munde vermessen redend" gezeichnet: das heisst, mit dem Character und den Waffen raubthierischer „Intelligenz", frechstirnig und frechmäulig.

Der Beobachter vollendet danach die kurze Lebensgeschichte dieses vierten Thieres bis zu seinem Untergange durch die noachitische Fluth. Indem nämlich der Continent Nod (und die Landgebiete von ähnlich flüchtiger Existenz), als das Wesentlichste des ganzen Thieres aufgefasst, wieder überfluthet wird, werden seine drei Grundecken-„Hörner" „ausgerissen" und „zwischen ihnen" „entsteigt" dem Meere, nämlich nach temporär stärkerer als normaler Ueberfluthung wegen des gehemmten Rückflusses überschüssiger innerirdischer Meeresmassen, der kleine Continent Australien, ein Hochplateau des früheren Nod, als „ein anderes kleines Horn", — dem die derselben Fluth entstiegenen Noachiden mit ihren nachgemachten Menschenaugen und frechen Mäulern gegenüber der grossen Masse der übrigen Menschheit verglichen werden. Ausserdem werden die insularen Reste des Continentes Nod dem vulcanischen Feuer ausgesetzt.

Danach hat dieser „Beobachter von Alters her", — der das „grosse und herrliche Wunder des Nordens": „Golden *kommt* es von Norden, wie ein furchtbares Prachtgewand Elohim's", und die in das grosse Meer gen Westen sich ergiessenden „Feuer- [Lava-, „flüssig wie Wasser"-] Ströme" der Anden schon vor Noach's Zeiten gekannt hat (Chan. 34, 1; Job. 37, 22; Chan. 17, 5), — durch den continuirlichen Fluss der Verwandlung seiner Gemälde bis zur Geographie der Gegenwart anschaulich gezeigt, dass jene ersten drei grossen Thiere, Asia-Europa, Afrika und Amerika der nächst vorhergegangenen Weltperiode (sowie das kleine Horn Australien) im Wesentlichen identisch sind mit denselben Continenten des gegenwärtigen, zweiten, grössten Zeitraumes der jetzigen Weltperiode. Nebenbei hat er die Theilung von Amerika in zwei Continente markirt, indem er die Culturherrschaft der Neuen Welt zur Zeit des kleinen noachitischen Hornes einmal allgemein „Zeiten" (Dan. 7, 25) und später bestimmt „zwei Zeiten" (Dan. 12, 7) dauern lässt. Diese Theilung der Neuen Welt kann deshalb nicht schon bei Gelegenheit der letzten Noachsfluth etwa durch neptunisches Fortwaschen der östlichen Festländer von Mittelamerika erfolgt sein. Denn das kleine Horn, selbst aus dieser Noachsfluth hervorgegangen, würde wie in der Vergangenheit so auch in der Zukunft entweder Amerika „Zeiten" oder „zwei Zeiten" hindurch herrschend erfahren, wenn nicht erst in der Folge, nach der Noachsfluth, die (geographische und) zeitliche Zweitheilung zu „zwei Zeiten" eingetreten wäre. Wann hat also die Theilung stattgefunden? Darauf giebt Gen. 10, 25 die Antwort: „In Peleg's Tagen ward die Erde getheilt." Zunächst ist freilich die Neue Welt nur ein Theil der „Erde", in einem beschränkten Sinne genommen; aber nur Geduld! Die Räthsel des Alten Testamentes sind alle auflösbar. Die Europäer, welche sich die „Entdeckung Amerika's" zuschreiben, sind sehr naive kleine Kinder. Sie können nicht „*sehen*", dass der „Elohim es dem Jefet *weit* gemacht hat" (Gen. 9, 27); — dass „ein Ziegenbock kam (nach Asien) von Westen über die Fläche der *ganzen* Erde, *nicht berührend die Erde*" (Dan. 8, 5); — dass dieser Ziegenbock der grossbetrügerische Jefetite war, von dem es Ps. 77, 20 heisst: „Durch's Meer ging dein Weg, und dein Pfad durch mächtige Gewässer [die grossen Ströme Südamerika's, Chan. 17, 6], und deine Spuren [abermals durch's Meer] wurden nicht erkannt"; — dass also ein Theil der Jefetiten in der Noachsfluth vom östlichen Theile des Continentes Nod nach dem nahen Südamerika, statt wie die übrigen Noachiden nach Asien, geschifft ist; — dass Nachkommen von ihnen, deren bestialischer Sinn in Peleg's Zeit amerikamüde geworden war, also, nach früherer Durchschiffung des Grossen Oceans, vermittelst des mächtigen Amazonenstrompfades, dann durch den Atlantischen Ocean und das Mittelländische Meer, in Griechenland kurze Rast machend, nach Kleinasien geschifft sind, folglich von ihrem ursprünglichen, oberirdischen Ausgangspunkte, nämlich von der Ostküste von Südafrika her, eine wirkliche „Weltumsegelung" vollendet haben; — dass sie dabei das Mittelatlantische Meer ein „Schlammmeer" fanden, als Folge vulkanischer Zerstörung des früheren Verbindungsgliedes, noch von Chanoch betreten, zwischen Afrika und Südamerika, und der östlichen Tiefländer von Mittelamerika; — und dass endlich der grossbetrügerische Jefetite selbst den zweiten Theil der „Erde", nämlich die Alte Welt „theilte", und zwar die Beherrschung derselben mit dem in geheimen Felsenpalästen des oberen Tigrislandes „die Erdenwelt bewohnenden" (IV. Esra 8, 20) wahren Jahve-Elohim, indem er sich selbst für letzteren ausgab. So ward in der That „die [ganze] Erde in Peleg's Tagen getheilt": das Mineral der Neuen und die Beherrschung der geographischen Weichtheile der Alten Welt!

Der Beobachter betrachtet dann genauer diese geographischen Weichtheile für den gegenwärtigen Zeitraum von 9202 Jahren, die von der Noachsfluth an zählen. Zu diesem Zwecke fasst er nun die als gallertartig und amöbenhaft beweglich betrachteten Weichtheile der Continente, schärfer als bisher von ihrem mineralgeographischen Fundamente unterschieden, in ihrer Gesammtheit als eine schrecklich grosse, gewaltige, offenbar menschlich geformte Gestalt von geringer Leibesdicke auf, die nach der orientalischen Sitte der für Daniel noch herrschend gewesenen asiatischen Zeit mit irgendwie untergeschlagenen Beinen auf der Erdoberfläche sitzt oder an das Mineralreich geschmiedet liegt. Dieser Gestalt giebt er in dem asiatisch gelben und von Alters her gescholten Menschenschlage ein „Haupt von feinem Golde"; in den weissen Ariern, dem früher so passiv erschienenen „Menschenherzen", die äusserlich thätiger sich erweiternde „Brust" mit den dünnen, aber nun thatkräftiger ringsum ausgreifenden „Armen" von geringerem „Silber"; in den rothen Menschenrassen besonders Amerika's „Leib und Lenden von Kupfer"; in den schwarzen Menschenrassen „Schenkel von Eisen"; und in den theils schwarzen, theils mattfarbigen Menschenrassen der Inseln „Füsse und Zehen zum Theil aus Eisen, zum Theil aus Thon und Lehm." (Dan. 2, 31—33. 43.) Aber diese Gestalt, so verschieden zusammengesetzt, ist in ihren Gliedern auch zeitlich nicht von gleichmässiger Lebensthätigkeit, und deshalb werden diese Glieder als drei Continent- (König-) Reiche aufgefasst, die nach einander die zeitliche Culturherrschaftsrolle übernehmen. Für Daniel war die Culturherrschaftszeit Asien's, „zwei tausend drei hundert Abende" (Dan. 8, 14) ihrem und Daniel's „Ende" nahe, und wird deshalb nun nicht mehr gezählt, sonst wäre das „vierte" ja das fünfte Reich. (Dan. 12, 13.) Das folgende andere, geringere Reich (Dan. 2, 39) bezeichnet die Herrschaftszeit von Europa, deren Ende demnächst bevorsteht; und mit diesem Ende werden die zwei Herrschaftszeiten des kupfernen Reiches Amerika „über die ganze Erde" in nicht gerade geschmeichelter Weise beginnen, wenn es nicht gelingt, die giftigen Wirkungen des Kupfers auf den menschlichen Organismus zu compensiren. (Dan. 2, 38. 39. Was in diesen Textstellen persönlich oder staatspolitisch erscheint, das dient ja nur zur ausdrücklich beabsichtigten Verschleierung, Versiegelung der eigentlichen Wahrheit und Wirklichkeit.)

Das danach geschilderte „vierte Reich" (Dan. 2, 40—43) entspricht aber durchaus nicht jenem andern „vierten Thiere" (Dan. 7, 7), dessen geographische Existenz der Zeit zwischen der alttestamentlichen, scheinbar verschwiegenen Adams- und so ausführlich (Gen. 7 und 8) geschilderten Noachsfluth angehört hat. Dieses kommende „vierte Reich" hat, wesentlich noch auf der heutigen geographischen Basis, einen ganz anders gearteten und schrecklichen Inhalt, der in Dan. 2, 40—45 in allgemeinen Zügen, im Chanoch, IV. Esra und mehreren alttestamentlichen Büchern dagegen, in Einzelheiten zersplittert, furchtbar ergreifend veranschaulicht ist, und sich wie folgt gestalten wird.

Die gegenwärtige Weltperiode mit ihren 1656 plus 9202 gleich 10858 Jahren seit Adam, also mit einer alttestamentlichen „Ewigkeit" für Menschenkinder, ist nämlich die dritte und letzte eines Cyclus von drei solchen, in wichtigsten geographischen Beziehungen gleichen bis ähnlichen Weltperioden, deren Gesammtdauer eine alttestamentliche „Ewigkeit der Ewigkeiten" ist. (Dan. 7, 18.) Diese jetzige Weltperiode repräsentirt, eben als die letzte, die schon steril gewordene „Greisenzeit" (IV. Esra 14, 10) des gegenwärtigen Cyclus. Die Fruchtbarkeit der „Erde", der Oberflächen der Erdschale, für den bevorstehenden neuen Cyclus von drei Weltperioden abermals im vollen Umfange anzuregen, dafür genügt nicht, wie vielleicht (? IV. Esra 5, 30.) von einer Weltperiode zur andern eines und desselben Cyclus, die zweimalige oberflächliche „Berieselung" durch die vulcanisch-neptunischen Schlammfluthen je einer Adams- und die neptunischen je einer Noachsfluth; sondern es ist ein gründlicher tiefes Umackern des Erdbodens zugleich erforderlich, und dies wird durch gewaltige vulcanische Einwirkungen, wie durch den Pflug des Landmannes veranlasst. (Wie die wahren Jahve-Elohim dieses Umackern der Erdschale mit Hülfe der tellurisch-electrischen Ströme und danach der Wasserfluthen bewirken, das gehört nicht hierher.) Bereits rund 400 Jahre (IV. Esra 5, 28; — Chan. 65, 1—4.) vor der nächsten, der neu-adamitischen Fluth beginnen vulcanische Katastrophen von furchtbarem Umfange und vierhundertjähriger Dauer die Continente zu unterwühlen und zu zerstückeln, dass „die Hügel springen wie Widder, und die Berge hüpfen wie Lämmer" (Chan. 51, 4; Ps. 114, 4.), wie von der Pflugschar aufgeworfene Erdschollen. Da werden, wie den Feldmäusen beim Pflügen, alle Staats-, Gesellschafts- und Familienbande der Menschenkinder gelockert. In wahnwitziger Todesangst, in wildem Streben nach Lebenserhaltung, in gegenseitigem Morden, dass „die Rosse bis zur Brust in Blutströmen gehen" (Chan. 100, 1—3.), ringen Alle verzweifelt wüthend, um „Wagen und Pferd" (Chan. 57, 1.) oder Schiff zur Flucht von Land zu Land, um den vermeintlich gesicherten Ort zu erringen und zu behaupten, eines der „Dächer der Welt", die auch nicht absolut gegen das Reinwaschen vom Menschenunrathe assecurirt sind. (Chan. 52, 7.) Von diesem gewaltigen vulcanischen Umpflügen der Erde, von seiner Hauptaction, heisst es, wie spielend, dass „ein Stein sich lostrennt, nicht durch Hände", nahe den Grundecken als den Füssen eines Continents (Ostasien), diese „zermalmend." (Dan. 2, 34. 45.) Dann brechen die innerirdischen neu-adamitischen Fluthmassen brüllend und donnernd, unter „Zittern und Beben der Gründe der Erde, die wissen, dass sie verwandelt werden müssen" (IV. Esra 4, 16.), durch die vulcanischen Feuerfluthen hervor, über andere vulcanische Feuerfluthen innerhalb der Continente hinweg: — die tobsüchtig um das Leben ringenden ebenso wie diejenigen Menschenmassen verschlingend, welche unter Führung eines grosseinzigen, sich freiwillig opfernden Sohnes des wahren Jahve-Elohim dieser Erdenwelt, zu still entsagungsvoller Ergebung in den unvermeidlichen Fluthentod hypnotisirt werden. (IV. Esra 5, 28. 29; Chan. 81, 9.) — Damit wird auch dem kleinen alttestamentlich noachitischen „Horne" sein Schicksal bereitet und der Herrschaft der wahren Jahve-Elohim, der wirklichen „Götter", für Folge-Ewigkeiten wieder freiere Bahn gebrochen werden. Doch — das rein Geschichtliche des Lebens der Jahve-Elohim, der „Menschen" und „Menschensöhne" und der oberirdischen „Menschenkinder" gehört nicht hierher. (Die alttestamentlich-geographische Weltgeschichte ist übrigens im folgenden kurzen Abschnitt aus der Vogelperspective skizzirt.)

Das nach der neo-adamitischen Fluthkatastrophe eintretende „Stillschweigen" von sieben Jahren (IV. Esra 5, 30; 6, 11.), veranschaulicht lebendig das furchtbare, die Menschenkinder bis zum Wahnsinn aufregende Toben der vorher mit einander ringenden vulcanischen und neptunischen Elemente!

Der vulcanisch „losgetrennte Stein" aber wird wieder zu einem aus der nächsten Adamsfluth gewaltig emporragenden und die ganze Erde füllenden (ihre Festländer bildenden), ohne Hände gezimmerten Berge (IV. Esra 13, 6. 36.) der neuen Continentalgestaltung, die nun ausdrücklich als „Adler" bezeichnet wird, der im Sinne der nach Jahrtausenden statt Tagen zählenden Jahve-Elohim in Esra's Zeit gar „schon zu nahen eilt". (IV. Esra 11, 14. 17.) Dieser Adler, indem er als dasjenige „Reich" bezeichnet wird, welches dem Daniel „im Traume" erschienen ist (IV. Esra 12, 11.), wie man zu „träumen" meint, wenn man das nie Gekannte, nie Geahnte, als ein ungeheuerlich Wirklichwerdendes überwältigend kennen lernt, entspricht nicht etwa dem „vierten Reiche" in Dan. 2, 40, denn dieses wurde vom Könige Nebukadnezar im „Traume" gesehen, und dem Daniel wurde danach das „Geheimniss", eine verschleiernde „Deutung" des Königstraumes mitgetheilt (Dan. 2, 19. 30.); sondern der Adler entspricht wirklich ausschliesslich jenem „vierten Thiere" von damals unbestimmter Gestalt, welches Daniel selbst gesehen hat (Dan. 7, 7.), und dessen frühere geographische Existenz, geradeso wie die des jetzigen Adlers, der Zeit von adamitischer bis zu noachitischer Fluth angehört, — jenes Thier *vor* der letzten noachitischen, der Adler *nach* der nächsten neu-adamitischen Fluth bestehend. Insofern der Adler drei Köpfe hat, wird die Continentalmasse wieder aus drei Einzelcontinenten gebildet sein. Indem aber das Ganze als Adler bezeichnet ist und ausserdem nur noch Flügel genannt werden, so folgt daraus, dass wie das Ganze so auch seine Theile streng tetraedrische Pyramidenform haben werden. Nun sind sechs Paar Hauptflügel vorhanden; das heisst: jeder der drei Continente ist ungefähr so zweitheilig, wie gegenwärtig Amerika. In der Folge entstehen aber aus den Hauptflügeln noch vier Paar kleine Neben- oder Gegenflügel; und daraus würde zu folgen scheinen, dass bei zweien dieser Continente je die rechten und die linken Grundecken in untergeordnetem Umfange ebenfalls abgestumpft sind, wie die untere in grösstem Umfange. Solche erst später eintretende Aenderung zweier Continente, die für einen geometrisch umsichtig anschauenden Sinn und wegen der Mittelstellung des grösseren Adlerhauptes, also Continentes, vielleicht die relative Lage der Continente besonders dann verrathen könnte, wenn jene spätere Aenderung wieder durch Verkehrsverhältnisse der Menschenkinder der nächsten Weltperiode bedingt wäre, — würde freilich das nach menschlichen Begriffen ausserordentlich weit voraussichtige geographische Planen und sicher treffende culturelle Ausführenlassen seitens eines heute nicht mehr gekannten Ingenieurs von fast planetarischem Range voraussetzen lassen, und dazu noch ein gewaltiges hypnotisches Beherrschen der menschenkindlichen Ingenieur-Köpfe.

Ob mit der speciellen Lebensgeschichte dieses Adlers und seiner Glieder (IV. Esra 11.) die weiteren Pläne jenes Geographie-Ingenieurs in dem Sinne genau dargelegt sind, dass das successive Verschwinden und anderseits theilweise Vereinigen dieser Glieder das formwandelnde Resultat der nächstfolgenden neu-noachitischen Fluth ist, also zugleich die relativen Höhenverhältnisse der Continente kenntlich gemacht sind, oder ob jene Lebensgeschichte wieder nur dringender, durch Verführung der Philologen und Historiker in der Richtung auf passend zu findende Verhältnisse von kümmerlichen Staaten und ihren kümmerlicheren Beherrschern, diesen zur beabsichtigten Verschleierung und Versiegelung der eigentlichen Wirklichkeit furchtbarer geographischer Katastrophen der Zukunft bewusstvoll angeschmiegt ist —: das könnte zweifelhaft erscheinen und bleiben, wenn nicht ganz bestimmte Thatsachen für das Bestehen einer wirklich bewusstvoll gesuchten, wie an den Haaren herbeigezogenen Parallele sprächen, die in den irreleitenden „Deutungen" gegeben ist. Jedenfalls besteht aber dieser „Adler" nur „seine Jahrhunderte" hindurch, bis zur neu-noachitischen Fluth. Seine Existenzdauer wird dann einerseits auf „die Hälfte einer Zeit" (Dan. 7, 25.), anderseits noch einmal auf „eine halbe Zeit" (Dan. 12, 7.) beschränkt. Damit erscheint die alttestamentliche Zeitangabe für das frühere „vierte Thier" jetzt ausgeschlossen, denn dessen 1656 Jahre sind nicht die Hälfte einer alttestamentlichen Zahl von entsprechendem Range. Dagegen legt sich die samaritanische Zahl von 1307 Jahren (schwankend) als dem nächstfolgenden Cyclus von drei Weltperioden angehörend prüfungswürdig nahe, und man könnte sie als rund die Hälfte der entsprechenden Zahl der Septuaginta von 2242 Jahren (schwankend) betrachten, welche dem weiterhin folgenden dritten Cyclus angehört. Indess ist dieser Vergleich doch allzuweit hergeholt. Die halbe, oder die Hälfte einer Zeit ist so unmittelbar die Fortsetzung der ihr unmittelbar vorangegangenen „Zeiten", dass man besser in diesen die Verdoppelung von jener vermuthen wird. In der That dauern die letzteren Zeiten rund je zwei tausend drei hundert Jahre. (Dan. 8, 14., wo die einen Jahre als „Abende", die andern als „Morgen" ihrem geschichtlichen Inhalte nach aufgefasst sind.) Die Zahlen 1307 und 2300 kommen dem Verhältnisse 1 : 2 noch etwas näher. Beide bedürfen aber einer Correctur, deren Sinn wahrscheinlich richtig, deren Umfang aber noch nicht genau ermittelt ist. Für die erste Zahl hängt diese Correctur vielleicht mit der Thatsache zusammen, dass *zwei adamitische Geschlechter* entstanden sind (IV. Esra 6, 20.), und jedenfalls damit, dass noch unentschieden ist, wie die

Zeiten der Entstehung des einen und des anderen, und die Zeit der Adamsfluth auf einander folgen. Für die zweite Zahl, die unverkennbar eine abgerundete, eine Durchschnittszahl ist, wird sich die Correctur aus den verschiedenen Rechnungen nach „Wochen" und „Perioden" (Chan. 93 und 91; IV. Esra 14, 11. 12.) im Anschlusse an bestimmte geschichtliche Ereignisse ergeben. Indess ist hier nicht näher darauf einzugehen.

Wie das frühere „vierte Thier" nach Vernichtung seines Leibes (durch die Noachsfluth) dem vulcanischen Feuer mässigen Grades übergeben wurde (Dan. 7, 11.), das besonders in den Inseln des Grossen Oceanes eine grosse Rolle gespielt hat, während des Thieres ältere Continenttheile in noch geringerem Maasse und langsamer darunter leiden, so wird auch der durch die neu-noachitische Fluth überschwemmte „Adler" den Einwirkungen des Vulcanismus ausgesetzt: „der ganze Adlerleib kommt in Brand." (IV. Esra 12, 3.)

Das Continentalgebilde, welches danach aus der neu-noachitischen Fluth hervorgehen wird, ist gezeichnet „wie ein Löwe, von dem Wald aufgesprungen". (IV. Esra 11, 37.) Darin liegt einerseits, dass die vierseitige Pyramide nun der ausschliessliche Formentypus sein wird, im schroffen Gegensatze zum Tetraeder des „Adlers", andererseits vielleicht und dann im Zusammenhang mit anderen wichtigen Textangaben, der Hinweis darauf, dass der Löwen-Stamm von Asien mit seinem „Dach der Welt" und seinem abermals wahren „Reich der Mitte", während China jetzt ein Uferreich ist, auch dann conservirt bleiben wird. Indem aber dieses wie ein „Löwe" geartete Continentalgebilde, den „Adler" bedrohend, „vom Walde aufspringt", ist anschaulich gezeichnet, dass die noachitische Fluth wirklich nicht eine aggressive, sondern in Wahrheit eine rückläufige ist, mit welcher die Continental-„Waldungen" nur das ihnen in der aggressiven Adamsfluth geraubte Terrain wieder in Besitz nehmen, nachdem sie neues Material für Kohlenlager geliefert haben werden.

Indem der alttestamentliche Beobachter noch ausschliesslich die Mineralgeographie während einer vollen Weltperiode zwischen je zwei Adamsfluthen überschauet, sagt er:

Chan. 77, 8. Sieben grosse Inseln sah ich im *Meere* und *auf dem Lande*; *zwei auf dem Lande* und *fünf im grossen Meere*.

Hierbei ist zweifellos Australien die Eine „Landinsel", die als Hochland des Landes Nod (Oceanien) von diesem bei der Noachsfluth übrig bleibt. Denn dieses Land Nod, und mit ihm Australien, wird in Gen. 3, 18 durch seine nicht blätterreich schattende, sondern an „Dornen und Disteln" erinnernde Vegetation deutlich characterisirt, ebenso auch durch die in Gen. 4, 16 in Verbindung mit anderen Textstellen angegebene Lage. Dadurch, ferner durch den ganzen Zusammenhang der Vorgänge bei der Noachsfluth, die in Genesis und Chanoch geschildert sind, und speciell durch Stellen wie

Chan. 17, 7. Und ich sah . . . den Ort, wohin das Wasser der ganzen Tiefe sich ergiesst.

Chan. 17, 8. Und ich sah . . . die Mündung der Tiefe [der „die Mündung aller Ströme der Erde" plastische Erläuterung giebt].

wird auf das jetzige Südpolarland als die zweite „Landinsel" hingewiesen. Denn „die Mündung der Tiefe", als Haupt-Ausströmungsöffnung für die Gewässer des Erdinnern bei der Adamsfluth, kann nur in der Zeit zwischen jener und der Noachsfluth, und zwar nur am Südpole, in der nächsten Umgebung des jetzigen Südpollandes wahrgenommen werden, weil die Adamsfluth ja die nördliche Erdhälfte starker als jetzt überfluthet. Diese Umgebung mit der Mündung ist dann auch der (etwas veränderte) „Ort, wohin das Wasser der ganzen Tiefe sich ergiesst", nämlich der Ueberschuss an Gewässern des Erdinnern bei der Noachsfluth von Norden her wieder in das Erdinnere zurückfliesst. Das Südpolland ist also, wie Australien, das aus der Noachsfluth übrig gebliebene Hochland eines Continentes, der ebenfalls in der Zeit zwischen Adams- und Noachsfluth entblösst gewesen ist, und mit Nod und jedenfalls auch mit Südamerika Verbindung gehabt hat. Dafür spricht Chanoch's Weltreise. Dieser Polcontinent wird bei dem vierten Thiere (Dan. 7, 7.) nicht berücksichtigt, weil er keine, jedenfalls keine adamitische Bevölkerung aufnimmt.

Dann sind aber die fünf grossen Inseln im Meere, die jetzt so gezählten Continente: Afrika, Asien, Europa, Nordamerika und Südamerika. Denn bis zur Noachsfluth, für 1656 Jahre, ist Afrika neben Nod das herrschende Culturland. Und nach dieser Fluth, nach der Theilung von Amerika und bis zur nächstfolgenden Adamsfluth werden (Dan. 7, 25; 8, 14; 12, 7.) unverkennbar vier Culturzeiten von je rund 2300 Jahren gezählt, die also jenen folgenden vier Erdtheilen der Reihe nach entsprechen. Dabei wird für die drei afrikanischen Weltalter das Nordpolarland als ein unwesentlicher Theil von Nordamerika vernachlässigt, der ja in der That vor der Noachsfluth bis auf ein insulares „Grünland" von geringerem Umfange überfluthet gewesen sein muss, und bei seiner gegenwärtigen Unwirthlichkeit noch weniger eine selbstständige Culturbedeutung, am wenigsten neben jenen fünf Haupterdtheilen besitzen oder gelangen kann.

Die vorstehende Skizze der alttestamentlichen oberirdischen Geographie und ihrer planetarisch fest geregelten Wandlungen enthält Andeutungen über furchtbare Naturrevolutionen, deren nächster Beginn in rund 4000 Jahren bevorsteht, und die von einer unklar ausschweifenden Phantasie gewöhnlich als „Weltuntergang" mit noch unklarer ersonnenen Folgen bezeichnet werden. Zu solchen Phantastereien, und zur Bezifferung der Zeit des Eintrittes eines derartigen Ereignisses, hat besonders der ähnlich erscheinende Inhalt gewisser anderer Bücher Veranlassung gegeben, denen in kaum glaublicher Verblendung sogar ein höherer und höchster Werth beigelegt ist.

Wer aber die alttestamentlichen Werke, im Ganzen und in allen Einzelheiten, dem Wesentlichen nach bewältigt hat, der kennt zugleich aus einzig competenter Quelle die Art, wie jene anderen Bücher entstanden sind; der findet ihren vermeintlichen Verfassern das angemessene Doctordiplom in Sir. 38, 25—30 ausgestellt, und ihren Dissertationen das Signalement vorgedruckt: „Und freveln werden Frevler, *aber nichts verstehen all' die Frevler*, doch die Verständigen werden verstehen." (Dan. 12, 10.)

Wesentlich anders liegen die Dinge für die alttestamentlichen Bücher selbst: in ihnen ist der geographische Weizen nur ganz oberflächlich und deshalb leicht abscheidbar mit dem Stroh menschenkindlicher Gehirne vermischt. Die Zeitzahlen dieser Bücher sind ja ebenfalls geheimnissvoll gestaltet und „versiegelt"; aber die Schlüssel aller ihrer Räthselaufgaben sind wieder so bestimmt methodisch construirt, dass die endliche genaue Lösung im Voraus gesichert erscheint. In II. Makk. 2, 25 wird nicht umsonst auf „die vielen Zahlen" und das scheinbar oder wirklich regellos wirre Gehäuf aller geschilderten Vorgänge ausdrücklich aufmerksam gemacht. Das gilt nicht nur für die alttestamentliche Specialgeschichte, sondern vor allen Dingen für die Zeitzahlen der geographischen Erdgeschichte und deren Einfluss auf die Menschengeschichte. Wie gross die Mühe der Entzifferung der gegebenen Zahlenräthsel auch sein und im Einzelnen bleiben mochte, so war sie doch bald entsprechend lohnend zu erkennen. Und was da zum Ausharren im Entziffern anspornen konnte und musste, das war ein unscheinbarlichst gebliebener, aber wichtigster Umstand. Inmitten der zahllosen Meineide des grossbetrügerischen Jefeliten, von denen die Bücher förmlich strotzen, und zu deren grössten er sich schliesslich in seiner Naivität selber bekennt:

Jes. 54, 8. In der Fluth der Wuth verbarg ich mein Antlitz eine Weile vor dir, aber mit ewiger Huld erbarm' ich mich dein, — spricht dein Erlöser, der Jahve.

„ 54, 9. Denn eine Noachs-Fluth ist mir dies [diese wie jede frühere und spätere Wuth]; da ich geschworen, dass die Wasser Noach's nie wieder die Erde überschwemmen, so hab' ich geschworen, nie über dich zu zürnen und dich zu schelten.

giebt es, nach einer einfachen Bestätigung (Dan. 8, 26. für 8, 14.), nur *einen Einzigen, in hochfeierlichster Form geleisteten Schwur, und dieser gilt gerade ausdrücklich und ausschliesslich den Zeitzahlen der geographischen Erdgeschichte!* (Dan. 12, 5—9.)

Dan. 8, 13. Bis wann ist der entsetzliche Uebermuth und das Gesicht [das Verhandelte] über das beständige Opfer, — ist preisgegeben Heiligthum und Heer der Zertretung?

„ 8, 14. Und er sprach zu mir: Bis zwei tausend drei hundert Abend (und) Morgen, dann siegt das Heiligthum.

„ 8, 26. Und die Erscheinung, was von den Abenden und Morgen gesprochen wurde, ist Wahrheit; du aber [Daniel] halte geheim das Gesicht, denn [erst] nach vielen Tagen (trifft es zu). —

„ 10, 1. Im dritten Jahre Koresch's, des Königs von Persa, . . . . .

„ 10, 4. Am vier und zwanzigsten Tage des ersten Monats, da war ich am Rande des grossen Stromes, das ist [der] Chiddekel.

„ 10, 5. Und ich hob meine Augen auf und schaute, und siehe, ein Mann gekleidet in Linnen, und seine Lenden umgürtet mit gereinigtem Golde. [Ein anderer Jahve-Elohim in Kriegsrüstung.]

„ 12, 5. Und ich, Daniel, schaute, und siehe, zwei Andere standen da, der Eine hier am Ufer des Stromes, der Andere dort am Ufer des Stromes.

„ 12, 6. Und er [der hier am Ufer stehende] sprach zu dem Manne, dem in Linnen [ohne Kriegsrüstung] gekleideten [Jahve-Elohim-Gelehrten], welcher oberhalb der Wasser des Stromes stand: Bis wann währt das *geheimnissvolle* Ende?

„ 12, 7. Da hörte ich den Mann, den in Linnen gekleideten, welcher oberhalb der Wasser des Stromes stand, und *er erhob seine Rechte und seine Linke gen Himmel [das ist hier eine Gebirgshöhle?], und schwur bei dem ewig Lebenden, [dem Jahve-Elohim dieser Erdenwelt], dass nach einer Zeit, zwei Zeiten und einer halben, und wenn aufgehört hat das Zerschlagen der Macht des heiligen Volkes, all dieses wird vollendet sein.* [Das „heilige Volk", oder „das Volk der Heiligen des Hochsten" (Dan. 7, 27.) wohnt freilich jetzt nicht an irgend einer amerikanischen oder europäischen Pfütze!]

Dan. 12, 8. Und ich hörte wohl, aber ich verstand nicht, und sprach: Mein Herr, was ist das Ende von diesem?

„ 12, 9. Und er sprach: Gehe, Daniel, denn verborgen und versiegelt sind die Worte bis auf die Zeit des [zweiten] Endes, [desjenigen der zwei tausend drei hundert Morgen].

„ 12, 13. Du aber gehe dem [nächsten, deinem asiatischen] Ende zu, [dem der zweitausend drei hundert Abende].

Im Sinne der alttestamentlichen Geographie der äusseren Erdoberfläche ist schliesslich noch ein eigenthümliches Element derselben zu berücksichtigen. Es ist schon am Schlusse der Besprechung von Afrika darauf hingewiesen, dass die egyptische Pyramide eine schematische Darstellung der ersten Hauptpyramide dieses Erdtheiles ist oder sein kann, und es ist ferner eine vague Beziehung angedeutet, die aber nicht zur oberirdischen Geographie zu gehören schien. Prüft man jenen Hinweis als thatsächlich angemessen, auf Grund der alttestamentlichen Schilderungen von Afrika genauer, unter Berücksichtigung vieler zerstreuten Angaben, besonders auch im IV. Esra und Chanoch, dann ergeben sich bestimmter geartete interessante Resultate.

Zunächst ist es klar, dass die constante Vierseitigkeit der egyptischen Pyramide der heutigen Form von Afrika nicht entspricht, die vielmehr tetraedrisch ist. Auch als „Bär" ist Afrika in Dan. 7, 5 vierseitig pyramidal gezeichnet; aber die abrundend langzottige Behaarung dieses Thieres kann die eine oder andere Grundform verhüllen, und die jetzige tetraedrische mit ihren „drei Hauern" kann als unwesentlich vernachlässigt sein. Ferner kann Afrika, wie schon angedeutet, sehr wohl in der Zeit vor der Noachsfluth, eine weit höhere Bedeutung in irgend einem vorläufig noch unbekannt erscheinenden Sinne gehabt haben, als ihm nach dieser Fluth thatsächlich zukommt; und die egyptische Pyramide könnte folglich gerade die früheren, wichtigsten Zustände dieses Continentes monumental überliefern. Das eigentliche Geheimniss dieser Ueberlieferung brauchen die sogenannten „Priester" durchaus nicht gekannt zu haben, denn diese waren ursprünglich nichts anderes, als die Leibdiener und Leibköche der wirklich Wissenden, von denen jene nur einzelne Brocken aufgeschnappt hatten, mit denen bei Krankheit oder nach dem Tode der Wissenden das Lehrgeschäft dem dummeren Volke gegenüber ausreichend bequem und lucrativ fortgesetzt werden konnte. (Siehe Bel oder El und Jahve, und Drachen zu Babel, — und Zion!) Das vierseitige Afrika der egyptischen Pyramide wird also das „vierte Thier" in Dan. 7, 7 bilden helfen, und dafür sprechen, früheren Vermuthungen entgegen, wirklich folgende Gründe. Von den drei Continenten dieses Thieres ist nämlich Nod sicher als tetraedrisch gezeichnet; Asien aber, mit den zwei verlängerten starken „Menschenbeinen" unter maritim sehr verkleinertem Rumpfe, als ein Λ, das heisst als ein ebenfalls tetraedrisches Skelett, dem die grossen alten Flügel maritim „ausgerauft" sind, ohne dass es nennenswerth grosse neue als Tiefländer der „Menschenbeine" bekommen hätte. Nicht Asien, sondern das Afrika der

Zeit vor der Noachsfluth ist also wirklich die vierseitige Pyramide, die wegen der zehn Hörner des vierten Thieres dasselbe bilden helfen muss, und die folglich als natürliches Vorbild des egyptischen Pyramidenbaues gedient hat.

Es giebt noch einen anderen wichtigsten, in demselben Sinne sprechenden Grund. Denn eine zweite constante Eigenthümlichkeit der egyptischen Pyramiden besteht darin, dass sie im Innern einen, aussen in mässiger Höhe über dem Erdboden beginnenden, abwärts führenden Gang besitzt. Die äussere Oeffnung dieses Ganges ist durch sorgfältig gleichmässig eingefügte Steine geheim so verschlossen, dass sie von Uneingeweihten nur schwierig aufzufinden, und mehr durch blind tappende Gewalt der Eingang zu erzwingen ist. Das innere Ende des Ganges ist dagegen felsenfest verschlossen, ohne Fortsetzung, ohne Ausgang. Nun hat aber nach den alttestamentlichen Büchern gerade nur Afrika, für den gegenwärtigen Cyklus und die gegenwärtige Weltperiode, einen dem Wesentlichen nach so beschaffenen, mit geneigter Sohle tiefer in das Erdinnere führenden Höhlengang, und dieser war wieder nur von Adam's bis Noach's Zeit passirbar, denn seine äussere Oeffnung wurde vor und mit der Noachsfluth sorgfältig cyclopisch (und maritim?) und eine tiefer innen liegende Stelle vulcanisch felsenfest verschlossen.

Die egyptische Pyramide ist also nicht nur nach ihrer äusseren Form, sondern auch nach ihrem inneren Ausbau wirklich eine schematische Nachbildung des Continentes Afrika, wie er 1656 Jahre lang vor der Noachsfluth bestanden hat. Dass der Höhlengang der Pyramide nebenbei Grabkammern besitzt, bietet eine Nachahmung von besonderen Umständen dar, die mit der Benützung des continentalen Höhlenganges verbunden waren, hier aber nicht zu besprechen sind.

Bei diesem Höhlengange des Continents wird man allerdings an jene Höhle am Orinoco erinnert, von der Humboldt Nachricht gebracht hat. Die umwohnende Völkerschaft wollte wissen, dass ihre Vorfahren einst aus dieser Höhle hervorgekommen sind; dass ihre Rückkehr durch unbestimmt schreckliche Gewalten (Gen. 3, 24.) verhindert wurde; und dass diese noch jetzt ein tieferes Eindringen abwehren, so dass die Leute durch keine Versprechen hoher Belohnungen zu bewegen waren, für ein tieferes Eindringen thatkräftigen Beistand zu leisten. Das allgemeine Thatsächliche dieser Ueberlieferung ist nach den zahlreichen Angaben der alttestamentlichen Bücher zweifellfrei. Dagegen bleibt es zweifelhaft, wie weit in dieser mündlichen Tradition die Wahrheit in Bezug auf Ort, Zeit und Umstände, in Folge der grob gezeichneten Geistesverwirrung der den Fluthkatastrophen entronnenen Menschenkinder, durch Dichtung verwischt ist; das heisst, ob neben dem durch monumentale und Schriftbilder-Zeugen zuverlässig übereinstimmend angegebenen Haupt-Höhlengange des Continentes Afrika ein nebensächlich benützter Neben-Höhlengang in Südamerika bestand, oder gar heute noch wesentlich unverschlossen besteht, so dass die umgebende Bevölkerung nur durch Furcht und Entsetzen (traditionell conservirt oder nöthigenfalls von Neuem hypnotisch eingeimpft) vor todbringenden Gefahren von tieferem Eindringen abgeschreckt wird. Die grösste Wahrscheinlichkeit spricht dafür, dass die Tradition am Orinoco aus jenem Cyklus von drei Weltperioden stammt, der dem jetzigen afrikanischen vorhergegangen ist, und während dessen der geographische „Muttermund" an Amerika, wie jetzt an Afrika, aber auf der Westküste geöffnet war. Jene Tradition würde also bis 71 Jahrtausende zurückreichen. Mit dem afrikanischen „Muttermunde" wird der astronomische Nordpol zum „Munde", zum „Oben" der Landkarten; während südamerikanische Geographen anfangen, den Südpol als „oben" zu zeichnen, instinktiv den asiatischen Muttermund voraussehend. (Dass gegenwärtig noch andere Communicationswege bestehen, nur maritim verschlossen sind, ist mehr als nur wahrscheinlich; wichtige Textstellen [Ps. 104, 3. „Der mit Wassern bälkt seine Söller", von aussen gesehen; Chan. 14, 11. „Himmel von Wasser", von innen gesehen] sagen dies sehr ausdrücklich, und mancherlei Vorgänge im Leben der grossen Meere deuten darauf hin.

Freilich zeigt sich weiterhin ein arger Widerspruch dieser monumentalen und Schriftbilder-Zeugen unter einander. Die egyptische Pyramide hat nämlich die äussere Oeffnung ihres Höhlenganges stets auf der Nordseite; während die alttestamentlichen Schriftbilder den continentalen Höhleneingang, für das Original wie für seine mancherlei Nachbildungen, ebenso constant auf die Ostseite von Afrika verlegen. Dieser anscheinend grobe Widerspruch löst sich aber in folgender Weise.

Der Inhalt von Gen. 8, 21. 22 und 9, 11. 15, soweit er den Eindruck machen soll und für unaufmerksame „Leser" wirklich macht, dass überhaupt keine derartig grosse Ueberfluthung der Erde wie bei der Noachsfluth abermals stattfinden wird, wird einerseits durch zahlreiche zerstreute Textstellen, dann aber in Jes. 54, 8. 9. durch den grossbetrügerischen Jefetiten in eigener Person als einer seiner raffinirtesten Meineide denuncirt. Der aufmerksame Beschauer aller betreffenden Schriftbilder bleibt nicht darüber in Zweifel, dass die Worte „fortan", „Erdboden", „alles Lebende", „alle Tage der Erde", „gestört", „alles" Fleisch, Gewässer „der" Fluth etc., nur in nach Umfang, Ort und Zeit bestimmt begrenztem Sinne verstanden werden dürfen. Es wird also, wie in der Vergangenheit, so auch in Zukunft Fluth nach Fluth unter ähnlichen Umständen auf einander folgen, *„eine Fluth der andern rufen"* (Ps. 42, 8.), wenn es auch politisch ist, die durch die eine Fluth schrecklich geängstigten, aber vergesslichen Menschenkinder durch plausible Lügen zu beruhigen, für folgende Jahrtausende wieder lebensmuthig zu machen. Nun hat jede Sintfluth die in Gen. 8, 22 genau angegebenen Folgen. Es tritt eine eruptiv geartete und vollständige Umwälzung wichtiger astronomischer und meteorologischer Verhaltnisse ein, deren Abgleichen bis zur neuen regelvollen Beständigkeit einen Zeitraum (von zwei Jahren) voller „Störungen" in Anspruch nimmt. Wegen dieser Umwälzung heisst es mehrfach, dass mit einer neuen Fluth, wie „eine neue Erde", so auch „ein neuer (hier besonders Sternen-) Himmel" entsteht, und zwar sogar mit etwas geänderten planetarischen Umdrehungszeiten (Chan. 72; 74; 75; 78; 79; 80; 82), die auch nach Dan. 7, 25 nur in der Meinung überkluger Menschenkinder (nicht) „geändert" werden. Die Möglichkeit so gearteter Umwälzungen wird nicht so unverständlich sein, wenn man erwägt, dass ja nur die ideelle planetarische Rotationsaxe eine wesentlich constante Lage im planetarischen Raume zu besitzen braucht oder wirklich besitzt; dass folglich die relative Lage der Continente in Bezug auf die Axe durch andere Vertheilung der Meeresmassen geändert werden kann; und dass die planetarische Rotation von electromagnetischer Natur ist, also durch das Material der electrischen Stromesbahnen und die jeweilige Lage der mittleren magnetischen Axe, die dem magnetischen Materiale fest anhaftet, mit sachlicher Nothwendigkeit in gewissem Umfange beeinflusst, verlangsamt oder beschleunigt werden kann. Eine andere Frage ist die, auf welche Weise solche Umwälzung der astronomischen und meteorologischen Verhältnisse bewirkt wird; aber die noch schwierig verständliche alttestamentliche Antwort hierauf gehört nicht in die oberirdische Geographie.

Lässt man aber die Möglichkeit solcher Umwälzung zunächst versuchsweise gelten, dann wird deutlich, dass der Aequator mit seinen Zuständen für das Afrika der Zeit vor der Noachsfluth eine ganz andere Lage hatte, als für das geographisch geänderte Afrika nach dieser Fluth. Nun lässt sich aus zahlreichen zerstreuten Stellen der alttestamentlichen Schriftbilder die Regel ableiten, dass (von seltenen Ausnahmen abgesehen) für beide Zeiten die Angaben über Himmelsrichtungen gleichmässig nach der heutigen Bezeichnungsweise gemacht werden, die also für die vorfluthliche Zeit eigentlich falsch ist. Diese Regel ist gewählt, weil sie einerseits das beabsichtigte Geheimhalten der Wissenschaft sichert und anderseits zugleich das Verständniss der ohne Hilfe systematischer „Erklärungen" anzuschauenden Schriftbilder für Jeden erleichtert, der das Bestehen dieser Regel als Schlüssel der Schriftbildmethode sieht. Also eine Linie, die im Afrika *vor* der Noachsfluth Süd-Nord gezogen ist, aber — unter Voraussetzung ihrer constanten Lage im Erdtheile — im Afrika *nach* der Noachsfluth die Richtung West-Ost hat, wird in den alttestamentlichen Schriftbildern, welche die ganze Zeit *nach* der Noachsfluth als *den Haupttheil* der gegenwärtigen Weltperiode behandeln, auch für die Zeit *vor* der Noachsfluth als West-Ost-Linie bezeichnet, wie Monate auch Jahre, und Jahre auch Tage genannt werden. — Der Pyramidenbauer hat dagegen in gewissem Sinne gerade umgekehrt gehandelt. Indem er die wesentlichsten Zustände des Continents in Afrika's bedeutungsvollster Zeit, nämlich mit der sogenannten „Schöpfung" und *bis zur* Noachsfluth, nachbilden wollte, benützte er die überlieferte Angabe, dass der äussere Eingang des continentalen Höhlenganges auf der damaligen Nordseite von Afrika lag, und orientirte seine Pyramide in diesem Sinne auch in der Zeit nach der Fluth, trotzdem in dieser Zeit die frühere Süd-Nord-Richtung West-Ost geworden war. Hiernach erscheint es offenbar, dass die egyptische Ueberlieferung nicht von alttestamentlichen Capacitäten, sondern wirklich nur von confusen Menschenkindern (Jes. 19, 11.) herrührt, die das Nord des Afrika vor der Fluth als Nord bezeichnet hatten, dann aber, durch die mit der astronomischen Umwälzung und den ihr folgenden zweijährigen Störungen selbst irre (Chan. 80, 7; 82, 5.) geworden, das neue Nord wieder als Nord bezeichneten, aber identisch mit dem früheren hielten, indem sie die Umwälzungen lediglich als am Sternenhimmel geschehen, betrachteten.

Auf diese Weise verschwindet der oben bemerkte Widerspruch zwischen den monumentalen und den Schriftbilder-Zeugen, und es folgt zugleich, dass die oben beispielsweise angeführten Himmelsrichtungen die wirklichen waren; das heisst: die heutige Ostseite von Afrika ist für die Zeit vor der Noachsfluth seine Nordseite gewesen, — so dass der damalige Aequator ungefähr über die jetzigen Polcontinente ging, Grönland zum Grünen Lande machend und Theilen von Sibirien tropische Thiere gebend, deren Leiber nach darauf folgender Noachsfluth mit Polareis conservirt wurden.

Ebenfalls am Schlusse der früheren Betrachtung von Afrika ist darauf aufmerksam gemacht, dass die Obelisken Nachbildungen der zweiten Hauptpyramide dieses Continents darstellen, und zwar, wie man wegen der Vierseitigkeit jetzt sagen muss, ebenfalls für die Zeit vor der Noachsfluth. Dabei ist noch zu beachten, dass die schmalen und steilen Seiten der Obelisken keine Gelegenheit zur Ausbildung von Flusssystemen darbieten, also zu ihrer Zeit eine ungewöhnliche Trockenheit dieser zweiten Hauptpyramide signalisirt wird. Auch für diese Verhältnisse findet sich in verschiedenen Textstellen besonders des Chanoch und IV. Esra eine Bestätigung durch den Nachweis ungewöhnlich hoher Berge und ihrer stark wechselnden hydrographischen Verhältnisse. Aber das Nähere hierüber gehört wieder nicht zur oberirdischen Geographie.

Endlich ist noch eine dritte monumentale Nachbildung vorhanden, aber diese gilt nicht der reinen Mineralgeographie des Afrika vor der Fluth, sondern, unter gleichzeitiger Berücksichtigung seiner organischen Weichtheile, der geographischen Weltgeschichte dieses Continentes im Uebergang zur Gegenwart. Diese Nachbildung ist die Sphinx. Das Räthsel, welches die Sphinx unmittelbar vor einer drohenden Sintfluth aufgiebt, ist die Frage: „Welche Gebiete des Continents sind fluthsicher?" Diejenigen Menschen, welche das Räthsel nicht lösen können, werden von der Fluth in den Abgrund des Meeres gestürzt, ohne zu erfahren, was mit der Sphinx selbst geschieht. Diejenigen Menschen dagegen, welche die Räthselfrage glücklich richtig beantworten, also vor der Vertilgung durch die Fluth bewahrt bleiben, erfahren mit eigenen Sinnen, dass die Sphinx selbst, das heisst der Erdtheil mit seinen Weichtheilen in weitem Umfange, durch Springfluthen erweitert, sich in den Abgrund des Meeres stürzend, überfluthet wird. Dieser Vorgang gehört aber im gegenwärtigen Cyclus von drei Weltperioden ausschliesslich jeder Noachsfluth, und in ihr dem bis dahin wie die Sphinx ausschliesslich vierseitig pyramidalen Afrika an. Denn die Adamsfluth hat ja in diesen Zeiten Afrika nicht überfluthet, sondern in weiterem Umfange trockengelegt. Die Noachsfluth dagegen, die vom jetzigen Norden und Westen her rückläufig über Afrika hereinfluthet, überschwemmt mit ihren Springfluthen selbst Hochländer des damaligen Continentes, so dass die Wassermassen von ihnen, wie bei furchtbaren Regengüssen von einem „hohen Dache" mit „sieben Schleusen-Thälern, wie sieben Dach-Rinnen, nach Osten und Südosten hin abfliessen, speziell in ein wichtigstes, als „grosser Hof" characterisirtes Gebiet, das dem jetzigen Canal von Moçambique angehört und auch von Bodenquellen (des continentalen Höhlenganges) bis zum Ueberlaufen gefüllt wurde. (Chan. 89, 2—4. 7.). (Die Localität wird sich vielleicht genauer durch die sieben Thäler ermitteln lassen; ausserdem wohl auch vermittelst der relativen Lage der äusseren Eingangsöffnungen der egyptischen Pyramiden.) Die Localität, in welcher bei der Noachsfluth der Ueberschuss an innerirdischen Meeresmassen wieder in die grossen Reservoire der inneren Fläche der Erdschale zurückfliesst, ist in Chan. 17, 7 so unbestimmt gezeichnet, dass sie nur durch sorgfältige Prüfung aller wegweisenden Umstände in der jetzigen Südpolregion vermuthet werden kann (Chan. 17, 6—8 ist die klarste Stelle der Reisebeschreibung mit verwischten Weltgegenden: „Die Mündung der Tiefe"; der „Ort, wohin das Wasser der ganzen Tiefe sich ergiesst"; mit den „Bergen der schwarzen Wolken der Winterszeit", in der „grossen Finsterniss" der jetzigen Zeit.) Die Meeresströmungen mögen Aufschluss geben können.

## Skizze der Alttestamentlichen geographischen Weltgeschichte.

[illegible]

Das A. T. giebt — unter Anwendung mannigfacher Geheimschriftmethoden, deren Schlüssel gesucht und gefunden sein wollen — eine Geographie und Geschichte der gegenwärtigen Weltperiode mit alle Realien erschöpfender Vollständigkeit für Vergangenheit, Gegenwart und Zukunft. Diese Weltperiode — eine „Ewigkeit" — umfasst 10858 Jahre, von denen 5880 Jahre jetzt bereits verflossen sind. Sie ist die dritte eines Cyklus von drei in wichtiger geographischer Beziehung gleichen, in vielen anderen Beziehungen nur ähnlichen Weltperioden. Diesem Cyklus — einer „Ewigkeit der Ewigkeiten" — sind zwei andere, in denselben wichtigen geographischen Beziehung völlig (auch unter einander) verschiedene Cyklen von je drei Weltperioden vorhergegangen. Und die drei Cyklen, wie sie in der Vergangenheit in unabsehbarer Reihenfolge wiederholt durchlebt worden sind, werden auch in Zukunft in unabsehbarer Reihenfolge wiederholt durchlebt werden.

Der Beginn jeder Weltperiode, ganz besonders aber der eines jeden Cyklus, wird durch ausserordentliche vulkanische Katastrophen eingeleitet, durch welche, ausser anderen wichtigen Erfolgen, regels- und willensvoll in der Erdschale von rund 140 geographischen Meilen mittlerer Dicke eine Communicationsöffnung zwischen dem hohlen, mit gewöhnlicher atmosphärischer Luft erfüllten Erdinnern und dem Erdäussern hergestellt wird, in welchem die Menschenkinder leben.

Das Erdinnere birgt einen Kernkörper (von 135 geographischen Meilen Durchmesser), dessen gewöhnliche Stellung mit eventuell mässigen Bewegungsphasen durch eruptiv eintretende planetarische Constellation, oder vielleicht richtiger durch bestimmt willensvoll geartete Einwirkung — mit der verglichen die sogenannten Riesenwerke der Menschen kaum wie die Producte eines Bauspiels kleiner Kinder mit bunten Kieseln und Sandhäufchen erscheinen —, so wesentlich geändert wird, dass das körperliche Gleichgewicht des ganzen Planeten durch anders geartete Vertheilung seiner Meeresmassen, und besonders dadurch wieder hergestellt werden muss, dass mächtig tiefe Meere der inneren Fläche der Erdschale ihre Wassermassen durch jene Communicationsöffnung hindurch in das Erdäussere ergiessen; — auf der entsprechenden, also entgegengesetzten äusseren Erdhälfte eine gewaltige Ueberfluthung, und wie auch an der inneren Oberfläche der Erdschale, eine wesentliche Umgestaltung der ganzen continentalen Geographie; — nebenbei aber ein Ersäufen von Unmassen der oberirdischen „lebendigen" Erdbevölkerung, der Hautparasiten des Planeten von menschenähnlichem Gliederungstypus verursachen, eines jener höher rangirenden „Götter", von denen Ein Glied jedem und allem Gewürm in ihnen zurufen darf: „Du gleichst dem Geist, den du begreifst, nicht mir."

Das ist die adamitische Sintfluth, mit deren Abschlusse die Communicationsöffnung auch im Erdäussern in weiter Erstreckung trockengelegt wird.

In denselben Zeiten entsteht im Erdinnern, in planetarisch culminativ gesteigerter Energie seiner Zustände — wie im Leibe eines geschwängerten Weibes —, also im Leibe „unserer Mutter Erde" eine neue Generation von heute speciell „organisch" genannten Geschöpfarten, unter anderen auch von Menschen. Dieser planetarisch geregelte Wendeprocess wird behütet und gelenkt von den wahren Jahve-Elohim des A. T., den „Göttern" älterer Mythologien, als den für die Menschenkinder der äusseren Erdfläche mit unfassbar gewaltiger Lebensenergie begabten Bewohnern (wie Eingeweidewürmern) des Erdinnern, — dieses Einzigen und wirklichen alttestamentlichen „Himmels", mit seinen nach Intensität, Form und Phasencyklus ausserordentlich gearteten planetarisch-electromagnetischen Stromsystemen und deren allseitigen, chemischen, physikalischen, formgebenden und physiologischen Wirkungen. Und sieben Jahre nach der adamitischen Fluth beginnt der theils freiwillige, theils durch die „Götter" erzwungene Austritt der grossen Masse der neuen Generation von Menschenkindern durch jene, eine anderthalbjährige Wanderung bedingende Communicationsöffnung hindurch in das Erdäussere, — zu den nicht ersäuften Resten der aus vorhergegangenen Weltperioden stammenden, also um je rund elf Jahrtausende, einfach bis mehrfach, älteren menschlichen Brüdergenerationen. Diese älteren Brüder-Reste, durch die furchtbaren Natur-Katastrophen vielfach bis zum Wahnsinn irritirt, schreiten danach in ihrer folgenden Entwickelung wesentlich eigenwillig, der jüngste Bruder dagegen als „Nesthäkchen" wesentlich unter mehr oder minder directer Führung von wahren „Göttern" also Jahve-Elohim, weiter fort.

Die alttestamentlichen Adamiten bilden folglich die jüngste Brudergeneration, nicht die älteste.

Der wieder eruptiv geartete Rückgang der planetarischen Constellation oder ein anders bedingter machtvoller Eingriff bewirkt, für den gegenwärtigen Cyklus nach 1656 Jahren, — die samaritanischen Zahlen und die der Septuaginta beziehen sich je auf einen der beiden anderen Cyklen — den Rückgang des Erdkernes nahezu in seine frühere Stellung, und damit die noachitische Sintfluth; — also die Aenderung der Vertheilung der äusseren Wasser, und den Rückfluss des Ueberschusses an inneren Meeresmassen in die Reservoire der inneren Fläche der Erdschale; — die Wiederherstellung der früheren oberirdischen, jedem Cyklus von drei Weltperioden mit Variationen eigenthümlichen Continentalgestaltungen; — den maritimen, eventuell vulkanisch ergänzten Verschluss der Communicationsöffnung; — und das abermalige Ersäufen eines grossen Theiles aller derzeitigen Brudergenerationen der äusseren Erdfläche. Dieses Schicksal trifft, als ein Seitenstück der bekannten grossen Kindersterblichkeit besonders auch die jüngste Generation, also für die gegenwärtige Weltperiode die alttestamentlichen Adamiten auf dem gross-oceanischen Continente Nod, von denen, von gewissen Ausnahmen abgesehen, nur die speciell auserwählten Noachiden vor dem Ersäuftwerden bewahrt werden.

Nun ist das menschliche Kind an Leib und Seele im Allgemeinen — weit vielfacher als das thierische und gar das pflanzliche Kind — ein naiv selbstsüchtiger Schmutzfinke. „Unsere Mutter Erde" veranstaltet für dieses Kind und alle Menschenkinder erst nach Jahrtausenden ihre „grossen Wäschen". Für gewöhnlich fällt also, wie meist in modernen Proletarierfamilien, den älteren Brudergenerationen die Pflicht der Reinigung und Erziehung der jüngsten zu relativer Reinlichkeit als eigenes Bedürfniss zur Last, die je nach Umständen abgeschüttelt, oder geduldig, oder mit stiller Wuth unter heimlichem oder öffentlichem „Abknuffen" des Zeterschreienden ertragen wird, — bis der Letztere vom Zetern zum Wiederknuffen übergeht und sich damit seinen Platz der Gleichberechtigung selbst unter den widerhaarigen älteren Brüdern erobert.

Für jeden Cyklus gelten ferner in Bezug auch auf mancherlei andere Verhältnisse ähnliche Gesetze wie für eine einzelne Familie. — Das erste Kind, der „Erstling der Kraft" jeder Familie, bewahrt im Allgemeinen lebenslang den Kindescharakter, mit schlafsüchtig stillem Vegetiren zu physischer Potenz, bei leicht lenkbarer psychischer Langsamkeit. Dagegen bringt das letzte, dem nahen Greisenalter der Erzeuger entsprossene Kind den physisch degenerirten, aber intellectuell raffinirt selbstsüchtigen Mannes- bis Greisencharacter mit auf die Welt, durch den es bald die Herrschaft über seine älteren Gebrüder Michel zu erringen vermag. — Die gegenwärtige Weltperiode repräsentirt aber als dritte und letzte des gegenwärtigen Cyklus die Greisenzeit des letzteren, und deshalb gehört den alttestamentlichen Adamiten die raffinirt selbstsüchtig aneignende Greisenseele in degenerirtem Leibe. Da ist der Mangel physischer Kraft bei geringem Körpermasse durch die elementarste psychische Kraft, durch raffinirte thierische Schlauheit aller Grade zu compensiren versucht. Und in der That ist das plump brutale physische Faustrecht der älteren Gebrüder Michel-Generationen nicht rühmlicher als das raffinirt brutal schlaue psychische Faustrecht ihres jeweiligen jüngsten Bruders gewesen, wenn dieser auch, bevor seine Erziehung gelungen ist, relativ als ein unbewusster moralischer Cretin erscheint, der gar nicht die Uebermässigkeit seines selbstsüchtig seelischen Schmutzes zu begreifen vermag, und dessen erzieherisch verletzte Selbstsucht das bekannte Zetergeschrei erhebt.

Dazu macht sich in jeder Weltperiode ein eigenthümlicher Umstand geltend, der in den einzelnen „gesitteten" Familien nicht vorkommen — sollte, wenn der Code Napoléon ihm auch ausdrücklich Rechnung trägt, eine gelegentliche, heute fast unbegriffen gewaltige Naturkraft und selbst ihre heutigen Caricaturen respectirend. Die wahren „Götter" kreuzen sich nämlich mit jüngsten Menschenweibern und erzeugen in den Bastarden den wahren Blutadel, der sich entweder durch physische, oder durch psychische Potenz, oder durch beide zugleich in höherem Grade auszeichnet, als der reinen Menschenrasse eigen ist. Diese höhere Potenz, die übrigens in gemeinstem oder in edelstem Sinne nüancirt werden kann — bei letzterem sind diese Bastarde „die Starken, die von Alters her Männer des Ruhmes waren" —, erleichtert natürlich dem Blutadel der jüngsten Weltperiode das Erringen der Herrschaft über die älteren Gebrüder Michel, deren eigener Blutadel gleichen Ursprunges im Laufe der Jahrtausende stets der völligen Degeneration unterlegen ist. Und aus der Generation der jüngsten Weltperiode wird vorzugsweise dieser jüngste Blutadel zur Errettung vor dem Ersäuftwerden in der noachitischen Fluth durch die Jahve-Elohim auserwählt.

Diese allgemeinen Verhältnisse haben sich in jeder Weltperiode mit Bezug auf die vorhergegangenen wiederholt. Der „Erstling der Kraft" eines neuen Cyklus konnte seine älteren, unaufhaltsamer Degeneration ausgesetzten Gebrüder Michel durch brutale physische Kraft überwältigen, das Greisenproduct desselben Cyklus musste dies mit dem brutal psychischen Faustrechte versuchen; — wenn beiden die brutale Herrschsucht innewohnte.

In so gearteter geschichtlicher Entwickelung sind in der gegenwärtigen Weltperiode, wie in den früheren, die älteren Gebrüder Michel zu ihrem jüngsten, dem alttestamentlich adamitischen, bezw. noachitischen Bruder gekommen.

Aber dieser gewöhnliche Verlauf der sogenannten „Weltgeschichte" ist in der gegenwärtigen Weltperiode durch einen ganz aussergewöhnlichen Umstand aus seiner normalen Bahn abgelenkt worden.

Während nämlich alle älteren Gebrüder Michel und die Mehrzahl der neuen Adamiten und Noachiden das natürliche Bedürfniss der höchsten Verehrung der einzig nächstwürdigen „Götter", beziehungsweise der alttestamentlichen Jahve-Elohim, empfunden und gepflegt hatten, und dies zu einem grossen Theile auch heute noch, freilich in durch die medicine men verbunzten Weisen thun — nur einzelne wahnwitzig dünkelhafte Exemplare waren in Abneigung gegen die Verehrung der „Götter" dieses und des nächsthöheren Ranges, insofern sie auch nur mächtigste „Geschöpfe" sind, dahin gekommen, sich eine „wahre" Gottheit oder einen „wahren" Gott als eine Missgeburt aus ihren eigenen Gehirnexcrementen zurechtzukneten —: beging ein besonders hervorragend betrügerischer Adels-Noachide, „ganz aus echtem Samen", von Peleg's Zeit her agitirend, den „entsetzlichen Greuel", sich für den Höchsten der wahren Jahve-Elohim, zuletzt aber gar für den wirklichen Weltschöpfer auszugeben, und die Verehrer der und des wahren Jahve-Elohim in perpetuirlich gewordener hirnloser Mauldiarrhoe als „Heiden" zu brandmarken. Es gelang ihm, aus semitischem Stamme und aus anderen Stämmen eine „Ansammlung von Völkern" als sympathisirende Anhänger und Helfershelfer für diesen wahnwitzig ausschweifenden Betrug anzuwerben und das so gebildete Volk, im Vergleiche zu seiner eigenen ausserordentlich grossen Langlebigkeit — die mittlere Lebensdauer der ersten Bastardgenerationen betrug 500 Jahre — als „Kinder Israel" bezeichnet, in einer verwahrlosten Kinderbewahranstalt vor der Erziehung zu moralischer Reinlichkeit durch ihre Gebrüder Michel zu bewahren, — zur Bewahrung ihres naiven Kinderschmutzes theils mit Güte, theils mit blutiger Gewalt und durch „Jungfrauen" oder auf künstlichem Wege bewirkte Verseuchung zwangsweise zu erziehen; — ihre natürlichen Anlagen als Leichenfledderer und sociale Schlachtfeldhyänen zu voller Reife zu entwickeln. Mit Hülfe einer solchen — wie zu fernen Schützenketten aufgelösten, den Reichthum der älteren Gebrüder, der productiven Arbeiternationen, als „Milch" besonders „von den Brüsten ihrer Könige" saugenden — Leibgarde wollte dieser ausschweifend betrügerische Adels-Noachide eine in Bezug auf seine unzugängliche Person geheime Weltmacht begründen.

Die bekannten alttestamentlichen Bücher geben nun wesentlich das Gesammtbild der so aussergewöhnlich modificirten Geschichte des gegenwärtigen Weltalters in substantiell treuer Nachbildung, so weit diese literarisch möglich ist. Das heisst: Gerade so wie die Organismen aus dem planetarisch befruchteten Erdenklosse entstehen, und wie Jedermann weiss, dass der Erdenkloss für solchen Zweck reichlich entsprechend gedüngt werden muss, gerade so düngt das A. T. den literarischen Erdenkloss seiner steril erscheinenden ersten Weltcapitel, dem „entsetzlichen Greuel" entsprechend, mit adamitischem und ausschweifendst noachitischem Menschenkothe, der jedem unbefangenen Beschauer des Personengetriebes die Nase beizt, — wo theologisch dressirte Gaumen delicate Austern mit moderndem Safte beträufelt unter wollüstig erregtem Zungenschnalzen in Hypnose verschlingen.

Beim weiteren Durchforschen des alttestamentlichen Weltpanoramas findet man die natürlichen Früchte verwahrloster Kindererziehung als Unkraut und Giftpflanzen das literarische Land überwuchernd, als Parasiten die „Milch" der Völker saugend; — den grossen Betrüger aber, mit seiner vielverzweigten Familie von Legitimen und Bastarden, zur eigentlichen geheimen Leibgarde mit Kammerdienern und Leibköchen concentrirt, die Menschen fressend, das rothe lebenswarme Blut ihrer Leiber als „Greuelbrühe" wie Thierblut rituell saufend und sich darin badend, oder das frisch geronnene als „Honig" leckend und essend; — dieser Theil des „entsetzlichen Greuels" entstammt dem erst in Jared's Zeit verbotswidrig und unter Verrath des „nichtswürdigen (Blut-) Geheimnisses" entstandenen Blutadel —: bis der literarische Acker mit kräftigem Pfluge gestürzt wird, — der betrügerische Volkserzieher endlich stirbt, — seine ganze Familie namenlos ausgelöscht wird, — seine raffinirt naiv verwahrlosten „Kinder", führerlos geworden, als verabscheute, wenn auch gelegentlich buntschillernde und in einem grossen Fluchgemälde (Jes. 14) bemitleidete Parasiten nach allen Richtungen vertrieben werden. In solcher Eigenschaft haben diese „Kinder" einen ungewöhnlich langen und schweren Kampf mit den älteren Gebrüdern Michel wiederholt zu kämpfen gehabt, bevor ihnen mit Hülfe eines zweiten gleich „entsetzlichen Greuels" das Erringen der Herrschaft fast ohne eine Spur eigenen brutal physischen Faustrechtes gelungen ist, — indem sie die Gebrüder Michel gegen einander hetzten.

Was ihnen dabei förderlich, das war die moralische Verseuchung der leicht „verführbaren" Gebrüder Michel, und die Existenz sympathisirender „Hebeammen" unter letzteren: mit diesem scharf beizenden Titel bezeichnet das A. T. die betreffenden Michelnaturen, um sie später als „aufgeraffte Gesindel" abschütteln zu lassen. Diese Hebeammen waren übrigens, wie früher in Egypten so auch später, nicht ausschliesslich böswillig gegen ihre eigenen Generationen gesinnt, sondern sie begriffen in unzurechnungsfähiger Gutgläubigkeit vielfach nicht, dass Jahrtausende lang verwahrloste und unverwüstlich halsstarrig gewordene, trocken gebliebene oder nass gemachte „Kinder" nicht durch eine erzieherische Gesetzgebung zu corrigiren sind, die den Gebrüdern Michel von diesen verwahrlosten „Kindern" selbst dictirt wurde. Dieser gutgläubigste Theil der Hebeammen, wenn ein einzelnes Raubthier-Exemplar angeblich von ihnen zu vertraulicher Liebkosung gezähmt war, begriff in seinem vermeintlich gesetzgeberischen Dünkel nicht, dass eine ganz andere Potenz, nämlich die der alttestamentlich „starken Männer des Ruhmes von Alters her" dazu gehört, um die ganze Gattung der socialen Raubthiere — wie zu unschädlichen Prachtexemplaren im Zoologischen Garten des alttestamentlichen, einzig sinnvollen und realisirbaren Socialismus des „Gesetzgebers", „Fürsten- und Völkergebieters", (Jes. 55, 4.) — bis zur Erfüllung des Spruches gesetzgeberisch zu reformiren:

Jes. 11, (8). Es spielt der Säugling auf dem Loche der Natter, in die Höhle des Basilisken steckt seine Hand das entwöhnte Kind.

„ 11, (6) Und es wohnt der Wolf mit dem Lamme, (7) es lagern ihre Jungen zusammen, (6) und Kalb und junger Leu und Mastvieh zusammen, (6) und der Tiger lagert neben dem Böcklein.

„ 11, (7) Und Kuh und Bär weiden, (7) und der Leu wie ein Rind frisst Stroh [Heu].

„ 11, (6.) Und ein kleiner Knabe [das heisst: der menschenkindliche „König", — im Sinne des schreibenden „Menschensohnes"] leitet sie; (9) Sie thun kein Leid und richten nicht Verderben an.

Aber zwischen all den Wucherungen des entsetzlichen Greuels, den der grossbetrügerische Noachide aufgerichtet hat, findet der aufmerksame Beschauer der wunderbar nach allen Richtungen hin vollendeten Schriftgemälde oder besser Hautereliefs des A. T. die vorsichtig verschleierten, verkümmerten Keime einer märchenhaften Blüthenpracht der wahren Jahve-Elohim-Welt, mit denen weder jener Betrüger, noch seine verwahrlosten ersten und die nachgemachten „Kinder" des zweiten entsetzlichen Greuels irgend etwas zu thun haben, — Keime einer Blüthenpracht, die erst in den heute noch unbekannten alttestamentlichen Büchern voller als in älteren geheimschriftlichen Mythologien entfaltet sind. Und diese Bücherschätze, deren Ausgrabung in rund zwei Jahrzehnten bevorsteht, werden den „Strom des Wissens", die „Quelle des Verständnisses", den „Born der Weisheit" in solchem Umfange ergiessen, dass das Verbrennen des ganzen Bibliothekhaufens menschenkindlicher Gehirnexcremente als hygieinische Schutzmassregel gegen Verseuchung erscheinen könnte, wenn das Sprüchlein der Hochmuthsnarren noch die Diagnose auf Rettung vor der nächsten planetarischen „grossen Wäsche" zulassen würde:

„Staunliches waltet viel, und doch nichts Erstaunlicheres als der Mensch."

Nach vorstehender, wie aus der Vogelperspective grosszügiger Skizze der geographischen Weltgeschichte des Alten Testaments für die gegenwärtige Weltperiode mag auch noch versucht werden, einerseits ihre speciellere Gestaltung, und andererseits ihre Erweiterung für den ganzen afrikanischen Cyklus von drei Weltperioden darzulegen.

Wenn man, dem Rathe in Richt. 6, 20 folgend, die dünne „Brühe" der alttestamentlichen und auch der von klugen, neu-synagogischen „Vätern" bei Seite geschobenen apokryphen Bücher sorgfältig weggeschüttet, dann bleibt in zahlreichen Textstellen ein ausserordentlicher Reichthum an soliden Wissensstücken höchsten Ranges, die sich zu einer grossartig lebensvollen, geographisch-geschichtlichen Wirklichkeit in Vergangenheit, Gegenwart und Zukunft zusammenfügen. Wohl die Mehrzahl der am bestimmtesten characterisirenden Textstellen ist für die Zusammenstellung des Folgenden benützt, während zahlreiche andere von nebelhafterer, mehrdeutiger Ausdrucksweise erst durch jene auf dann vielseitig bestätigende Eindeutigkeit zurückgeführt werden.

## Die Rechnung nach „Zeiten".

In Dan. 7, 25 wird die Zukunft in „Zeiten" eingetheilt, und zwar der Reihenfolge nach in „eine Zeit", „Zeiten" und „die Hälfte einer Zeit".

In Dan. 12, 7 wird diese Theilung in „eine Zeit", „zwei Zeiten", und „eine halbe Zeit" wiederholt, also mit einer Spaltung obiger pluralen „Zeiten" der ersten Textstelle.

In Dan. 8, 14 wird die Frage, bis wie lange ein bestimmt, auch in anderen Textstellen ergänzend, characterisirter Zustand bestehend bleiben wird, dahin beantwortet: „Bis zwei tausend drei hundert Abend (und [Einschaltung der Uebersetzer]) Morgen".

Diese Angaben haben unverkennbar innigen Bezug zu einander. Denn wer den alttestamentlichen Gebrauch gleicher Namen für verschiedene Einheitsgrössen, beziehungsweise verschiedener Namen für eine und dieselbe Einheitsgrösse kennt, und dazu das ganze Gebiet der sachlich angrenzenden Verhältnisse im Auge hat, der sieht sogleich, auch mit Rücksicht auf Dan. 8, 26 mit deutlicherer Summirung aller Abende für sich und ebenso aller Morgen für sich, dass in dieser Darstellung „Abend (und) Morgen" nicht etwa „Einen Tag" bilden, wie angeblich in Gen. 1; sondern dass sie mit ihrem Mangel bestimmter Begrenzung die durch verschiedenen geschichtlichen Inhalt bedingten synonymen Ausdrücke für zwei verschiedene „Zeiten" sind, die nun aber ziffermässig begrenzt werden. Freilich ist dabei eine bestimmte Zeiteinheit für die bestimmte Ziffer verschwiegen.

Diese Angaben sind zugleich von erdenklich grösster Wichtigkeit. Denn während in Dan. 8, 26 die Wahrheit der Angabe in Dan. 8, 14 in einfacher Form bestätigt wird, ist die Wahrheit der Angabe in Dan. 12, 7 und damit auch der in Dan. 7, 25 durch den einzigen hochfeierlichen Schwur in Dan. 12, 7 bekräftigt, der überhaupt neben zahlreichen Meineiden, — deren wichtigste in Jes. 54, 8. 9 ausdrücklich eingestanden werden, — in den Büchern vorkommt. Wenn dabei die Ziffer in Dan. 8, 14 nicht ebenso beschworen wird, hat dies dann den verständlichen Sinn, dass sie nur eine ungenaue, eine abgerundete Mittelzahl wie ersichtlich ist, deren genaue Gestaltung für jede der Zeiten anderswo gesucht werden muss und gefunden werden kann.

Die durch feierliche Schwurform, ausschliesslich in diesem Zahlen-Falle, documentirte ausserordentliche Wichtigkeit gerade dieser Zeitangaben musste nun, trotz aller bisherigen vergeblichen Versuche von anderen Seiten, ein abermaliges Bemühen zur Auflösung des in ihnen liegenden Räthsels rechtfertigen, das für Daniel selbst ebenfalls ungelöst gelassen war. Und die mit Hilfe zahlreicher anderer, in allen Büchern zerstreuten Angaben einen Schritt weiter gelungene Lösung hat Folgendes ergeben.

Die 2300 „Abende" in Dan. 8, 14 geben die Dauer der asiatischen Culturherrschaftszeit mit dem räumlichen Centrum im westlichen Theile des Continents. Diese Zeit war für Daniel im Ablaufen begriffen und deshalb wird ihr bevorstehendes „Ende" in Dan. 12, 13 indirect fast als Daniel's Ende aufgefasst, im Gegensatze zu dem in Dan. 12, 8. 9 gefragten aber verschwiegenen „Ende von diesem", das heisst von *allen* in Dan. 12, 7 angeführten „Zeiten", von ihrer ganzen Summe.

Die 2300 „Morgen" in Dan. 8, 14 sind identisch mit der „einen Zeit" in Dan 7, 25 und 12, 7; und sie beziehen sich auf die europäische Culturherrschaftszeit.

Die „Zeiten" in Dan. 7, 25 und die „zwei Zeiten" in Dan. 12, 7 bedeuten dann die folgenden Culturherrschaftszeiten der bis zu Peleg's Zeit (Gen. 10, 25) weniger ausdrucksvoll als gegenwärtig von einander geschiedenen Erdtheile Nordamerika und Südamerika.

Die in diesen Textstellen nicht erwähnte afrikanisch-australische Herrschaftszeit liegt dann vor der asiatischen, mit

1656 Jahren bis zur Noachsfluth; und ihr entspricht die, den zwei amerikanischen folgende „halbe Zeit", die nach der samaritanischen Genesis, und im Zusammenhange mit anderen Angaben der masorethischen, mit 1307 Jahren von der nächsten Adamsfluth bis zu der ihr folgenden neu-noachidischen zählt.

Dass auch die „2300 Abend (und) Morgen" je 2300 gewöhnliche *Jahre* sind, begründet sich auf einem ziemlich complicirten Umwege. Dieser führt zunächst über die Dan. 12, 11, 12 erwähnten 1290 und 1335 „Tage", die sich auf dieselben Ereignisse und dieselbe Person beziehen, für welche in Dan. 8, 14 die Zahl 2300 gegeben ist. Jene „Tage" sind aber sicher Jahre; denn 1335 „Tage" geben die Lebenszeit eines zuletzt gemächlich „harrend" Gewesenen, von dem es in Pred. 6, 6 heisst: „Ja, wenn er auch [statt nur $1^1/_3$ mal] *zweimal* tausend *Jahre* gelebt hätte. . . . ." Und ausserdem führen von seinem gesicherten Todesjahre 1290 Jahre zurück auf Schem's Todesjahr, in welchem der erste „entsetzliche Greuel" (Dan. 12, 11) durch Raubmord seitens des „Harrenden" gemäss Dan. 8, 9—13 und 11, 31—39 installirt wurde.

Da nun die 2300 Jahre ebensowohl für die „Abende" wie für die „Morgen" gelten, und da die „Morgen" mit der europäischen „einen Zeit", folglich die vorhergehenden „Abende" ebenso mit einer sonst nicht genannten asiatischen „einen Zeit" identisch sind, so ist ersichtlich, dass die 2300 Jahre als Mittelzahl für *jede* der vier „Zeiten": „Abende", „Morgen" („eine Zeit") und „zwei Zeiten" — gelten soll. Diese vier Zeiten reichen aber von der Noachs- bis zur nächstkommenden neuen Adamsfluth, umfassen also 4 × 2300 = 9200 Jahre.

Die alttestamentlichen Schilderungen dieser Fluthen, der noachitischen in Genesis und Chanoch, der neu-adamitischen hauptsächlich im Chanoch, IV. Esra und den Propheten, lassen keinen Zweifel darüber, dass sie planetarisch bedingte, wenn auch willensvoll beeinflusste Naturereignisse sind. Dass ihnen, als grossartigen Lebensäusserungen des Planetensystemes, ein höherer Rang zukommt, als irgend einem Anderen, auf das sich der Inhalt des Alten Testaments bezieht, also auch ein höherer Rang als selbst dem höchsten Beherrscher der wahren Jahve-Elohim: auch dieses liegt in der Thatsache ausgedrückt, dass der Einzige hochfeierliche Schwur des Alten Testamentes nicht so sehr den gewaltigen Lebensäusserungen *dieses* Höchsten (von seinem betrügerischen Nachäffer ganz zu schweigen!), sondern vorzugsweise jenen grossartigen Lebensäusserungen des Planetensystems, ihrer astronomischen Zeitbestimmung gilt! — Planetarische Verhältnisse sind aber nicht nach dergleichen runden Zeitzahlen geregelt. Auch die obige Summe der vier Zeiten ist also nur als eine erste rohe Annäherung zu betrachten, die einer zu ermittelnden Correctur bedarf. Eine solche liegt zunächst in den Gen. 11, 10 angeführten „zwei Jahren". Diese sind freilich direct dazu benützt, um die zeitliche Continuität des Geschlechtsregisters herzustellen; aber dies ist nicht in der gewöhnlichen Weise geschehen, so dass man veranlasst wird, nach den Gründen dafür zu suchen. Nun wird ja mit der richtigen Reihenfolge der angeblichen Söhne des Noach ein Versteckspiel gespielt, aber das ist doch von allzu unschuldiger Art, um für sich selbst am Platze zu sein; und es dient in Wirklichkeit nur dazu, von einem wichtigeren Geheimnisse abzulenken. In Gen. 8, 22 ist nämlich eine mit der Noachsfluth zusammenhängende „Störung" aller astronomischen und der von ihnen abhängenden meteorologischen Verhältnisse konstatirt, und hauptsächlich dadurch wird ja der planetarische Character der Katastrophe documentirt, wie dann auch durch die mehrfachen anderen Textangaben über die gleichzeitig resultirende geographisch „neue Erde", die continentale Oberfläche derselben, und den „neuen Himmel", hier den in Bezug auf eine bestimmte Gegend anders als vorher liegenden Gestirn-Himmel. (Jes. 65, 17; 66. 22; auch Ps. 102, 26. 27; Chan. 45, 4. 5; 72, 1; 91, 15. 16; IV. Esra 5, 5. 6.)

Diese „Störungen" besitzen nicht den Character des stetigen Ueberganges von den stabil gewesenen alten zu den stabil werdenden neuen Verhältnissen; sondern sie enthalten ein Schwanken, ein Hinundherwogen, entsprechend dem gewaltigen Hinundherwogen der in Bewegung versetzten Meeresmassen, das bedingt ist, indem dem Rückflusse des Ueberschusses an innerirdischem Gewässer die Begrenztheit der Verbindungswege nach dem Erdinnern ein relatives Hemmniss bereitet. Störungen solcher Art machen den gewöhnlichen Menschenkindern die richtige Zeitberechnung unmöglich (Chan. 80, 7). Die Noachiden sind in Gen. 6 bis 9 als elementare Geister geschildert, denen man nichts weiter zumuthen darf, als die praktische Ausführung bestimmter Anweisungen für die Befriedigung von des Leibes Nahrung und Nothdurft unter ungewöhnt schwierigen Verhältnissen. Dem Noach wird speciell in Chan. 65, 11 das Zeugniss ausgestellt, dass er nichts von Astronomie und der Berechnung ihrer Geheimnisse, oder von der willensvollen Einwirkung der Jahve-Elohim auf dieselben versteht, die nur in ausserordentlich grossartigerem Maassstabe eine ähnliche Bedeutung zu besitzen scheint, wie etwa die Menschenkinder durch Stauwerke an Gebirgsthälern die astronomisch-meteorologisch bedingten Ueberschwemmungen in Flussgebieten nach Eintrittszeit und Art des Verlaufes im unteren Gebiete in gewissem Umfange zu beeinflussen verstehen. Alle Zeitangaben nach dem Eintritt der Fluth und während der Dauer der Störungen, auch die Zeitangaben in Gen. 7. 12. 17. 24; 8, 3. 4—6. 10. 12—14 müssen also von anderen Potenzen herrühren, als die Noachiden besassen.

Nun wird aber in Weish. 14, 6 ausdrücklich constatirt, dass das Schiff (beziehungsweise die „Schiffe" Deut. 28, 68) der „auserwählten" Noachiden von wahren Jahve-Elohim commandirt wurde. Solche waren also die mit der nöthigen astronomischen Kenntniss ausgerüsteten Schiffskapitäne, unter denen niedere Jahve-Elohim und „Menschensöhne", aus der Kreuzung von Jahve-Elohim und Mensch hervorgegangen, die Schiffsbesatzung bildeten, während die adamitischen Noachiden nur im Range der für die ganze Seereise in das „Zwischendeck" eingepferchten Passagiere dargestellt sind, die aus dem zur Strandung gebrachten Schiffe erst ausgeladen werden, nachdem der Kapitän mit seinem Stabe an Land gegangen ist, um sich bei seinem Vorgesetzten im Tigrislande (am „Dach der Welt") zu melden. Jene Zeitangaben rühren also von den Jahve-Elohim-Astronomen auf dem Schiffe und dem Lande ber, und der alttestamentliche Referent hat die zweijährige Dauer der astronomischen und meteorologischen Störungen nur vor dem Betrüger-Jahve-Elohim und seinen klugen Gläubigen so sorgfältig geheimnissvoll hinter Schem's interessantem Familienereignisse versteckt. Diese zwei Jahre mit gestörten Verhältnissen, die nur dem Anfange der ersten „einen Zeit", der asiatischen Culturherrschaftszeit eigen sind, mussten aber zuerst von der ganzen Summe aller vier *„Zeiten"* subtrahirt werden, um danach durch gleichmässige Viertheilung des Restes die gleichmässige Constanz der astronomischen Verhältnisse nach der Noachafluth auszudrücken. Auf solche Weise resultirt für die ganze Dauer der vier „Zeiten" die corrigirte Zahl von 9202 Jahren.

Für die Beantwortung der Frage, ob noch andere Correcturen nöthig sein werden, liegen bis jetzt folgende Anhaltspunkte vor. Bei den Jahreszahlen für die menschliche Zeitgeschichte sind verschiedene Zwecke gleichzeitig massgebend gewesen, deren Berücksichtigung unter Wahrung des Geheimnisses durch offenbar unbestimmt erscheinende oder geradezu widerspruchsvolle Angaben möglich gemacht ist. Die Zahlen dienen nicht nur der geographischen Welt- und der speciellen adamitisch-noachitisch-semitischen Zeit-Geschichte, sondern sie liefern hauptsächlich auch Rechnungselemente für Astronomie in Verbindung mit alttestamentlicher Statistik; sie könnten also auch Correcturmittel für obige Zahl darbieten sollen. Es sind nämlich für die einen oder anderen jener verschiedenen Zwecke theils an den einen Stellen Ueberschüsse an Jahren, theils an anderen Zeitlücken vorhanden; und letztere sind entweder nicht persönlich ausgefüllt, oder sogar nicht immer deutlich erkennbar gemacht.

So enthalten die Richterzeiten einen Ueberschus von 80 Jahren. Im Gegensatze dazu enthält die (Jahr) Wochenrechnung in Dan. 9, 25, und zwar in den Worten: „im Drange der Zeiten", eine Zeitlücke signalisirt. Denn die jüdischen Uebersetzer, frei von den neu-synagogischen phantastischen Gemüthserregungen, haben keine Ursache gesehen, den Text durch: „in kümmerlichen Zeiten" zu verbessern, während die Cambridge-Bibel allerdings auch: „in troublous times" (die nicht gerade „Markt"-Bauten erwarten lassen), aber in Randnote nach dem Hebräischen: „in strait (Meerenge, Klemme) of times" hat. Da es sich nun in Dan. 9, 24—27 nicht um modernisirte Gemüthsverstimmungen, sondern um wirklich wichtige Zeitangaben handelt, mit sachlicher Characteristik in zweiter Reihe, so ist verständiger Weise nicht die dahin gehende Bedeutung der Worte: „im Drange der Zeiten" zu bezweifeln, dass Anfang und Ende einer Zeitlücke bis zu scheinbarer Nichtexistenz der letzteren *zusammengedrängt* sind, während zwischen jenen die Wiedererbauung von „Markt und Graben" in Jerusalem stattgefunden hat. Nun ist es gewiss auffallend, dass, wenn man in diese verborgene Zeitlücke die überschüssigen 80 Richterjahre *hineindrängt*, (die *sachlich* völlig ausser Acht gelassene zweite Hälfte der letzten Jahrwoche auch rechnerisch um so mehr ausser Acht lässt, als solche halbe Jahrwoche eine offenbare Zeitlücke unmittelbar *nach* den 40 Wüstenjahren ausfüllen muss; und wenn man endlich, letzteren entsprechend, die vielfach benützte runde Zahl von 40 Jahren auf die erste Hälfte der letzten Jahrwoche *folgen* lässt), die (Jahr-) Wochenrechnung (Dan. 9, 24—27.) einen genauen Anschluss an die jetzige Zeitrechnung (mit der bekannten, aber offiziell vernachlässigten Correctur ihres Anfanges) und das Jahr 70 der Stadtzerstörung liefert. Das giebt also einen ziemlich einwandfreien und eindeutigen Beweis dafür, dass die aus Dan. 9, 25 *hinausgedrängten* Jahre wirklich in die Richterzeiten und zwar gerade als 80 Jahre *eingedrängt* sind, um dort Etwas geheim zu halten, hier eine statistische Rechnung stimmend zu machen, bevor Jemand auf die Correctur stösst.

Eine zweite Lücke liegt zwischen Josef's Tod in 2309 n. Ad. und Aharon's Geburtsjahr, das auch erst zu ermitteln ist. Zur Ueberbrückung sollen ja die 430 Jahre der „egyptischen Wohnzeit der Kinder Israël" (Exod. 12, 40. 41.) dienen, während die „400 Jahre der Bedrückung" (Gen. 15, 13.) den letzten grossen Abschnitt der Wohnzeit bilden. Wer diese Angaben nicht mit allen übrigen Zeitangaben vereinigen konnte, der übersah den Doppelsinn der Bezeichnung „Kinder Israël". Diese Kinder sind nämlich hier nicht „das Volk", sondern wie in wenigen anderen Textstellen (zum Beispiel Gen. 32, 33.) nur die Kinder der betrügerischen Jahve-Elohim-Prätendentenfamilie, deren damaliges Haupt sich in Gen. 17, 1 „Elohim der Allmächtige" nannte, hier aber pseudonym Israël genannt wird. Einem aufmerksamen Beschauer der Schriftgemälde konnte ein solcher Unterschied zwischen den „Kindern" und dem „Volke" schon deshalb einleuchten, weil Gen. 15, 16 für diese 400 Jahre nur vier Geschlechter rechnet. Das sind eben nicht Geschlechter der Menschenkinder, denn die Prätendentenfamilie gehört zum Schlage der „Menschensöhne" mit mittlerer Lebensdauer von 600 Jahren (Chan. 10, 10). Weshalb *diese* „Kinder Israël" nach Egypten geschickt wurden, darüber ist ausreichend genauer Aufschluss gegeben, dessen Erörterung aber hier zu weit führen würde. Indess diese 430 Wohnjahre genügen an und für sich nicht zur ziffermässig genauen Ueberbrückung der Lücke, weil das Anfangsjahr weder durch ein Ereigniss zweifelsfrei characterisirt ist, noch das Endjahr schon seine Jahreszahl hat. In Nebenereignissen, die der zu vermuthenden Zeit des Wohnungsbeginnes angehören, finden sich ja Fingerzeige auf eine Einwanderung und besonders auf ein Wohnen weiblicher Familienglieder mit Kindern nach und in Egypten. Solche Ereignisse sind Abraham's Ein- (und Aus-)wanderung (Gen. 12, 10. 20.), der egyptischen, schwangeren Hagar Flucht von Hebron aus in der Richtung nach Egypten (Gen. 16, 7. 14.), und ihre Abschiebung mit Ismaël in derselben Richtung (Gen. 21, 14.) im Anfange des vierten Jahres Jischak's nach dessen Entwöhnung gemäss Gen. 21, 8—10; II. Makk. 7, 7. 8. (auch II. Chr. 31, 16); — also im Jahre 2023, oder 2033/4, oder 2050/1. Aber keine dieser Zahlen stimmt zu den übrigen Angaben der Zeitgeschichte, und deshalb lässt sich nicht von ihnen aus das Auszugs- und Aharon's Geburtsjahr feststellen. Ausser diesen für die Prätendentenfamilie selbst weniger bedeutungsvollen Ereignissen giebt es ein für sie wichtiges, nämlich die angebliche „Versuchung" Abraham's (Gen. 22), die gerade das gesuchte Hauptereigniss verbirgt, aber hier fehlt wieder jede Zeitangabe.

Nun giebt es aber eine zweite Zahl zur Ueberbrückung auch dieser Lücke unter Sicherung aller übrigen geschichtlichen Hauptpunkte: das sind die in Dan. 12, 11 angeführten 1290 Jahre, die in Verbindung mit Gen. 14, 18 durch den „Priester des [wahren] höchsten Elohim", und in Verbindung mit der stummen Sprache Aller Gemälde, auf Schem's Tod im Jahre 2158 zurückführen, während ihr Ende zugleich historisch gesichert auf das Jahr 3448 fällt. Von letzteren führen zurück: 46 Jahre auf die Zerstörung Jerusalems unter Nebukadnezar (3401), 390 Jahre auf die Reichstheilung (3011), 36 auf den Beginn des Tempelbaues (2976), 480 auf den Auszug (2496), 83 auf Aharon's Geburt, und da von Schem's bis Josef's Tod 151 Jahre liegen, so beträgt die fragliche Zeitlücke 104 Jahre. Dabei fällt der Auszug auf 2496, also der Beginn der Wohnjahre auf 2066, in Jizchak's 18. Lebensjahr, in dem er in der Lage sein wird, das Brennholz zu seiner „Opferung" gemäss Gen. 22, 6 zur Geheimhaltung des Hauptereignisses eine gute Strecke weit selbst zu tragen. Dieses Hauptereigniss besteht aber darin, dass Abraham verspricht, die Familie des geheim am Morijah lauernden Prätendenten im Geheimen nach Egypten in Sicherheit zu bringen, und dabei, auflauernden Feinden gegenüber, nöthigenfalls den Jizchak für den wirklichen Erstgeborenen des Prätendenten auszugeben, also Freiheit bis Leben von Jizchak für jenen zu opfern.

Mit Bezug auf die später in Betracht kommenden Zeitzahlen mögen sie gleich bei dieser Gelegenheit kurz besprochen werden. Darjawesch der Meder erobert Babylon im Jahre 3450. Im Jahre 3452/3 laufen die (Jer. 25, 11. 12; 29, 10.) prophezeiten 70 Jahre ab, denn sie beginnen im Jahre 3383/4 nach Nebukadnezar's Zug gegen Jehojakim, in Nebukadnezar's erstem Königsjahre. Die genauen Termine sind mit Hilfe der genauen Zählweisen sicher zu ermitteln. Nun wird der erste Nachfolger des Höchsten besonders in Ezech. 46 und 48 als die karikirte Personification zugleich von Dünkel, Albernheit und Energie geschildert. Niemand respectirt ihn, am wenigsten Daniel und Darjawesch als Verehrer des wahren Jahve, die mittelst der Proklamation (Dan. 6, 8.) und des damit zusammenhängenden Thierbändiger-Kunstgriffes die Missionäre des Betrügers für die Begriffsfähigkeit des Volkes überzeugend beseitigen. Der Vorgang ist wesentlich so wie der I. Kön. 18 geschilderte, wo freilich der alte Betrüger Sieger war. Jetzt lag dem jungen Betrüger daran, wenigstens seine Herrschaft über das Judenvolk zu retten und sich nach Kanaan rückwärts zu concentriren. Dafür musste die Prophezeiung pünktlich erfüllt werden. Aber Darjawesch weigert sich, die Erlaubniss zur Rückkehr zu geben, so dass die Juden gegen Ende seines zweiten Jahres ungeduldig werden, und des Betrügers „Grimm" gegen den wortbrüchigen Darjawesch in Gestalt von giftigem Hohn auch gegen sich selbst lenken. Da all sein „Eifern" nichts hilft, so greift der Betrüger zu dem oft erprobten Mittel, Prophezeiungen in strenger Uebereinstimmung mit dem Terminkalender wahr zu machen: nämlich durch Meuchelmord an den im Wege stehenden Personen. Die Absichten, Vorgänge und Folgen werden in den Schriftgemälden Zach. 1 und 7 und 8 durchsichtig genug geschildert. Der ruhelose Betrüger, während die ganze Erde ahnungslos ruhig wohnt, weckt durch seine geheimen Eilboten den Geist des Koresch (Jes. 44, 28; 45, 1; Esr. 1, 1—3; II. Chr. 36, 22. 23.), Darjawesch's Nebenbuhler, und erlaubt kurz vor Jahresschluss mit Darjawesch's Leben und Thron des Koresch Erlaubniss zur Rückkehr der Juden und zum Wiederaufbau der Stadt, den „Ausspruch", von dem die 7 Jahrwochen (Dan. 9, 25), also von 3453 bis 3501 zählen. Mit dem Jahre 3502 beginnen dann die 62 Jahrwochen und enden im Jahre 3935 mit der „Vernichtung" des zweiten Nachfolgers (Dan 9, 25. 26.). Danach sind 80 Jahre vor der letzten der 70 Jahrwochen einzudrängen, und sie enden im Jahre 4015. Von der beginnenden letzten Jahrwoche wird aber nur die Hälfte, also bis zum Jahre 4018/9 wirklich zugezählt, da in dieser Zeit das mislingende grosse Experiment vom „kommenden Fürsten" angestellt wird, das für seine Person, wie das Wochenende an *dieser* Stelle im Sande verläuft. Von 4018/9 führen 30 Jahre auf 3988/9 als den Beginn der jetzigen Zeitrechnung zurück; aber, wenn man die zweite Hälfte der Jahrwoche hier nach rückwärts anlegt, bis auf 3985/6 zurück. Endlich kommt man vom Jahre 4018/9 durch Anfügen der verschwiegenen 40 Jahre auf das Jahr 4058 (gleich 70) der Zerstörung. (Dan. 9, 26.)

Gegenüber jener so weit bestimmten Lücke in der egyptischen Zeit finden sich nun in der ganzen Königszeit von Saul an neben zweifelsfreien Regierungsjahren solche, deren einer Theil zweifelhaft, deren anderer widerspruchsvoll ist, beziehungsweise finden sich Ueberschussjahre und Zeitlücken. Alle diese Jahre sind zweifellos wieder Rechnungselemente auch für besondere statistische Resultate; aber weder sind diese bisher mit allen den im Alten Testamente direct gegebenen stimmend gefunden, — [nur die 120 Jahre in Gen. 6, 3 und die 500 Jahre in Chan. 10, 10 sind sicher nachzurechnen, nicht schon die 70 und 80 (Ps. 90, 10.) und die 100 (Sir. 18, 8.) Jahre, obwohl die Rechnungsmethode meist gut erkennbar ist] — noch ist die specielle geschichtliche Zeitfolge zweifelsfrei geordnet. Es ist einleuchtend, dass für die letztere wegen der grossen Anzahl kurzer Zeiten, bei denen einzelne Monate und selbst Tage und Stunden gezählt sind, die Rechnung nach runden Jahren nicht mehr ausreicht, und ebenso die ländlichen Unterschiede in Betreff des Jahr-Begriffes berücksichtigt werden müssen. Dasselbe mag dann auch für die statistische Rechnung erforderlich sein. Es ist ja bequem, sich über Schwierigkeiten mit der Annahme von Schreibfehlern oder mit Berufung auf fremde Documente hinwegzuhelfen. Indess sollte man dabei wegen der Potenz der alttestamentlichen Verfasser doch vorsichtiger als bisher zu Werke gehen, schon aus dem Grunde, weil officielle Documente des Auslandes sich auf Dasjenige beziehen können, was im Alten Testamente als tief verschleiertes Geheimniss behandelt ist; oder jene können umgekehrt Dasjenige als ganz nebensächlich verschweigen, was im Alten Testamente als das Geheimniss verschleiernde angebliche Hauptsache breitgetreten ist. Diese Bemerkung gilt zum Beispiel für den Auszug aus

Egypten. Wie die Dinge aber im Augenblicke noch liegen, lässt sich nur vermuthen, dass ähnlich dem Falle von Richterzeit und Zeitlücke in Daniel's Wochenrechnung, die egyptische Zeitlücke durch Jahre der Königszeit ihre Sicherung erfahren wird, wenn auch nicht in derselben elementaren Weise. Ob die runde Zahl von 3000 Jahren in IV. Esra 10, 45. 46 dabei statt der bisher ermittelten 2976 oder 2996 Jahre — (Zuns' Zeittafel hat dafür 2981 oder 3001 Jahre) — mitwirken soll, bleibt natürlich auch zweifelhaft.

Wenn obige Vermuthung, dass egyptische und kanaanitische Königszeit einander gegenseitig bestätigen oder corrigiren sollen, der Wirklichkeit entspricht (— man könnte sagen: wie Richter- und Hohepriester-Zeit —), dann vermindert sich dadurch die Wahrscheinlichkeit, dass jene zugleich noch Material zur weiteren Correctur der oben gewonnenen Anzahl von 9202 Jahren darbieten sollen. Diese Wahrscheinlichkeit wird noch dadurch vermindert, dass der feierliche Schwur gegenüber der generellen gleichmässigen Viertheilung der ganzen 9200 Jahre die Möglichkeit eines grösseren Fehlers als ± 2 Jahre vielleicht ganz ausgeschlossen erscheinen lassen kann.

Beruhigt man sich hiernach wenigstens vorläufig bei 9202 Jahren für die ganze Dauer der vier Zeiten von der Noach's- bis zur nächst kommenden Adam's-Fluth, dann tritt letztere, nach 9202 minus (3988 minus 1656), im Jahre 6870 der jetzigen Zeitrechnung ein. [Wenn R. Falb dagegen das Jahr 6400 (in runder Zahl) berechnet hat, so wird sich diese Ziffer auf die nach IV. Esra 5, 28 schon im Jahre 6470, nämlich rund 400 Jahre früher beginnenden gewaltigen *vulcanischen* Fluthkatastrophen beziehen, die noch den jetzt stabilen astronomischen Verhältnissen gehorchen, während dies mit der folgenden *neptunischen* wegen der wieder eintretenden Umwandlung von „Himmel" und „Erde" und wegen der „Störungen" nicht der Fall sein kann. Die „Jahre" besitzen dann auch eine andere Anzahl von „Tagen", (Chan. 80, 2), — was übrigens auch schon vor der Noachsfluth der Fall gewesen ist, so dass folglich auch die 1656 Jahre corrigirt werden müssten, wenn das Alte Testament dies nicht bereits besorgt hätte.]

Für diese 9202 Jahre hat nun kurz vor der Noachsfluth der zum „Bewohnen der (äusseren) Erdenwelt" (IV. Esra 8, 20), zum hypnotischen Beherrschen derselben, aus dem Erdinnern abcommandirte wahre Jahve-Elohim, wie ein anderer „Kaiser Rothbart" der mindestens gegen fünfzig Jahrtausende alten, ursprünglichen, später auf andere Verhältnisse übertragenen Kyffhäuser- (und Hörselberg-) Sage, seinen geheimen Felsenpalast im oberen Tigrislande bezogen. Und mit Rücksicht auf diesen fast verloren erscheinenden Wachtposten heisst es:

Ps. 90, 4. . . . tausend Jahre sind in deinen Augen wie der gestrige Tag, wenn er entschwunden, und *eine Wache in der Nacht.*

Die ganze gegenwärtige Weltperiode von der alttestamentlichen Adamsfluth bis zur demnächst bevorstehenden neuen umfasst dann 1656 plus 9202 gleich 10858 Jahre, und nach jeder Adamsfluth treten wahre Jahve-Elohim (Götter) aus dem Erdinnern, dem „Himmel" des Alten Testaments, für welchen das Centrum des kugelförmigen Planeten das „Oben" die Erdoberfläche ein „Unten", und der Weltraum gelegentlich auch ein „Abgrund" ist, zur Erdoberfläche und zu deren „Menschenkindern" herab, denen sie ein neues Geschlecht von solchen „Kindern" zuführen.

An diesen im Texte ausserordentlich vielseitig erläuterten Angaben der alttestamentlichen Schriftgemälde mag man immerhin versuchen, Kritik zu üben. Was die wahren Jahve-Elohim, die „Götter" betrifft, so kennt ja das Alte Testament das „vermessen redende" „Menschenkind": „Es giebt keinen Gott", (Ps. 10, 4; 14, 1; 53, 1; — die Textworte: „Es ist kein Gott" bergen den Sinn: „*Er* [der Betrüger-Jahve-Elohim] ist kein Gott" [Elohim]), oder keinen anderen „höchsten Gott", als den betrügerischen „Gott der Götter" (Jos. 22, 22; Ps. 50, 1.), die er anderen Völkern „zugetheilt" hat (Deut. 4, 19.)! Es kennt auch den Revers dieses Kindes als Anbetung seines gottähnlichen Selbst und Seinesgleichen, von den blutig schlauen Betrügern bis zu den blutig beschränkten Unterofficieren,

Jes. 51, 23. . . . deiner Quäler, die zu deiner Seele sprachen: Bücke dich, dass wir darüberhin gehen! und du machtest der Erde gleich deinen Rücken, und wie eine Strasse den darüberhin Gehenden.

Und die sich der selbsteigenen Erschaffung eines „wahren" Gottes aus ihren Gehirnsecreten „vermessen" rühmen können, werden ja jenes Bekritteln „der Götter" vorläufig noch fortsetzen. — Das Alte Testament kennt auch den „vermessen redenden" Schulwitz des kleinen noachitisch-semitischen „Hornes" mit seinen exact wissenschaftlichen „Priestern" (Jes. 61, 6.), die exact theologischen inbegriffen, mit den bescheidenen Ansprüchen auf Unfehlbarkeit in der mathematischen und nichtmathematischen Astronomie, und sagt deshalb über den Lehrmeister dieser „Priester" und über diese selbst als Schülerstand:

Dan. 7, 25. . . . und er wird meinen, *Zeiten und Gesetz zu ändern,* und sie werden in seine Hand gegeben, bis auf eine Zeit und Zeiten und die Hälfte einer Zeit.

Also wird auch der modernste Schulwitz, mit seiner Kenntniss der *ganzen* Welt, ihrer differentialen *Schöpfung* wie ihres integralen *Unterganges*, vorläufig noch längere Zeiten in solchem Sinne *„ändern"*. — So weit ihm aber, wenn es sich um einzelne alttestamentliche angebliche Thatsachen handelt, das zur Kritik nöthige Material im eigenen Vorrathe fehlt, braucht er nicht zu zögern, es anderen menschenkindlich-literarischen Denkmälern des Alterthums als den vermeintlichen originalen Vorbildern des Alten Testaments zu entlehnen. Und da liegt zum Glück eine passende Mittheilung Herodot's, des angeblichen „Vaters der Geschichte", recht bequem zur Hand. Er erzählt nämlich in II. 142, nach den Angaben egyptischer Priester, dass zuletzt in 341 Menschenaltern mit Reihen von je ebenso viel Königen und Ober-Priestern, wobei 3 Menschenalter gleich 100 (gewöhnlichen) Jahren gerechnet werden, kein „Gott in Menschengestalt" unter den Menschen erschienen war. Und im Zusammenhange damit, in derselben Zeit, ist die Sonne viermal aus ihrer Ordnung gekommen, und zwar je zweimal im einen und im andern Sinne. — Da handelt es sich ersichtlich um dieselben Vorgänge, die auch das A. T. schildert. Denn die Adamsfluth (hier ist nicht die alttestamentliche, sondern die nächst frühere gemeint) ändert die bisherige Sonnenordnung und bringt die Götter von Menschengestalt aus dem Erdinnern auf die äussere Erdfläche herab. Dann kommt die vortestamentliche Noachsfluth, mit der die Mehrzahl der Götter wieder in das Erdinnere hinabsteigt, während die erste Sonnenordnung wieder hergestellt wird. Dann kommt endlich die alttestamentliche Adamsfluth, um abermals die frühere Aenderung der Sonnenordnung und das Herabsteigen der Götter von Menschengestalt zu bewirken. Diese allgemeinen Züge der Vorgänge stimmen ja überein. Aber zur *Kritik* über das Alte Testament sind jene Priester nicht berufen, sondern nur jenes über diese. Das Alte Testament könnte freilich parteiisch erscheinen, weil es *jede* Priesterkaste, als aus Leibdienern und Leibköchen ihrer Herren mit von diesen aufgeschnappten unverdauten Wissensbrocken hervorgegangen, und speciell die verlogene Unwissenheit und Arroganz auch der egyptischen Priester splitternackt porträtirt:

Jes. 19, 11. Ja, Narren sind Zoan's Fürsten, die Weisen der Räthe Pharaoh's .... Wie könnt ihr doch sprechen zu Pharaoh: Ein Sohn der Weisen bin ich, ein Sohn von Königen der Urzeit?
„ „ 12. Wo sind sie denn, deine Weisen?

Aber die sachlichen Angaben selbst, da wo sie wissenschaftlich genauen Character prätendiren, fordern zur vernichtenden Kritik heraus. Denn indem die Priester die Einen Vorgänge mit dem Wechseln der Sonnenordnung in Verbindung bringen, verrathen sie die planetarisch beherrschte Grundlage *aller* Vorgänge; und indem sie das Wechseln der Sonnenordnung nach „Menschenaltern", speciell von Königen und Oberpriestern ausmessen, verrathen sie nur ihre bodenlose Unwissenheit mit allen Nebeneigenschaften, dadurch die Schilderungen und das Urtheil des Alten Testaments über sie von Zoan durch Zijon bis Babylon rechtfertigend. Desshalb kann die priesterliche Angabe oder die aus ihr abgeleitete Dauer einer vollen Weltperiode, nämlich $\frac{341 \times 100}{3}$ = 11367 Jahre, keine andere Bedeutung, als eine im Allgemeinen bestätigende, gegenüber der bisher gewonnenen alttestamentlichen Dauer beanspruchen, bei welcher die 341 Menschenalter je 31,84 Jahre haben würden. (Für die Richtigkeit der gewonnenen Anzahl von 10858 Jahren lässt sich noch Folgendes anführen. In Chan. 21, 6 wird in der confusen Weise eines von der Masse des Gesehenen Betäubten eine Strafzeit auf 10000 Tage (Jahre) bemessen, die mit der nächsten Adamsfluth enden. Die Strafthat ist Chan. 6 bis 8 geschildert, und nach Chan. 106, 13 in Jered's Zeitalter geschehen, dessen Mittel in das Jahr 941 fällt. Das gäbe also 10941 statt 10858 Jahre, oder für das Jahr von Jered's Regenerationsreife, nämlich 629, nur 10622.

Nein! für das Alte Testament kann nicht aus menschenkindlicher antiker Literatur ein Maassstab zur Kritik geschöpft werden, sondern jenes birgt diesen in sich selbst, zur Kritik seiner Selbst und alles Anderen! Und es lässt sich an characteristischen Beispielen unschwer zeigen, dass dieser Satz auch für den modernst gerühmten Schulwitz gilt. Denn das Wissen des Alten Testaments wurzelt im Wissen der wahren Jahve-Elohim, der „ewigen" Götter, von dem den Menschenkindern, unter je elftausendjährigen Danaiden-Mühen, stets nur kümmerliche, vielleicht für jede Weltperiode variirte und etwas grösser zugemessene Brocken zugänglich gemacht werden. Darum heisst es über einen niederen Jahve-Elohim, einen Diener der höheren, der auch die Eva „zuerst" verführt hat, und über die Menschenkinder, mit alttestamentlich köstlichem Humor:

Chan. 69, 9. Er lehrte die Menschen das Schreiben, mit Tinte und Papier, und dadurch versündigten sich viele von [Beginn einer] Ewigkeit [einer Weltperiode] bis in [Beginn
„ „ 10. der folgenden] Ewigkeit, und [nun abermals] bis auf diesen Tag. Denn die Menschen sind nicht dazu geschaffen, dass sie auf solche Weise mit Feder und Tinte die
„ „ 11. Treue [Genauigkeit ihrer Wahrnehmungen und Meinungen] bekräftigen. Denn die Menschen sind nicht anders als wie die Diener [die niederen Jahve-Elohim] geschaffen, damit sie ... rein bleiben [von der Sünde des schriftlichen Breittretens des Resultatquarks ihres kümmerlichen Bemühens].

Die Verfasser der alttestamentlichen Bücher waren freilich wirkliche Ehren-Nichtmitglieder der menschenkindlich majestätischen, gegenseitigen Bewunderungsgesellschaft.

Was dann die alttestamentliche Viertheilung des Zeitabschnittes von 9200 Jahren betrifft, so ist schon oben geltend gemacht, dass sie wohl den Culturherrschaftszeiten von vier Erdtheilen entspricht, dass aber die Gleichmässigkeit dieser Theilung wesentlich nur die Thatsache der Constanz der astronomischen Zeit-Verhältnisse für den ganzen Zeitraum signalisiren soll, und dass folglich die specielle Bezifferung der Dauer jeder einzelnen Herrschaftszeit erst noch zu ermitteln ist. Die Frage hierüber wird zunächst für das Ende aller vier Zeiten und zugleich für jede Adamsfluth in IV. Esra 4, 7 so formulirt: „Welches wird die Theilung der Zeiten sein, oder wann das Ende der früheren und der Anfang der folgenden?" Und die erste Antwort lautet: „Eines Mannes Hand zwischen Ferse und Hand! Mehr frage nicht, Esdra." Da nun ausdrücklich auf die Gen. 25, 26 erzählte Geschichte der Geburt von Esau und Jaacob, also eines Kindes nach dem andern Bezug genommen wird, so ist der vollständige Sinn der Antwort dieser: „Ende der Einen und Anfang der anderen Zeit sind nicht mathematisch scharf getrennt an einander grenzend, oder aufeinander folgend, sondern die Zustände während dieser Zeiten reichen gegenseitig eine Strecke weit über einander hinweg, und die Dauer des gleichzeitigen Bestehens der beiderlei Zeitverhältnisse neben einander ist das Resultat des begrenzt mächtigen, willensvollen Eingreifens eines „Mannes", im Gegensatze zu den „Menschenkindern", um deren Geburt es sich bei der Adamsfluth handelt. Die Bezeichnung „Mann" gilt in diesem Falle, wie in einigen anderen (IV. Esra 13, 3. 5. 12. 32. 51.) speciell dem Einen (und anderen) „Sohne" (IV. Esra 13, 32. 52; — 5, 28. 29.) des gegenwärtig die äussere Erdenwelt bewohnenden wahren Jahve-Elohim, während jener Eine in Dan. 7, 13 „wie ein Menschensohn", in Chan. 46, 1 mit einem „Antlitz wie das Aussehen eines Menschen" geschildert, dann aber direct „Menschensohn" (Chan. 46, 2. 3. 4; 48, 2; 62; 7. 9; 63, 11; 69, 26. 27; 70, 1.) oder „Sohn des Mannes" (Chan. 69, 29.) genannt ist, wobei *dieser* „Mann" als jener Jahve-Elohim in

Chan. 106, 2 spricht: „Ich und mein Sohn." Einmal wird dieser Eine Sohn, der übrigens gegenwärtig im Erdinnern lebt, auch „Sohn des Weibes" (Chan. 62, 5.) genannt; denn mindestens die jüngeren Jahve-Generationen sind zweigeschlechtig. — Der obige Vergleich der Zeitfolge mit einer Zwillingsgeburt bezieht sich auf das IV. Esra 6, 20 im Zusammenhange mit anderen Stellen (wie IV. Esra 4, 26; 8, 1; 13, 47; Gen. 5, 24; Chan. 70, 1—4.) geschilderte Entstehen *zweier* „Welten" (gleich Menschengeschlechtern), und hat eine völlig zweifelsfrei gegebene, aber trotzdem stets arg missverstandene Bedeutung, deren Erörterung indess an dieser Stelle allzuweit aus dem Wege liegt.

Was nun jenes gegenseitige Ueberragen der verschiedenen Zustände auf einander folgender Zeiten betrifft, so gilt dies und die Beeinflussung seines Umfanges durch jenen „Mann" (von Chan. 106, 2.) für *alle* solche Zeiten, und ganz besonders für jene Culturherrschaftszeiten der vier einzelnen Erdtheile, so weit bei diesen nicht astronomisch bedingte Katastrophen in Einer Hinsicht scharfe Grenzen ziehen. Ferner ist zu beachten, dass die alttestamentlichen Bücher die Theilung der Zeiten nicht auf jene vier Zeiten beschränkt, sondern auch die vorhergegangene Zeit von Afrika-Oceanien in Betracht gezogen haben; und endlich haben sie für letztere und die asiatische Zeit, also für die damalige Vergangenheit bestimmte Unterabtheilungen in Uebereinstimmung mit wichtigen Thatsachen der menschlichen Zeitgeschichte annähernd genau (nachträglich) beziffert. Es ist dies in Chanoch's *Zeitrechnung nach „Wochen"* geschehen, die zugleich, nach Daniel's unscheinbarem Winke auf Jahrwochen, *eine* grobe Karikatur der Willkür in Begründung und Anordnung der siebentägigen Woche darbietet.

Chan. 93, 3. Ich [Chanoch] bin als der siebente geboren in der *ersten* Woche, . . .

Diese erste Woche beginnt also nach gewöhnlicher Auffassung mit Adam's Geburt, wobei die Menschenkinder nichts von der Adamsfluth wissen. Fallen beide Ereignisse in dieselbe Zeit, und es scheint keine Andeutung für das Gegentheil vorhanden zu sein, dann gilt das „Stillschweigen von 7 Tagen" [gleich 7 Jahren] in IV. Esra 5, 30, beziehungsweise die identische „Jahrwoche" in IV. Esra 6, 11, einerseits dem Entstehen, und Ausreifen für den Austritt an die Erdoberfläche, des Geschlechtes der adamitischen Menschenkinder inmitten der gewaltigen Lebensenergie aller Verhältnisse im planetarischen „Mutterschoosse" des Erdinnern, und andererseits dem nach der Fluth nöthigen Abtrocknen des vorher submarinen, nun vom Wasser entblössten Continentes Oceanien (Nod) und der übrigen so entblössten Landgebiete. — Als Ende dieser ersten Woche und Anfang der zweiten wird nach der folgenden Textstelle Chanoch's Rückkehr in das Erdinnere charakterisirt, so dass also die erste Woche 987 Jahre umfasst (Gen. 5, 24; Chan. 70, 1—3.). Um aber auch in diesem Falle das Ueberragen der Zeiten recht anschaulich zu machen, wird nicht nur bei Noach's Geburt im Jahre 1056 ein oberirdischer Verkehr Chanoch's, der ja nur aus der *„Mitte"* der Menschen (Chan. 70, 3.) genommen war, mit Metuschelach (Chan. 106, 8.), sondern ein solcher auch noch mit Noach selbst im Fluthjahre (Chan. 65—67.) constatirt.

Chan. 93, 4. Und nach mir [Chanoch, nachdem ich aus der Mitte der Menschen fortgezogen war] in der *zweiten Woche* wird grosse Bosheit aufkommen, und Betrug sprosst auf; und in ihr wird *das erste Ende* sein, und in ihr wird ein Mann gerettet werden; und nachdem es [das Ende] vollendet ist, wird die Ungerechtigkeit wachsen; und er wird ein Gesetz machen den Sündern.

Die „Bosheit" wird hauptsächlich in Chan. 6—9, auch Gen. 6, 5 geschildert. Der „Betrug" entwickelt sich daraus, dass anfänglich nur im Scherze rühmend, „Menschenkinder" als „Jahve" bezeichnet wurden (Gen. 4, 26.). „Das erste Ende" ist das mit der Noachsfluth eintretende Ende der ersten „einen Zeit" continentaler Culturherrschaft von Oceanien-(Nod-) Afrika, wobei der „Mann" mit Andern und Noach gerettet wird. Das Ende tritt also im Jahre 1656 ein, und die zweite Woche zählt folglich 669 Jahre. Das Hineinreichen von Verhältnissen der adamitisch-noachitischen Menschen in die folgende Zeit wird durch die „Gesetzgebung" in Gen. 9, 1—7 und die Zunahme der Ungerechtigkeit ausgedrückt. Das „Er" für den Gesetzgeber ist doppelsinnig wie auch der Name Noach für den geretteten „Mann", der die Menschenkinder und den Jahve-Schiffskapitän bezeichnet, der ja auch aus der Fluth „gerettet" ist.

Chan. 93, 5. Und danach in der *dritten Woche*, an ihrem Ende wird ein Mann erwählt werden.

Dieser Mann scheint zunächst Abraham, der zum Bunde mit dem, jenen Betrug und jede andere Ungerechtigkeit in wachsendem Grade ausübenden Jahve-Elohim-Prätendenten auserwählt wird (Gen 17.). Das geschieht im Jahre 2047, so dass die dritte Woche also nur 391 Jahre umfasst. Aber weit wichtiger als Abraham, und der Bezeichnung als Mann wenigstens in Betreff der Lebensdauer besser entsprechend, ist der höchste Prätendent selbst der vermittelst eines Betruges an seinem erstgeborenen Bruder, wie Jaacob vor Esau, innerhalb der Jahve-Elohim-Prätendentenfamilie für die Herrschaftsstellung auserwählte Mann. Der officiell geschilderte ähnliche Vorgang mit Esau und Jaacob, von dem besonders durch Gen. 32, 33 mit einem nur für die Prätendentenfamilie geltenden Speiseverbote auf letztere hingewiesen wird, fällt in das Jahr 2171, so dass die dritte Woche 515 Jahre zählt. Da indess die angebliche Geschichte des israëlitischen Volkes wesentlich eine Parallele der wirklichen Geschichte der Prätendentenfamilie ist, und da das Alte Testament sich vielfach befleissigt, diese betrügerische Menschensohn-Familie auf gleichem Niveau mit ihrem auserwählten Volke zu zeigen, so liegt es nahe, aus den beiden extremen Jahreszahlen 2047 und 2171 die mittlere, nämlich 2109 als die richtige zu bilden. Das ist, abgesehen von der Möglichkeit ohne Theilungsrest, um so mehr gerechtfertigt, als die officiellen Esau und Jaacob im Jahre 2108 geboren sind; als nach Jes. 9, 5 ein wichtiger Rückschlag auf die körperliche Beschaffenheit der vorväterlichen Elohim- oder der Jahve-Natur frühzeitig zu erkennen ist, so dass bei den Zwillingen der Prätendentenfamilie anders als bei den officiellen Esau und Jaacob, die Vorzugswahl schon sehr bald nach der Geburt stattfinden kann; und als endlich jene Familie selbst, in Ex. 19, 2 als „Mutter" bezeichnet, wie eine Rebekah die Auswahl lenkt. — Die dritte Woche reicht also schliesslich in Wirklichkeit bis zum Jahre 2109 und zählt 453 Jahre. Der Text hütet sich, den „Betrug" weiter zu denunciren, übt im Gegentheile ausschweifendes Rühmen wie andere Bücher.

> Chan. 93, 6. Und danach in der *vierten Woche*, an ihrem Ende, werden die Gesichte der . . . [Prätendenten] gesehen werden, und ein Hof wird ihnen, und ein Gesetz für alle künftigen Geschlechter gemacht werden.

Diese Woche reicht also mit 387 Jahren in das Auszugsjahr 2496, mit der Herstellung des Hofes (Exod. 27, 9—19; 38, 9—20.) um die Zeltwohnung der Prätendenten, und mit deren Gesetzgebung durch Moses' Vermittelung. Das Sehen der Betrügergesichter bezieht sich auf Stellen wie Exod. 23, 15; 24, 10. 11 im Gegensatze zu Exod. 33, 20. 23, und auf viele ähnliche, durch welche die Woche weiter in die Wüstenjahre hineinreicht.

> Chan. 93, 7. Und danach in der *fünften Woche*, an ihrem Ende, wird das Haus der Herrlichkeit und der Herrschaft [richtig: Haus der Herrschaft und der Herrlichkeit] gebauet werden für immer und ewig.

Diese Woche dauert 480 Jahre bis zum Tempelbau (Haus der Herrschaft) im Jahre 2976, und reicht durch den Palastbau darüber hinaus in die folgende Woche. Den richtigen Unterschied zwischen beiden Bauten muss man ebenso genau festhalten, wie den hier einseitigen Bezug der Worte: „für immer und ewig". Das hier geübte Zusammenfassen der Erbauung beider Häuser macht die Angaben in IV. Esra 9, 43—45 und 10, 44—48 zu eindeutig verständlichen. Denn die im Jahre 2976 begonnene Erbauung wurde nach 7 plus 13, also nach 20 Jahren, im Jahre 2996 beendet, das heisst bei naheliegender Abrundung in 30 Jahrhunderten, wie in IV. Esra, 10, 45. 46 angegeben ist. Das Wochenende fällt dann auch richtiger auf 2996, oder wegen der wirklichen Bedeutung der „Opferung" (für den wahren Jahve-Elohim) an dieser Stelle wirklich auf rund 3000, mit 500 oder 504 Jahren Dauer dieser Woche. Damit verschwindet die Wahrscheinlichkeit für Verwendung dieser Zahl zur Correctur einer früheren.

> Chan. 93, 8. Und danach in der *sechsten Woche* werden die, die in ihr leben werden, alle verblendet sein, und sie alle werden in ihrem Sinne in Unwissenheit versinken, die Weisheit [Wahrheit] vergessend; und in ihr wird ein Mann aufwärts fahren; und am Ende derselben wird das Haus der Herrschaft mit Feuer verbrannt werden und das ganze Geschlecht der auserwählten Wurzel wird zerstreut werden.

Die Verblendung und Unwissenheit des ganzen Volkes in dieser Woche ist speciell in Jes. 28 und 29 geschildert.*) Der aufwärtsfahrende „Mann" ist nicht etwa der Prophet Elijahu, dessen wegen Ungehorsam nach vorheriger Tortur erfolgendes Verbrennen auf dem Scheiterhaufen, auf von rasend gewordenen Rossen über Berg und Thal gezogenem eisernen Wagen, inmitten einer Schaar berittener Henkers- und Lanzknechte, in dem Schriftgemälde II. Kön. 2 so fürchterlich lebensvoll anschaulich als unerreichtes Muster für neusynagogische Nachahmer dargestellt ist. Denn dieser Prophet war, so gut wie sein für gleiches Verbrechen vergifteter (II. Kön. 13, 14.) Nachfolger Elischa, eine so völlig nichtige Persönlichkeit, dass er hier gar nicht ernstlich in Betracht kommen könnte, selbst wenn sein Todesjahr sicher in Jehoram's (von Israel) erstes Jahr gelegt werden kann. Jener Mann ist vielmehr der im Jahre 3448 mit 1335 Lebensjahren gestorbene höchste Jahve-Elohim-Prätendent, dessen geheimnissvolle Verschleierung durch Ablenken auf den armen Propheten verdichtet ist. Dieselbe doppelte Deutungsfähigkeit besitzten die Angaben über das Verbrennen des „Hauses der Herrschaft" und das „Zerstreuen des ganzen Geschlechtes". Da muss man zunächst beachten, dass wirklich nur das Eine Haus, der Tempel, als sichtbares Zeichen der Herrschaft über das Volk, verbrannt ist. Das „Haus der Herrlichkeit" kann also auch heute noch „für immer und ewig" bestehen, — und thut es ohne Zweifel, trotz mancher nach Wegweisern wieder irreführenden Textstelle. Dann kann sich das „Verbrennen" auf die Zerstörung durch Nebukadnezar beziehen, und thut es ja auch; aber es bezieht sich zugleich auf die Zerstörung durch Titus, wie in Dan. 9, 26. Denn es wird hier ein beginnendes weites Uebereinanderreichen der endenden asiatischen und der kommenden europäischen Culturherrschaftszeit gezeichnet. Denselben und einen noch weit wichtigeren Doppelsinn hat die Angabe über „das ganze Geschlecht". Man denkt dabei gewöhnlich an „das Volk", aber dieses ist unter Nebukadnezar theils im Lande gelassen, theils ausdrücklich nach Babylon deportirt ja internirt, also nicht „zerstreuet", wie nur in Nebenangaben (zum Beispiel Jer. 16, 15; 23, 8.) constatirt ist. Die spätere Zerstörung von Stadt und Tempel hat dagegen im Zusammenwirken mit den neuen Zeitverhältnissen erst die eigentliche und nachhaltige Zerstreuung des Volkes zur Folge gehabt.

Aber der Ausdruck: „das ganze Geschlecht der auserwählten Wurzel" bezieht sich gar nicht oder nur im kümmerlichsten Nebensinne auf das Volk; sondern auf die Jahve-Elohim-Prätendentenfamilie, aus der die zuletzt in der dritten Woche auserwählte Wurzel des ganzen ausserordentlich erfolgreichen Herrschergeschlechtes stammt, während die übrigen Wurzeln des ganzen Stammbaumes nur schwache Schösslinge getrieben haben. Dieses ganze Geschlecht ist aber durchaus nicht unter Nebukadnezar „zerstreuet". Denn das, im späteren Zijon, mit seinem Zwillingsbruder (Ps. 87, 5.) im Jahre 2113/4, fünf Jahre nach Jaakob und Esau als Parallelpersonen, geborene wichtigste Familienhaupt starb wie erwähnt erst im Jahre 3448. Sein erster Nachfolger, der älteste Sohn des Zijon-Delegaten, der „Gesalbte" in Dan. 9, 25, lebte bis zum Jahre 3466. Der zweite Nachfolger (der Gesalbte in Dan. 9, 26.), das so Grosses versprechende „zweite Kind" (Jes. 9, 5—9; Pred. 4, 15.), wurde im Jahre 3935 (53 Jahre vor der jetzigen Zeitrechnung) nach Dan. 9, 26 „vernichtet", also gewaltsam getödtet. Und bei dieser Gelegenheit mag der früher durch Raubmord zusammengebrachte Reichthum (Dan. 11, 38.) des Familienhauptes zur noch jetzt bestehenden Vertheilung gekommen sein (denn das geschah im Tigrislande am Strome Kebar, Ezech. 1, 1.), gemäss den Worten:

> Jes. 33, 1. Wehe dir, Zerstörer, selbst unzerstört, Räuber, den man noch nicht beraubt. Wenn du das Ziel erreicht, Zerstörer, wirst du zerstört, wenn du den Gipfel erstiegen mit Rauben, beraubt man dich.

*) Siehe „Ernste Thatsachen" von Jirmejahu d. Kl. — Leipzig bei E. Rust. 1 Mark.

Aber der zweite Nachfolger fand sich ohne Nachkommen für directe Nachfolge; und erstrebte ausserdem wieder die enger begrenzte aber kräftige Regierungsgewalt im Jordanlande, während der grosse Prätendent von Egypten bis Babylon (Jes. 19, 25) herrschen wollte. Unter diesen Umständen berief er etwa schon im Jahre 3800 bis 3810 den egyptischen Nebenzweig der Prätendentenfamilie für den Makkabäer-Aufruhr nach Kanaan. Die nach Egypten abgeschobenen, für die Herrschaftszwecke untauglichen „Kinder Iisraël" waren nämlich dort Kaufleute oder Regierungsbeamte geworden und wohnend geblieben; denn die unter Moses Auswandernden waren nach Exod. 12, 41 nicht die in v. 40 erwähnten „Kinder Israël", sondern „alle Schaaren des Jahve"-Prätendenten, das heisst alle Volksschaaren, die Jahr um Jahr auswanderten und unter strenger Zucht durch die Wüste escortirt wurden. Nur Ein wichtig gearteter, aber erst kurz vorher bei einem Raubzuge in Kanaan gefangener, nach dem mächtigen Egypten geschleppter, dort als Geisel für das Wohlverhalten des Vaters behaltener, aber geblendeter und beim Auszuge gewaltsam befreiter Sohn des höchsten Prätendenten wurde nach Kanaan in der „Lade" getragen, die also gleichzeitig als Bett, Badewanne, Sofa und Palankin diente. (Ez. 19, 4; Ps. 78, 61; 105, 20); Exod. 33, 14. 15; II. Sam. 5, 6. 8; Ps. 23, 4; — der „Lahme" mit der „Krücke" ist der Vater, in Parallele zu Gen. 32, 26. 32; der „Blinde" mit dem „Stabe" der Sohn.) Die übrigen in Egypten gebliebenen Glieder der Prätendentenfamilie finden sich später in Tachpanches im Nildelta, haben nach Zerstörung Jerusalem's Jirmejahu durch ihre Leute zu sich gezwungen (Jer. 43, 6. 7. 8.), und ihn im Interesse ihrer Herrschaftsbestrebungen in der Makkabäerzeit nach Jerusalem geführt, wo das „Glaublich"-Unglaubliche (II. Makk. 15, 11. 14—16.) der Langlebigkeit dieses Menschensohnes constatirt ist, der damals mindestens gegen 600 Jahre alt war. Es lässt sich vermuthen, dass Jirmejahu, um die Wiederholung des fanatischen Wüthens zu Gunsten der Betrügersippschaft zu verhindern, den Ort von Palast und Schatzkammer des zweiten Nachfolgers im Tigrislande an die kleinasiatischen Feinde verrathen, und damit bei deren Kriegszügen neben dem Ausrauben auch den Tod des Prätendenten veranlasst hat.

Hiernach ist auch in der Makkabäerzeit nichts von einem „Zerstreuen" des Prätendentengeschlechts zu spüren. Aber nun nimmt der letzte Seiten-Prätendent die Bestrebungen auf anderer Basis für den Anfang der jetzigen Zeitrechnung wieder auf. Er ist „der kommende Fürst", in Dan. 9, 26. 27 geschildert. Die herrschenden Klassen weisen ihn zurück, lassen sich nicht durch Sanftmuth kirren, wie die „Vielen" erst der armen Juden, dann auch der armen sogenannten Heiden. Aber es sind weder Fähigkeit noch Mittel vorhanden, um mit dieser Heerde die geheimen Hoffnungen auf geheime persönliche Herrschaft zu erfüllen, bei dem fanatischen Hasse der Altjuden gegen die Neujuden, und nach dem Misslingen des grossen Experimentes. Der Prätendent vergisst seine Sanftmuth, beginnt durch Drohungen seine theoretischen Anhänger fest zusammenzuhalten, ausserdem durch das mächtig hypnotische Mittel des Märtyrerthums, zu dem das Hetzen seitens der Altjuden führt. Alles Misslingen im realen Leben lässt seine Stammesqualitäten in „Zorn, Grimm und Wuth" bei Vernichtung jedes Widerstandes gegen das Herrschaftsinteresse wieder hervorbrechen. Der Rest seiner Hoffnungen haftet an Kanaan; ihre Erfüllung sieht er nur möglich, wenn die Halsstarrigkeit der dortigen Altjuden durch Staatsgewalt vollständig unterjocht wird. Für diesen Zweck hetzt er gegen jene bei den herrschenden Römern, mit denen er sich gut gestellt hat, und die deshalb in Dan 9, 26 „ein Volk des kommenden Fürsten" genannt werden. Aber die Halsstarrigkeit, die nach dem Plane durch Titus nur *gebogen* werden soll, lässt lieber sich selbst und alles Andere *zerbrechen*, und führt gegen Titus' (und des Prätendenten) Willen zur völligen Zerstörung des „Hauses der Herrschaft", des Tempels, dessen für das Ausüben der Herrschaft nothwendige Eigenthümlichkeiten in damaliger Zeit und gar ohne grosse Geldmittel nicht wieder unter Wahrung des Geheimnisses hergestellt werden konnten. Erst deshalb musste der letzte Rest der Herrschaftshoffnungen aufgegeben werden, und begann das gemein-gewerbliche Zerstreuen des Restes des ganzen Prätendentengeschlechtes, bis es gemäss Jes. 26, 14 völlig ausstarb.

Also auch in dieser Hinsicht reicht der characteristische Inhalt der sechsten Woche weit über Nebukadnezar's Tempelzerstörung hinaus. Man wird nach der folgenden Textstelle annehmen können, dass sie eigentlich bis zum Jahre 30 der jetzigen Zeitrechnung, also bis zum Jahre 4018 nach Adam reichen soll, und folglich 1022 oder 1018 Jahre umfasst. Damit würde die asiatische Culturherrschaftszeit 4018 minus 1656 gleich 2362 statt 2300 „Abende" zählen. Es mag Zufall sein, dass bei Einrechnen aller für diese Woche angegebenen Ereignisse, also bis zur Tempelzerstörung im Jahre 4068, statt 2300 gerade (4068 minus 1656 gleich) 2400 Abende für die asiatische Zeit resultiren. Von 4058 führen 2300 auf 1758 zurück, das heisst auf die Zeit sicherer Erkennbarkeit des Rückschlages auf Elohim-Natur des im Jahre 1757 geborenen Peleg, mit dem die Prätendentenfamilie ihre Betrügerrolle beginnt. 2400 Jahre führen gerade auf Arpachschad's Geburt zurück, — ohne solchen Rückschlag.

Chan. 93, 9. Und danach in der siebenten Woche wird ein abtrünniges Geschlecht erstehen, und viel werden sein seine Thaten, und alle seine Thaten werden Abtrünnigkeit sein. Und am Ende derselben werden die Auserwählten . . . belohnt werden, indem ihnen siebenfältige Belehrung gegeben werden wird über seine ganze Schöpfung. [Es wird hiernach eine Anzahl derjenigen Wissensstücke aufgezählt, die den Menschenkindern gegenwärtig wirklich nicht anders als durch Belehrung, statt Erfahrung, zugänglich werden können; aber die confuse Aufzählung und Bezeichnung ist nicht in der Kürze zu erörtern.]

Der Ausdruck „ein erstehendes Geschlecht" bezeichnet offenbar den Neujuden (mit seinen Missionsbrüdern), für dessen Constitution das grosse Experiment des Jahres 4018 die Grundlage bildet. (Nur ganz nebenbei könnte man an das kurz vorher aufgetauchte neue Königsgeschlecht des Herodes denken.) Dass dieses Geschlecht „abtrünnig" genannt wird, hat einen zweifachen, oder bei genauerer Betrachtung vielmehr einen dreifachen Sinn.

Der nächstliegende Sinn geht von der unverwüstlichen Selbstgefälligkeit des Altjuden aus, für den der Neujude natürlich ein fanatisch gehasster und fast noch mehr verachteter Abtrünniger sein musste, da man nicht verstand, ihn als einen Neu-Hypnotisirten zu beurtheilen. Die eigene, textlich constatirte Hypnose bis zur Erblindung und Verblendung verhinderte das. So hat es einige Jahrhunderte gedauert, bis Gefühl und Urtheil des Altjuden soweit reformirt waren, um den Hass in geschäftlich frohmüthiges Schmunzeln und Augenblinzeln zu verwandeln beim Anhören der neuen Textverse des muthigen Selbstbewusstseins und selbstlos naiven Sehnens:

„Der Missionsbruder fürchtet nur seinen Juden, sonst nichts auf der Welt!“

„Komm', Herr Jude, sei unser Gast, segne, was du, Jude, uns bescheeret hast.“

Der zweite Sinn des Ausdruckes wurzelt in der gleich unverwüstlichen Selbstgefälligkeit des Neujuden, der, indem er durch Missions- und Märtyrer-Hypnose zu grosser Fleischmasse aufquoll, eine Macht wurde, die den Hass mit Hass und die Verachtung mit fanatischem Mitleide thatkräftig mit Zinsen zurückzahlen konnte. Der Neujude blieb und wurde Jude genug, um des Altjuden *officiellen* Jahve-Elohim als den „*wahren*“ gelten zu lassen, aber dieser sollte sich dem Neujuden in verbesserter Auflage vorgestellt haben, und deshalb wurde der Altjude „ein abtrünniges Geschlecht“.

Der dritte Sinn aber wurzelt im Alten Testamente selbst, als der über den verblendeten Parteien stehenden, einzig competenten Richterinstanz, die folgendes Urtheil gefällt hat:

1 Das Altjudenthum ist der erste „entsetzliche Greuel“ (Dan. 11, 31.), den ein vom wahren Jahve-Elohim „abtrünnig“ gewordener Betrüger „in entsetzlichem Uebermuth“ unter Raubmord an Jenem und den ihn in sauberen Cultusformen verehrenden edlen Völkern (Dan. 8, 9—13; 11, 31—39) aufgestellt hat; — und dessen alle Thaten Abtrünnigkeit gewesen, geworden und geblieben sind.

2. Das Neujudenthum ist der zweite gleich „entsetzliche Greuel“ (Dan. 9, 27.), den ein derselben Wurzel entsprosster anderer „abtrünniger“ Betrüger, unter localer Aufhebung einer Aeusserlichkeit des ersten Greuels, neben dessen characteristischen Symbol, neben den (Cherubim-)„Flügel“ aufgestellt hat; — dessen Ausbreitung mittelst Hypnose jeder Generation vom Mutterleibe an, in Kinder- und Schulstube, in Tempel- und Staats-Corral, und unter Raubmord an den noch übrigen Verehrern des wahren Jahve-Elohim, der andere Betrüger veranlasst hat und fortgesetzt veranlasst, auch wenn dabei nur ein geschäftsschlauer Altjude „auf Zeit“, oder ein ahnungsloser Nigger zu dauernder ethischer „Ueberzeugungstreue“ eingefangen und hypnotisirt wird. So sind auch alle seine Thaten Abtrünnigkeit vom Wahren Jahve-Elohim gewesen, geworden und geblieben!

Diese siebente Woche beginnt mit dem Jahre 4018, wenn auch ihre Wurzelfasern tiefer in die Vergangenheit zurückreichen. Aber wo liegt ihr Ende? — characterisirt durch „siebenfältige Belehrung“ über des wahren Jahve-Elohim Denken und Thun inmitten einer den Menschenkindern nach Inhalt und Dimensionen bisher unbekannt, unverständlich und unzugänglich gebliebenen realen Welt inmitten der Erde, deren Hautparasiten die naive „Krönung der ganzen Schöpfung“ sind. Denn Chan. 93, 11—14 bespricht nicht etwa vier- oder mehrdimensionale, sondern nur dreidimensionale, sinnlich wahrnehmbare, messbare und zählbare Dinge, wie diejenigen der Welt der nicht phantasirenden Menschenkinder.

Für die Beantwortung dieser Frage ist in obiger Textstelle kein weiterer directer Anhaltspunkt gegeben, man muss solchen also anderswo suchen. Nun ist es zweifellos, dass den Menschenkindern Belehrungen gegeben sind, mündliche und praktische, für Küche (Gen. 1, 28—30; 2, 16. 17; 3, 18; 4, 3. 4; 9, 2—4.), für Bekleidung (Gen. 3, 7. 21.), und über „Ethik“ (Gen. 9, 5—7.). Chanoch ist auch (wie Gen. 4, 17—26) unermüdlich im Aufzählen der mehr oder minder unschädlichen Culturgreuel, welche die niederen Jahve-Elohim-Bedienten unter den ihnen gleich wenig befähigten Menschenkindern durch Ueberladen bis zu phantastischer Ueberreizung in Kunst-, Industrie- und wissenschaftlichen Schulen verbotswidrig angestiftet haben. Aber diese Belehrung gehört ja der fernen Vergangenheit bis in den Anfang der dritten Woche an und ihr verwünschter Character ist der directe Gegensatz von dem für das Ende der siebenten Woche unter hohem Rühmen versprochenen. Und auch das in der vierten Woche gegebene „Gesetz“ kann nicht als die hier gemeinte Belehrung in Frage kommen, selbst wenn es nicht vom betrügerischen Prätendenten herrührte.

Es ist ferner nach zahlreichen Textstellen nicht zweifelhaft (— im Sinne des Textes —), dass wahre Jahve-Elohim hohen Ranges ihre ursprüngliche Belehrung, dem Fassungsvermögen der Menschenkinder angemessen in kleinen Dosen, in der Folge wesentlich durch hypnotisches Erwecken von Gedanken (über des Lebens Nothdurft und Luxus in Gewerbe und Kunst und Wissenschaft) fortgesetzt haben, die indess nach Art der Menschenkinder abwechselnd gleich bis zum einen und dann zum entgegengesetzten phantastischen Extrem todtgerannt wurden. Aber diese Art der Belehrung von Einzelnen oder den Vielen, lange vor dem alttestamentlichen Adam begonnen, wird noch heute fortgesetzt, und ihr ist kein wahrnehmbares Ende in Zukunft versprochen; auch sie kann also hier nicht gemeint sein.

Nun sagt einer der alttestamentlichen Referenten:

Ps. 78, 2. . . . ich lasse strömen Räthsel aus der Urzeit,
„ „ 3. die wir vernommen haben und wissen, und unsere Väter uns erzählt.

Das Alte Testament selbst könnte also das Belehrende sein. Aber dessen Anfang ist schon im Jahre 3367, in der sechsten Woche durch Findenlassen des „Buches der Lehre“ gegeben, und sein Ende wird wesentlich derselben Woche angehören. Speciell die Bücher Daniel, Chanoch und IV. Esra mit ziemlich vollständiger Zusammenfassung wichtigster, naturwissenschaftlicher Angaben, beziehungsweise die letzten Ergänzungen dieser Bücher, fallen freilich noch in den Anfang der siebenten Woche. Aber diese würde doch gar zu kurz sein, wollte man ihr Ende als durch jene characterisirt betrachten. Dazu scheint diese Annahme noch durch andere

Umstände vollständig ausgeschlossen. Denn die Angaben dieser Bücher lassen sich nicht als „Belehrung“ bezeichnen, sondern sie bieten vielmehr „Räthsel“ und „Geheimnisse“, die selbst von den ursprünglichen Empfängern weder ganz verstanden wurden, noch verstanden werden sollten. Höchstens im Chanoch wird ja wenigstens theilweise wirkliche Belehrung als empfangen gekennzeichnet; aber als Empfänger gehört er der ersten Woche an, und als Referent, als Lehrer zeigt er sich so confus, dass von elementar methodischer, schriftlicher Belehrung Anderer keine Rede sein kann. Er giebt, ohne es zu beabsichtigen, wieder nur eine Reihe leichter bis schwierigster Räthsel auf, scheinbar wie aus Mangel an Lehrfähigkeit bei überwältigendem Ueberflusse an durchaus ungewöhnlichem Wissen, dem das Bindeglied für das Alltagswissen fehlt.

Denselben Character besitzen die dem Daniel gemachten Mittheilungen von Hause aus. Seine bescheidenen Fragen nach der nöthigen Erklärung der räthselhaften Wahrnehmungen oder Schilderungen begegnen kaum weniger dunklen „Deutungen“, auch wenn diese an Thatsachen der Gegenwart anknüpfen; oder die Fragen werden durch neue Räthsel abgelenkt (Dan. 9, 22. 23.), oder geradezu abgewiesen (Dan. 12, 9. 13.). Und wenn er sich einbilden kann, das Erfahrene zu begreifen, dann wird ihm gelegentlich die Belehrung Anderer darüber verboten. (Dan. 8, 26; IV. Esra 14, 6.).

Nicht viel besser ergeht es dem wieder wissensdurstig hartnäckiger fragenden IV. Esra. Sein nationaler ausschweifender Dünkel und halsstarriges Besserwissen, anfänglich nachsichtig mit einem Ja — Nein bei Seite geschoben, so dass nur der Wissensdurst als achtungswerth übrig bleibt, muss schliesslich durch das Feuerwasser kräftiger Hypnose zur Empfängniss und Wiedergabe der authentischen Belehrung überwältigt werden (IV. Esra 14, 37—44.); — während die Schreiber vom Inhalte derselben keine Ahnung weder haben noch bekommen. Das gilt aber auch für die Leser. Denn die dem Esdra in Hypnose gegebene Belehrung umfasst einerseits 24 Bücher, die er „veröffentlichen“ soll, damit sie „von Würdigen und Unwürdigen gelesen“ werden mögen. Das sind also die von ihm theils als nirgends mehr „vorhanden“ (IV. Esra 2, 23.), theils als „verbrannt“ (IV. Esra 14, 21.) bezeichneten Gesetzes-, überhaupt die bequemen alttestamentlichen und unbequemen apokryphen Bücher, die er nach dem hypnotisch gestärkten Gedächtnisse und Sehvermögen neu geschrieben, beziehungsweise bis auf seine Zeit ergänzt hat. Aber die „Unleserlichkeit“, die verwirrende Darstellungsweise und das absichtliche Irreführen sind ja in diesen Büchern ersichtlich, und mehrfach in ihnen selbst ausdrücklich eingestanden.*) Wenn also diese Bücher in ihren Räthseln und Geheimnissen wirklich die in Aussicht gestellte Belehrung hohen Ranges enthalten und den Menschenkindern darbieten sollen, dann ist letzteres doch nur auf dem beim IV. Esra veranschaulichten Wege zu erwarten, nämlich vermittelst hypnotischer Eröffnung der Augen zu klarem Sehen der Dinge, und hypnotischer Erweckung der Geister zu richtigem Verständnisse der dinglichen Geheimnisse. Freilich wäre es möglich, dass im Laufe der Jahrhunderte seit Anfang der siebenten Woche „würdigen“ Menschenkindern die Auflösung der in den Büchern räthselhaft verborgenen Belehrungen textlich gemeinter Art hypnotisch erschlossen worden wäre. Aber entweder ist dies nach dem Sprüchlein: „Elohim's Mühlen mahlen langsam aber fein“, nur in nebensächlichen Dingen oder unscheinbaren Dosen erfolgt, oder die gewonnene ganze Belehrung ist für die übrigen Menschenkinder abermals unveröffentlicht und also geheim geblieben. Der eine wie der andere Fall könnte folglich nicht als ein das Wochenende würdig markirendes Ereigniss betrachtet werden, und nur bodenlos selbstgefälliger Dünkel könnte in der eventuellen Veröffentlichung der Lösung aller Räthsel dieser Bücher Veranlassung finden, das Wochenende durch einen *persönlichen* Markstein zu bezeichnen, während der Wochenanfang durch das „Erstehen eines Geschlechtes“ markirt ist. Das fragliche Endereigniss gehört also weder der Vergangenheit, noch der Gegenwart an, sondern kann nur der Zukunft angehören, wie weit seine Wurzelfasern auch in jene zurückreichen mögen. Denn selbst, nach den landläufigen Erfahrungen im Gebiete der exactest naturwissenschaftlichen Disciplinen ist es eine alltäglich zu erwartende Erfahrung, dass jeder Schulbube, dem nur der geringste Rest desjenigen Schulwitzes in den Gehirnfächern sitzen geblieben ist, den man ihm, nach Jes. 28 und 29 bis zur Erblindung und Verblendung über jegliches Ding, hypnotisch eingepaukt hat, mit der vollen Wucht staatlich concessionirter Autorität die Enträthselung der Jahve-Elohim-Wissenschaft als „Blödsinn“ oder „Wahnsinn“ würde bezwitschern, oder deren Bekrittelung als unter seiner eigenen Elohim-Würde betrachten müsste. Was dergleichen Wesen und Form der Kritik betrifft, so ist sie ja im Allgemeinen, auf Grund des für die einen oder anderen Gebiete normalen Zustandes des Hypnotisirtseins der Menschenkinder, als eine unschuldig gutgläubige zu betrachten, die dem einzelnen Menschen nicht schwer anzurechnen ist. Aber speziell die „Kinder Israël“ sind zu bewusstvollem Ueben solcher Kritik auch im nichthypnotisirten Zustande dressirt. Das wird in grob handgreiflicher Weise illustrirt durch

Lev. 22, 25. Und von der Hand eines Ausländers sollt ihr das Brod des Jahve nicht darbringen; denn ihre *Verstümmelung* an ihnen ist ein *Gebrechen* an ihnen.

Hier kann nicht von *unbewusster* Fälschung einer der Wirklichkeit entsprechenden Bezeichnung die Rede sein, wenn für die durch Beschneidung unzweifelhaft Verstümmelten die *Nichtbeschnittenen* als mit einem Infection drohenden (— das ist der Sinn der ähnlichen, die Nahrungsmittel für den Jahve-Elohim-Prätendenten betreffenden Warnungen und mit Tod bedrohenden Verbote —) „Gebrechen“ der „Verstümmelung“ Behaftete geltend erscheinen sollen. — Sind das nun bewusstvolle lebenslängliche Zuchthaus- oder bewusstlose Irrenhaus-Seelen, oder unauflösliche Verschmelzungen beider, die Arm in Arm ihre Jahrtausende in die Schranken fordern? Wenn man sich darüber klar geworden ist, dann ermesse man die practische Bedeutung des den Michelvölkern zugedachten und ausgiebigst octroyirten „Segens“:

Gen. 49, 16. Dan wird *richten* sein Volk, wie einer der Stämme Israëls. (des höchsten Betrügers).

*) Vergleiche: „Ernste Thatsachen“ von Jirmejahu d. Kl. — Leipzig, bei Ernst Rust.

Gen. 49. 17. *Dan wird sein eine Otter auf dem [Fuss-]Pfade, eine [grosse] Schlange auf dem [Heer-]Wege, die beisst in die Ferse des Rosses, dass sein Reiter stürzt rücklings.*
" " 18. Auf deine Hilfe hoff' ich, [wahrer] Jahve!

Eine Erscheinung von dem Range, wie das „Erstehen eines neuen Geschlechtes" als Markstein des Endes der einen und des Anfanges der folgenden Woche setzt eben die Erfüllung des Spruches voraus:

Amos, 8, 11. Siehe, Tage kommen, ist der Spruch Elohim's des Herrn [des Elohim des die Erdenwelt bewohnenden Jahve], dass ich Hunger sende in das Land [also zu vielen Menschen]; nicht Hunger nach Brod, und nicht Durst nach Wasser, sondern [Hunger und Durst] zu hören die Worte [der Wissenschaft] des Jahve.

Aber nun kann es ferner gar keinem Zweifel unterliegen, dass in jenen 24 Büchern die versprochene „siebenfache Belehrung" durchaus nicht enthalten ist. Denn Esra hat in dem geschilderten Zustande wissenschaftlicher Erleuchtung durch Hypnose ausser jenen 24 noch 70 Bücher geschrieben, und nur von diesen wird gesagt:

IV. Esra 14, 47 . . . darin ist *Strom des Wissens* [Erfahrungswissenschaft] und *Quelle des Verständnisses*, und *Born der Weisheit*.

Ueber die Behandlung dieser Bücher ergebt folgende Anweisung:

IV. Esra 14, 46. . . . die letzten 70 aber *hebe auf*, dass du sie den Weisen aus deinem Volke *überlieferst*.

Was dann unter dem „Aufheben", im Gegensatze zur „Veröffentlichung" (IV. Esra 14, 45.) der 24 Bücher, zu verstehen ist, darüber findet sich Aufschluss in:

IV. Esra 12, 37. Schreibe deshalb dieses Alles, was du gesehen, in ein Buch und lege es an einen *verborgenen Ort*.
" " " 38. Und lehre es die Weisen aus deinem Volke, von deren Herzen du weisst, dass sie *fassen* und *bewahren* können die Geheimnisse.

Ueber die Ausführung dieser Anweisung erzählt endlich:

IV. Esra 14, 47. Und so that ich im 74. Jahre, in der 12. Nacht des 3. Monates.

Wie die vorstehenden Textstellen in ihrem Zusammenhange zu verstehen sind, das ergiebt sich aus sachlichen Parallelen. — Jirmejahu sagt in dem im Jahre 3366 im Tempel gefundenen „Buch der Lehre" in:

Deut. 32, 34. *Ist das nicht aufbewahrt bei mir, versiegelt in meinen Schätzen?*
" " 35. Mein ist Rache und Vergeltung zur Zeit, da wankt ihr [der betrügerischen Jahve-Elohim-Prätendenten] Fuss; denn nahe ist der Tag ihres Sturzes und herbeieilt ihnen die Zukunft.

Er zeigt ferner in vielen Textstellen, unter welchen Vorsichtsmaassregeln er die Aufbewahrung besorgt hat, an welchen geheimen Orten, und worin deren Geheimniss besteht, damit nur der Eingeweihete sie wiederfinden kann, der gewöhnliche „Leser" vergeblich darüber stolpert. Jirmejahu sehnt sich dann nach einem jüngeren Fortsetzer seines Werkes, und kann endlich jubeln:

Jes. 50, 8. Nahe ist mein Vertreter, —

das ist nach Ez. 1, 1 Ezechiel selbst, der bereits bei Abfassung der „Bücher der Lehre" eingeweihet, und besonders für die technischen und die grossen naturwissenschaftlichen Gebiete Mitarbeiter wurde. Deshalb hat er sich dem Leser in der Weise vorgestellt, dass er sein „30. Jahr" vom Jahre des Auffindens des „Buches der Lehre" datirt. Die köstliche Beschreibung der Zeltwohnung nebst Zubehör wird gewiss von diesem grossen Architekten herrühren.

In derselben Weise ist der IV. Esra von seinem Vorgänger als der Einweihung würdig auserwählt, und hat also in obigen Textstellen die Anweisung erhalten, auch einen späteren Vertreter seiner eigenen Person auszuwählen und für die Durchführung seiner Aufgabe zu belehren. Eine solche Person musste ein grosses Vermögen für wissenschaftliche Auffassung, für schwierigste geheimwissenschaftliche Darstellungsweise und für selbstlose Bewahrung des ganzen Geheimnisses besitzen. Letzterem musste ihr aus Vergangenheit und Gegenwart in allen Beziehungen vollständig und genau überliefert werden, damit sie in der Lage war, das tief geheim und doch klar kenntlich Aufbewahrte zu überwachen, gegen die Folgen zufälliger Entdeckung oder böswilligen Eingreifens zu schützen, und in Zukunft literarische Ergänzungen des ganzen Werkes in gleichem Sinne und gleicher Weise dem Vorhandenen und Veröffentlichten so anzufügen, dass die übrigen Menschenkinder die „versiegelte" Mittheilung darüber wohl wieder mechanisch fassen und officiell aufbewahren, aber nicht verstehen konnten. Denn diese eitlen „kurzdärmigen" Menschenkinder würden sonst der Bewahrung des „Siegels" der Geheimnisse „bis auf die Zeit des Endes" (Dan. 12, 9.) der siebenten Woche und der 2300 „Morgen" (Dan. 8, 14.) unverständig eigenwillig entgegenzuwirken versucht haben, ohne die Mahnung als für ihr kümmerliches Ich geltend zu würdigen:

IV. Esra 4, 34. Sei getrost und fürchte nicht; und *sei nicht hastig über die früheren Zeiten Eitles zu denken und jage nicht zu den letzten Zeiten.*

(Die Angaben in IV. Esra 1, 1 in Betreff des 30. Jahres nach der Zerstörung der Stadt, und dann in Betreff des 74. Jahres (IV. Esra 14, 47.), in dem die 70 Bücher verborgen wurden, ferner die Frage nach der Person des IV. Esra selbst und des Zusammenhanges mit seinen Vorgängern, bieten ja grosses Interesse dar. Aber die Lösung der darin liegenden Räthsel würde an dieser Stelle allzu weitläufig ausfallen, während sie für das zunächst in Frage Stehende ohne wesentliche Bedeutung ist.)

Nach vorstehenden Erwägungen erscheint also der Schluss gerechtfertigt, dass das Ende der siebenten Woche durch Erschliessen der siebenfältigen Belehrung aus den 70 Büchern des IV. Esra characterisirt ist und der Zukunft angehört. Diese Zukunft enger zu begrenzen, bieten sich dann zwei Wege dar. Auf den einen wird der IV. Esra selbst verwiesen. Es werden ihm nämlich mehrfach Zustände und Vorgänge in der menschlichen Gesellschaft, und in der Natur, von ungewöhnlicher Art geschildert, die an den „Enden" von „Zeiten" auftreten. Es sind mit *diesen* Zeiten direct zunächst nur die Fluthzeiten gemeint, aber wenn man die Naturereignisse ausser Acht lässt, dann gelten die Angaben in schwächeren Graden sicher auch für die anderen textlich wichtigen „Zeiten". Als solche Zustände und Vorgänge werden bezeichnet: grosse Unvernunft und Zuchtlosigkeit der Erdbewohner; Zerwürfniss und Kampf selbst zwischen Befreundeten; der Völker Aufruhr, der Nationen Bestrebungen; der Führer Zwiste, der Fürsten Aufruhr; auffallende physiologische, hypnotische, spiritistische etc. Erscheinungen. Wie der IV. Esra in Bezug auf die Zeit vor der nächsten Adamsfluth, so äussert sich auch Chanoch über die Zeit vor der letzten Noachsfluth und vor jener, und kennzeichnet diese Zeit durch: Eifer und Zorn, Unruhe und Verwirrung; schrankenlose Kämpfe selbst zwischen Befreundeten; Kampf der Armen gegen die „Reichen, denen die Hälse abgeschnitten, und die ohne Erbarmen getödtet werden" (Chan. 98, 12.). Der hartnäckige Frager sagt dann:

IV. Esra 8, 63. Siehe, Herr, da hast nun eine Menge von Vorgängen gezeigt, welche du vor dem Ende bringen wirst, aber du hast nicht gezeigt, *zu welcher Zeit.*

und darauf erhält er die Antwort:

IV. Esra 9, 1. *Miss aufmerksam bei dir selbst*, und es wird geschehen, wenn du siehst, dass *Ein Theil* der angekündigten Vorgänge vorüber ist, da wirst du erkennen, dass eben dieses die [Anbahnung der fraglichen] Zeit ist.

Nun kann man gewiss in der Gegenwart Zustände und Vorgänge wie die oben geschilderten als bevorstehend oder sich vorbereitend auf fast allen Gebieten der menschlichen Lebensverhältnisse erkennen; aber ähnliche haben auch früherer und späterer Vergangenheit in der gegenwärtigen Woche angehört, und sie können desshalb nicht einen objectiven, officiellen Hinweis auf das Bevorstehen des Wochenendes darbieten. Denn es fehlt dabei, neben vielseitiger Negation des Bestehenden, ein positiv characteristischer Hinweis auf *die Eigenart* des in Aussicht gestellten Ereignisses. Es könnte dieser Hinweis auf irgend eine Weise einzelnen Menschen so gegeben sein, dass sie, der Anweisung folgend: „Miss aufmerksam bei dir selbst", den Einen Theil der Belehrung als wirklich erfolgt und desshalb das Wochenende als bevorstehend betrachten müssten, aber das würde wieder nur, wie bei und für Esra selbst, eine rein persönliche, nicht erfolgreich übertragbare Meinung begründen können, und in keinem Falle eine Berechnung der Zeit des wirklichen Eintrittes des Wochenendes mit seinem grossen Ereignisse ermöglichen.

Da bietet sich für diesen Zweck ein zweiter Weg, und zwar durch Chanoch's Rechnung nach „Hirten", in der freilich gemäss II. Makk. 2, 25 die Geschichten wieder mehr als je unter, durch, und über einander auf einen „Haufen" gelegt sind und ein Hexen-Ein-mal-Eins angewendet ist, — dessen Entwirrung aber zu folgendem Resultate führt. Wie man heute vom Jahrhundert fast wie von einer Person spricht, so nennt Chanoch jedes Jahrhundert einen „Hirten" (oder auch eine Zeit) für die Menschenheerde, dem das Schicksal der letzteren anvertrauet ist. Vergleicht man dann seine Angaben mit der alttestamentlichen Geschichte, so ergiebt sich zunächst ein Zusammenhang zwischen 36 (Chan. 90, 1.) und 12 *letzten* (Chan. 89, 72; 90, 17.) Hirten in der Weise, dass diese die letzten von jenen und besonders bluttriefend sind. Nun werden aber (Chan. 90, 5.) 23 Hirten (mit ungenannten 35) zu 58 Zeiten ergänzt; und die Textzahl 36 kann philologisch auch 37 sein. Dann hat man 35 oder 36 oder 37 Hirten, und subtrahirt man je die letzten 12 blutigsten Hirten, so ergeben sich die Jahreszahlen 2300, oder 2400, oder 2500.

Das erste Ziffernpaar, 2300 und 3500, schneidet ab mit dem Tode des ersten Nachfolgers des Hauptprätendenten am Ende von Daniels 7 Jahrwochen, und es führt auf die Todeszeit desjenigen „Josef" zurück, der als Krieger und „gekröntes" Glied (Gen. 49, 23—26.) der Prätendentenfamilie in dem Finanzjuden Josef nur einen Doppelgänger hat. Dass dieser gekrönte „Josef" nicht wie sein „Jacob" (Gen. 50; der officielle Jacob ist wieder nur ein Doppelgänger) genannter Vorfahr ein königliches Begräbniss erhalten hat, signalisirt den Verfall seiner Herrschaft in Egypten.

Das zweite Ziffernpaar, 2400 und 3600, endet ohne auffallendes geschichtliches Ereigniss, soll und mag dagegen um so ausdrucksvoller mit der Vertreibung der Jahve-Elohim-Prätendenten, als Hyksos oder Hirtenkönige aus Egypten, und mit der Geburtszeit von Aharon und Moses beginnen. Denn die 511 Jahre der dortigen Hyksos-Herrschaft führen auf das Jahr 1790 (rund), also Peleg's Zeit zurück, in welcher die Prätendentenfamilie von Südamerika her aufgetaucht ist. Der signalisirte Verfall der Herrschaft in Egypten würde dann zu um so blutigeren Bestrebungen in Kanaan unter Ausrottung der Bevölkerung geführt haben, bis die Prätendenten das Land erschöpft genug hielten, um den aus Egypten einzuführenden israëlitischen Colonisten nicht länger erfolgreich Widerstand leisten zu können. Diesen Colonisten wurde das für alle Zeiten und Verhältnisse passende Recept für Colonialpolitik gegeben:

Deut. 20, 10. Wenn du dich einer Stadt näherst, *sie zu bekriegen, so rufe sie zum Frieden auf* [bei Raubzügen nach Aussen].
„ „ 11. Und es soll geschehen, wenn sie dir Frieden erwiedert und sich dir öffnet, so soll das ganze Volk, das darin vorhanden, dir zinsbar sein und dir dienen.
„ „ 12. Wenn sie aber nicht Frieden macht mit dir, sondern Krieg mit dir führt und du belagerst sie,
„ „ 13. Und der Jahve, dein Elohim giebt sie in deine Hand, so sollst du erschlagen alle ihre Männlichen mit der Schärfe des Schwertes.
„ „ 14. Nur die Weiber und Kinder und das Vieh, und alles, was in der Stadt sein wird, all ihre Beute plündere für dich, und verzehre die Beute deiner Feinde, die der Jahve, dein Elohim dir gegeben.
„ „ 15. Also thue all den Städten, die sehr entlegen von dir sind, die nicht sind von den Städten dieser Völker hier.
„ „ 16. Jedoch von den Städten dieser Völker, die der Jahve, dein Elohim, dir zum Besitze giebt, sollst du keine Seele leben lassen.
„ „ 17. Sondern bannen musst du sie [um den Raubstaat sicher zu gründen].

Das dritte Ziffernpaar, 2500 und 3700, in der Zukunft ohne grosses Ereigniss endend, beginnt nun mit dem Auszuge im Jahre 2496 für diese Colonisation, deren blutiger Character erst gegenüber den Einwohnern und dann auch den Colonisten selbst ja ausführlich im Alten Testamente geschildert ist, und die Hervorhebung je drei der „letzten" 12 Jahrhunderte als besonders blutige auch hier rechtfertigt.

Solche mehrfachen Wiederholungen zeitgeschichtlicher Angaben nur mit runden Jahreszahlen erscheinen zunächst wie müssige Spielereien. Indem aber gerade die genannten 23 Jahrhunderte (und auch die indicirten 24 und 25) hier von Adam an gerechnet werden, ist zunächst beabsichtigt, das Geheimniss des Umstandes zu bewahren, dass die in Dan. 8, 14 besprochenen 2300 „Abende" als ebenfalls 23 Jahrhunderte einen ganz anderen Anfangspunkt, nämlich wie erwähnt zwei Jahre nach der Noachafluth besitzen. Dieser Umstand folgt im Grunde genommen nur aus der Ueberlegung, dass der die Erdenwelt bewohnende Jahve-Elohim höchsten Ranges seinen Wachtposten erst im letzten Augenblicke, unmittelbar vor der Noachafluth beziehen wird, dass also von dieser an eine gegen früher anders geartete Herrschaft über die ganze Menschenheerde beginnt und zeitlich zu berechnen ist.

Die Wiederholungen haben indess noch eine andere, positiv wichtige Bedeutung. Indem nämlich in Chan. 90, 5 die ausdrücklich genannten 23 „Hirten" (mit 35 nicht direct genannten, vielleicht „Zeiten",) bis zu 58 „Zeiten" von Adam an verlängert werden, kommt man auf das Jahr 5800, gleich 1812 (= 5800 minus 3988) der jetzigen Zeitrechnung, also freilich auf eine Vergangenheit, die wohl das Ende dieser kleinen Zeiten ist, aber durchaus nicht das Ende einer der grossen alttestamentlichen „Zeiten", hier zunächst der siebenten Woche sein kann. Wenn man dagegen die ausdrücklich benannte und durch Dan. 8, 14 besonders wichtige Zahl von 23 „Hirten" beibehält, und sie weiter einerseits mit den genannten 36 „Hirten", anderseits mit den philologisch zulässigen 37 („Hirten"?) zu 59 „Hirten" beziehungsweise 60 („Hirten"?) verlängert, dann wird man zu der vollständigen Reihe von Jahreszahlen geführt: (5800) 1812, — (5900) 1912, — (6000) 2012, von denen die mittelste bereits der Zukunft angehört, und durch die ausdrückliche textliche Aufführung ihrer rechnerischen und gleichartigen Elemente (nämlich „Hirten", statt „Hirten" und „Zeiten" wie bei 58) den Character der literarisch gegebenen derbsten Realität besitzt, der bei der ersten kaum, bei der dritten nur in geringerem Grade vorhanden ist.

Da entsteht nun eine interessante Frage: Wenn in unseren Tagen ein Miniatur-Esra nach seinem beschränkten Empfängnissvermögen für dünne Rinnsale aus dem „Strom des Wissens" hypnotisch begünstigt wäre, und wenn er dies gemäss IV. Esra 10, 1 „aufmerksam bei sich selbst ermessen" hätte: würde er folgende Bedeutung obiger drei Jahreszahlen „sehen"?

Ein Jahrhundert ist von 1812 an zu consumiren in hypnotischer Induction von Menschenkindern, erst für die philologischen, dann für die sachlichen Vorarbeiten zum grossen literarischen Ereignisse des Wochenendes.

**Dieses Ereigniss selbst, also die Ausgrabung der literarischen Schätze der Jahve-Elohim-Wissenschaft über „Himmel und Erde", über die Ganze Erde, und über das von ihr aus in Jahrhunderttausenden wahrnehmbar Gewesene, wird im Jahre 1912 der jetzigen Zeitrechnung eintreten.** (Ein Fehler von 1 bis 2 Jahren in den Zahlen mag heute noch nicht ausgeschlossen sein, trotzdem der „die Herzen der Menschen wie Wasserbäche hypnotisch lenkende" (Spr. 21, 1.) Jahve-Elohim gerade im Jahre 1812 der Gegenströmung nach Osten, wie einer Rückstauung vor dem bevorstehenden Katarakt nach Westen, ein sehr vernehmliches Halt geboten hat.)

Das folgende Jahrhundert bis 2012 wird das Besitzthum dieser Schätze philologisch und sachlich zu vollem Verständniss durcharbeiten, — für die von Alters her hypnotisirte Menschenheerde mit einem officiellen Erfolge, den ein Andrang von „nicht alle werdenden" Lügnern, Betrügern, Heuchlern und Fälschern, zweifelhaft langsam „der Wahrheit eine Gasse" öffnen lassen wird: man muss doch weiter seine Kühe melken, seine Schafe scheeren! Ein so frühzeitig durchgreifender Erfolg, auch wenn er nicht ausdrücklich verneint wäre, ist um so weniger zu erwarten, als sich bis jetzt nicht sicher erkennen lässt, ob dem literarischen Ereignisse, beziehungsweise seiner philologischen und sachlichen Bearbeitung, ein solches von persönlicher Natur sogleich folgen wird, das in mehreren Textstellen als ein vorläufiges characterisirt ist, und auf das sich auch bezieht:

Jes. 49, 7. *Fürsten, (7) Könige werden schauen und sich erheben (?) und sich bücken,*
„ 52, 15. *Könige vor ihm ihren Mund verschliessen; (15) so wird er Völker in Staunen setzen, denn was ihnen nie erzählt worden, sehen sie, und was sie nie gehört, nehmen sie wahr.*

Hier besteht zunächst nur eine unbestimmte Wahrscheinlichkeit, während das textliche Schweigen darüber gerechtfertigt erscheinen könnte. Der wirkliche Sachverhalt ist erst am Schlusse der achten Woche auf Seite 60 sicher geläutert.

Lässt man, wenigstens vorläufig, das Jahr 1912 (5900) als das Ende der siebenten Woche gelten, dann drängen ferner alle übrigen Zeitverhältnisse dazu, in ihm zugleich das Ende der „2300 Morgen" (Dan. 8, 16.), der „einen Zeit" (Dan. 7, 25; 12, 7.), der europäischen Culturherrschaftszeit zu erkennen. Und im Falle der Richtigkeit dieser Annahme würden aus den rund „2300 Abenden" (Dan. 8, 16.) der asiatischen Culturherrschaftszeit genauer 2362 Jahre geworden sein, nämlich 4018 minus 1656; während man für das kleine Europa die von den durchschnittlichen 2300 stark abweichenden 1882 Jahre, (5900 minus 4018) die ebenfalls die Dauer der siebenten Woche angeben, um so mehr als ausreichend betrachten mag, weil das Hasten und Jagen im kleinen Europa, im Gegensatze zum asiatischen „Harren", das continentale Leben verkürzend wirken muss.

Da indess die „siebenfältige Belehrung" erst nach vollständiger philologischer und sachlicher Bewältigung des Materiales erfolgen kann, so wird man das Ende der siebenten Woche und der europäischen 2300 Morgen richtiger in das Jahr 2012 (= 6000) reichend finden, wobei Asien seine 2362 Jahre behält, Europa dagegen mit 1982 Jahren (6000 minus 4018) der Durchschnittszahl etwas näher rückt.

Was den Inhalt der Belehrung betrifft, so sind schon früher die Einzelheiten angedeutet, die in Chan. 93, 10—14 darüber aufgezählt werden. Sie beziehen sich ausschliesslich auf alle naturwissenschaftlichen Beobachtungsobjecte, auch die heute unzugänglichen, und ausserdem auf das Verhältniss derselben zum Denken und Thun der Jahve-Elohim. Der im IV. Esra 14, 47 in allgemeinen Ausdrücken angegebene Inhalt lässt dagegen noch etwas anderes erkennen. Denn während der „Strom des Wissens" das obige Erste, und die „Quelle des Verständnisses" das Denken der Jahve-Elohim über den inneren Zusammenhang der neben einander oder auf einander folgenden Erscheinungen nach in Jahrhunderttausenden stetiger Entwickelung gewonnener Erfahrung bedeutet (— es werden zum Beispiel das Licht im Erdinnern, und das Leuchten der Gestirne, und ihre Bewegungen, gleichmässig dem electrischen Strome zugeschrieben, dessen officielle Anerkennung jetzt schon 70 Jahre auf sich warten lässt —); verräth der „Born der Weisheit" eine Regelung der Beziehungen der Menschenkinder zu den Jahve-Elohim (und den „Menschensöhnen") und zu einander, worüber viele alttestamentliche Bücher zahlreiche, wenn auch verworrene und widerspruchsvolle, nicht leicht zu entziffernde Ausführungen enthalten. Bei ihrer Betrachtung muss man natürlich zunächst möglichst sorgfältig alles Das ausscheiden, was ausschliesslich von den betrügerischen Jahve-Elohim-Prätendenten herrührt oder ihnen gilt.

Die erste Beziehung wird vergleichsweise veranschaulicht durch:

Jes. 2, 22. Lasset nur ab von dem Menschen[-sohne und -kinde], in dessen Nase Odem [des frühzeitigsten Todes] ist, denn wofür ist er geachtet [beim Höchsten der wahren Jahve-Elohim]?
Job. 15, 15. Siehe, (15) die Himmel [des Erdinnern] sind nicht lauter,
„ 25, 5. und (5) der Mond [der Erdkernkörper] leuchtet nicht
„ 15, 15. in seinen Augen [und er hat deshalb eigene Leuchte und Handlicht construiren lassen (Job. 29, 3)].
„ 25, 5. Siehe, (5) die Sterne [die Jahve-Elohim hohen Ranges] sind nicht lauter in seinen Augen.
„ 15, 15. und
„ 25, 5. sogar
„ 15, 15. seinen Heiligen [den Jahve-Elohim höheren Ranges] trauet er nicht,
„ 15, 19. denen allein die Erde [der Kernkörper] gegeben ward, und als kam ein Fremder in ihre Mitte —
„ 25, 6. Nun gar (6) der Menschensohn, der Wurm, (6) und (6) der Mensch [das Menschenkind], (6) die Made (6)!

Wollte man diese Abstufung in bloss mechanischem Sinne deuten, auf gewaltige physische Kraft und technisch verwerthete wissenschaftliche Intelligenz, und auf „ewige" Lebensdauer, dann könnte eine „vermessen redende" parasitische Haut-„Made" den Vergleich nach der anderen Seite substantiiren wollen, und dort Eingeweidewürmer sehen, so „ewig" wie Bandwürmer lang sind. Aber den Jahve-Elohim, besonders des höheren Ranges, wohnt eine hypnotische Gewalt inne, von deren Grösse sich nur langsam eine Vorstellung gewinnen lässt, indem man sich von den heute zugänglichen und in den alttestamentlichen Büchern vielfach geschilderten Erfahrungen stufenweise bis zum Verständniss der in IV. Esra 13, 2—13 gegebenen prachtvoll lebendigen und lebenswahren (— wie man an besten heutigen Hypnotiseuren erkennen kann —) Schilderung des grossartigst hypnotischen Kampfes und Sieges eines einzelnen waffenlosen Jahve-Elohim gegen eine zahllose Menge böswilligst bis mörderisch zum Handeln gesinnter, bewaffneter Menschen hindurch arbeitet, deren armselig heftigstes Wollen durch die dicht auf einander folgenden Funkensturmstösse (je ein Funke für je ein Menschengehirn) eines einzelnen gewaltigen Willens so weit unterjocht wird, dass das seelische Ueberbleibsel jenes Wollens wie Aschenstaub und Rauchspuren jedem leisesten Willenshauche folgen muss.*) „Wen die „Götter", die Jahve-Elohim des Alten Testaments, verderben wollen, dem nehmen sie den Verstand"; — auch bei ausschweifend philosemitischem Kehlkopfkrebs, oder Liebesgram. — Solcher Kampf und Sieg wird sich 7 Jahre nach der nächsten Adamsfluth wiederholen.

Die Jahve-Elohim bieten also, auch wenn man die Betrügersippschaft ausrangirt, ausserordentlich viel von dem, worüber die süssen Pfaffen aller Zeiten um des behäbigen täglichen Brodes willen ihr leeres Stroh dem „Volke" unablässig vorgedroschen haben. Und was Jene bieten, ist echte Speise für die Heerde der Menschenkinder, die sich so ohnmächtig erfahren und wissen, dass sie des Anlehnens an wirklich mächtige Personen so sehr bedürftig sind, um sich nöthigenfalls an — Unterofficiere anzuklammern. Wer dieses allgemeine Ohnmachtsgefühl des Verständniss- und Urtheilsvermögens nicht kennt und, trotz aller demüthigen Verehrung für solche Personen, sich wie der IV. Esra zu Versuchen philosophelnden Disputirens mit ihnen über Recht und Unrecht im Grossen des Weltlebens ermuthigen kann, der mag gegen nachsichtige Windmühlen kämpfen. Und wer auch darüber hinaus ist, der mag sich an der in Chan. 68, 2—4 naiv erzählten köstlichen Anekdote über des höchsten Jahve-Elohim „allergetreueste Opposition" ergötzen. — Aber die „gottähnlichen", mit Daumenzangen erschaffenden „Herrgottsschnitzer" mit ihrem blechernst philosophelnden Blechgerassel,

Als gäb's einen Gott so im Gehirn,
Da hinter des Menschen alberner Stirn; —

sie werden weder an den Jahve-Elohim ein Genüge finden, noch je — zum Glück, trotz aller „Ethik" der Beschnittenen und Unbeschnittenen — der Menschenheerde ein Genüge darbieten können.

Wer aber durchaus einen weiteren Schritt jenseits der Welt der Jahve-Elohim thun will und kann, dem bieten selbst die Jahve-Elohim durch den IV. Esra und Chanoch bereits einen führenden Fingerzeig nach der fühlenden und wissenden „Mutter Erde" und ihres Gleichen und deren Associationen. Und da es sogar noch einige andere Semiten von solchem Verständniss für die Wirklichkeit giebt, so gab Göthe (Gothe) obigem Verse auch die Ueberschrift: „Gross ist die Diana der Epheser". —

Die Beziehungen der Menschen zu einander bilden einen anderen Theil der „siebenfältigen Belehrung". Darauf deutet zunächst

Jes. 55, 4. Siehe, zum Gesetzgeber der Völker hab' ich ihn bestellt, zum Fürsten[-] und Völkergebieter.

Man wird hierbei freilich an die bereits veröffentlichte Gesetzgebung im „Buche der Lehre" denken, für deren Grundlage „der Gesetzgeber, der Verborgene" seiner Zeit im Gad-Gebiete (Deut. 30, 20. 21) gewohnt hatte. Aber das ist unzulässig, trotzdem im Deuteronomium gerade *„diese", „heute"* gebotene Lehre, ihr Befolgen oder Nichtbefolgen, über „Segen" und „Leben", oder über „Fluch" und „Tod" entscheiden soll. Denn indem angeblich Moses' Gesetze gegeben werden, muss das „heute" Gebotene ein Anderes sein. Nun besitzen ja einzelne jener Gesetze einen, freilich meist auf die Israeliten beschränkten, socialistisch guten und besten Sinn (wie Deut. 23, 25. 26), und deshalb werden sie Ez. 20, 11 als lebengebend bezeichnet. Andere dagegen sind von abscheulichem,

*) (Siehe IV. Esra 13, 2—13. — Seite 65.)

oder raubthierisch gegen Nichtisraeliten gerichtetem Character, der Ex. 20, 25 ausdrücklich als lebensgefährlich für die Israëliten selbst bezeichnet wird. Dazu sind geradezu hohnvolle Gebote (wie Deut. 14, 21) und Rathschläge (wie Deut. 18, 22.) eingeschoben. Man muss bezweifeln, dass die Worte „Segen“ und „Leben“ sich wirklich auf die angebliche Moses' Gesetzgebung beziehen sollen; und an die Möglichkeit denken, dass da nur in irreführend zweideutiger Weise referirend von ganz anderen Gesetzen gesprochen wird, neben denen die des Moses wie „Fluch“ und „Tod“ erscheinen. Und in der That wird die Gesetzgebung jenes nach Jes. 55, 4 berufenen Gesetz-Gebers (Der-von-Schiloh), der sich nach Hos. 8, 12 schon in den Jahren 3164 bis 3205 die Erlaubniss zur Ausführung seiner als nichtig beurtheilten literarischen Pläne erwirkt hatte, während er erst 200 Jahre später Jirmejahu damit hervortreten liess, in Jes. 11, 6—9 ganz anders characterisirt: nämlich nicht als ein Gehenlassen und Animiren von Raubthieren mit ihren Familien gegen Heerdenthiere, sondern als ein Conserviren Aller, aber wie zu unschädlichen und nicht geschädigten Prachtexemplaren im zoologischen Garten des alttestamentlichen, einzig sinnvollen und durchführbaren, weil mit *jeder* Seite der Menschennatur rechnenden Socialismus.

*Die Schafe und die Rinder sind nicht klug genug, um Maulkorbgesetze für die Raubthiere zu erfinden; aber sie sind immer naiv genug, um letztere schreiend zu bitten, sie selbst möchten doch richtige Maulkorbgesetze für sich selber construiren* —: und das geschieht ja an allen Orten in der bekannten Weise mit dem bekannten Erfolge. Wenn die „Kinder Israël“, die trockenen wie die nassen, sich nach Ez. 34, 31 als „Schafe“ auf der Weide sehen, deren abzufressende Grashalme die anderen Völker bilden, so ist ihnen doch Chanoch's weit consequenter zoologischer Vergleich bei sachgemässer Umkehrung sehr viel sympathischer; und wo ihr Selbstgefühl stark genug war, da haben sie sich gern und reichlich als Raubthiere oder Schlächter standesamtlich benannt. Das Selbstgefühl wächst aber im Zusehen auch den Uebrigen, die zaghafter sich durch die Namen von Edelmineral, Ländern, Inseln, Städten und andern Kleinigkeiten, unter Beschneiden, Zerren und Umkrempeln der Buchstaben geehrt haben. Denn das Hornsignal: „Das Ganze sammeln!“ schwingt immer deutlicher, wenn auch für die betäubt Schlafsüchtigen in schmeichelnd gedämpften Tönen über sie hinweg, den immer Wachenden zu, die wie ein Mommsohn, und die Schwalben und die Walfische, in Reih und Glied antreten. Und selbst die Todten müssen knochenrasselnd aufstehen, wie des Betrügerkunststücken (Ez. 37, 1—8.) gewärtig, wenn ihre Apellnamen aufgerufen werden: Beth Aven, Messing, Zortam, Beth Usah-Kuh, Hayda, Hörder, etc. etc. Und Alle, Alle kamen und kommen von klein bis gross, von jung bis alt mit offenem oder geschlossenem Visir (wie die Stöcke, Strausse, Noël'che Beischläge, Stark, En Gedi, etc. etc.), und helfen an ingeniösen Maulkorbgesetzen für sich selber, — *bis Der-von-Schiloh kommt* (Gen. 49, 10.). —

Chan. 91, 12. Und danach wird eine *andere Woche* sein, *die achte*, die der Gerechtigkeit, und es wird ihr ein Schwert gegeben
werden, damit Gericht und Gerechtigkeit geübt werde an denen, die gewaltthätig handeln (Bedrückung üben), und die Sünder werden in
Chan. 91, 13. die Hände der Gerechten übergeben werden. Und am Ende derselben werden sie Häuser erwerben durch ihre Gerechtigkeit, und es wird erbaut werden ein Haus dem grossen Könige zum Preise für immer und ewig.

Es wird sich in der Folge zeigen, dass die achte Woche mit der nordamerikanischen Culturherrschaftszeit ebenso identisch ist, wie die siebente mit der europäischen. Der für die erstere angedeutete Inhalt gilt also wesentlich für Nordamerika. Er bezieht sich auf langwierige Kämpfe der Armen gegen die Reichen, der Bescheidenen gegen die Vor-(weg-)nehmen(-den), der Unterdrückten gegen die Unterdrücker. Dabei werden die Forderungen Jener im Allgemeinen als „gerecht“ anerkannt. Das Gefühl und Bewusstsein, dass reichlich Zündstoff für solche heissen Kämpfe vorhanden ist, besteht überall in den Gebieten der „entsetzlichen Greuel“; es besteht besonders auch in Europa, wo die Staaten, prahlerisch „friedlich“ gegen einander, in Waffen starren zum Schutze ihrer semitisch „guten Gesellschaft“ gegen eine mögliche Störung ihrer Colonisations-Ordnung (Deut. 20, 10—17.) für die Schafe und Rinder, deren Zins- und Dienstpflicht zu retten, die semitische „Ethik“ in männlichen und weiblichen Friedensgesellschaften immer lauter schreit: „Die Waffen nieder!“ — Dieses Gefühl und Bewusstsein lässt sich vielleicht um so sicherer als einer jener Vorgänge betrachten, welche die Vorläufer einer anbrechenden neuen „Zeit“, also jetzt der achten Woche sind, je mehr sich Europa als gegenseitige Versicherungsgesellschaft constituirt, während Judge Lynch in Nordamerika vielleicht ein freieres Versuchsfeld für practische Socialpolitik findet, wenn es erst soweit gekommen sein wird, dass die gute Gesellschaft den Continent aufgetheilt hat. Jetzt ist man noch mit Locusleben beschäftigt, wie die „Kinder Israël“ früher in Kanaan unter Josua.

Erst gegen das Ende der Woche werden dem Siege der Armen menschlicher „geordnete“ sociale Zustände folgen. Diese werden durch das „Bauen von Häusern“ characterisirt, die dem Alten Testamente hier im besten Sinne (gegen Exod. 1, 21) als Symbole dauernd gesicherter, frohmüthiger Existenz gelten, wenn diese auch in sehr verschiedenen Graden bescheiden geartet sein kann, gipfelnd in dem rührend nichtsemitischen Segen:

Ps. 128, 2. *Wenn du deiner Hände Arbeit geniessest: Heil dir, und dir ist wohl:*
„ „ 3. Dein Weib wie ein fruchttragender Weinstock im Innern deines Hauses, deine Kinder wie Oelbaum-Sprösslinge rings um deinen Tisch.
„ „ 6. Und siehe Kinder von deinen Kindern.

Das ebenfalls gegen das Ende der Woche stattfindende Erbauen eines Hauses „dem grossen Könige“, aus Verehrung für denselben, hat vielleicht einen Doppelsinn. Nordamerika befindet sich noch ungefähr in dem Zustande eines „Confirmanden“, der zum gedankenlos strengen Ueben irgendwelcher Cultusformen hypnotisirt ist. Aber die Reaction dagegen hat doch vielseitig begonnen, und im Zusehen wird ein weisses Blatt grösser, das für irgendwelche neue Schrift empfänglich ist. Da wäre es nun möglich, dass, trotz der aus siebenfältiger Belehrung zu erwartenden bestimmt neu ge-

gearteten Denkweise der Menschen über das Jahve-Elohimthum, ein nachahmendes Aneignen der Tempelruine der alten bisherigen und nebenher fortbestehenden Denkweise stattfände; dass also ein Tempel als Stätte der Verehrung des unzugänglichen höchsten Jahve-Elohim gebauet würde. Indess liegt dergleichen nicht im Jahve-Elohimthum des Alten Testaments, das eine durchaus real begründete Verehrungsform zeigt, und dagegen den idealen Dunst und Nebel als gemeinen Betrug zum Zweck des „Füllens der Hände“ der Pfaffen in zahllosen Textstellen denuncirt.

Die reale Verehrungsform begründet sich aber für obigen Fall wie folgt. Der die Erdenwelt bewohnende Jahve-Elohim, ein Delegat des Höchsten, und besonders durch den Namen „Jah“ bezeichnet, wird vielfach ebenfalls als „König“, und „König der [menschenkindlichen] Könige“ betrachtet, und wohnt in einem Felsenpalaste. Die Betrüger äffen ja in ihrem eigenen Interesse alles Dasjenige nach, was dem wahren Jahve-Elohim eigenthümlich ist; aber deshalb kann man das Sachliche auch von ihnen lernen, ohne dass man sich über ihre Personen zugleich betrügen lassen müsste. Der Palast wird wegen seiner Grösse gelegentlich auch „Stadt“, und dann auch nur „Haus“ genannt, wie in Chan. 90, 13. Von *diesem* Hause wird nun (Chan. 90, 28.) erzählt, dass sein Inneres, seine „Säulen, Balken und Zierrathen“ ausgeräumt und durch neue und bessere Einrichtung ersetzt werden; und zwar geschieht dies, nachdem „70 Hirten“ geweidet haben. In diesen Angaben könnte also die genauere Ausführung des Hausbaues von Chan. 90, 13 enthalten sein, und weiter unten wird dies bestätigt werden. Es würde sich also nicht um einen Neu-, sondern um einen Erneuerungsbau handeln.

Wenn nun alle betreffenden, hier nicht speciell citirten, alttestamentlichen Angaben, wie mit anderen Ueberlieferungen, so auch mit der Wirklichkeit übereinstimmen, dann erklärt sich die Möglichkeit eines Erneuerungsbaues durch die Thatsache, dass jetzt mindestens zwei solcher geheimen Jahve-Elohim-Paläste noch vorhanden sind, deren einer gewöhnlich nur von untergeordneten Functionären, im Nothfalle aber vom Jahve-Elohim selbst bewohnt wird. Für den Prätendenten (und für seinen Bruder in II. Sam. 7, 5—7) ist dieses geheime Wohnungsverhältniss in:

I. Chr. 17, 5. Denn nicht habe ich gewohnt in einem [luxuriös gebaueten] Hause, von dem Tage an, da ich Israël heraufgebracht bis auf diesen Tag, und ich zog von Zelt zu Zelt, und von *Wohnung (zu Wohnung)* [hier sind einfachere Wohn-Höhlen gemeint].

. . . 6. Bei all meinem Herumziehen unter ganz Israël, habe ich wohl ein Wort geredet zu einem der Richter von Israël, die ich bestellt mein Volk zu weiden, also: Warum habt ihr mir nicht gebauet ein Haus von Zedern?

und in vielen anderen Stellen genügend deutlich oder ausdrücklich angegeben; zum Beispiel für den Choreb im Exodus und I. Kön. 19, und dann für das „Heiligthum“, den alten „Königspalast“ (Amos 7, 13.) bei Beth El, dessen Bedeutung frühzeitig wichtig gewesen ist. (Gen. 12, 8; 13, 3; 28, 19; 35, 6.) Das Geheimniss Eines der Paläste wurde nach Chan. 89, 54 zur Zeit der Zerstörung Jerusalems durch Nebukadnezar verrathen, und darauf, oder auf das Streben danach, deuten ja auch mehrere andere Textstellen sicher hin. Indess hat es den Anschein, als wenn diese Bestrebungen nicht vollständig zum Ziele geführt haben, und der wirkliche Verrath nur in einer Anzahl von Textstellen des Alten Testaments selbst so weit geübt ist, dass er das Auffinden und Aufschliessen eines Betrügerpalastes ermöglicht. In II. Makk. 2, 4—7 ist veranschaulicht, um was es sich dabei einerseits handelt, andererseits nicht handeln soll. Aehnlich liegen nun die Dinge für einen Jahve-Elohim-Palast und seinen jetzigen Bewohner im Jordanlande. Denn dahin zielt Mich. 5, 3 während genauere Ortsangaben nicht in den alttestamentlichen und apokryphen, sondern erst in den IV. Esra 70 Büchern enthalten sein werden; — vermuthlich wieder so sorgfältig versteckt, dass es des hypnotischen Erweckens des Geistes eines Menschenkindes bedürfen wird, um ihn die geheimen Fingerzeige zum Ariadnefaden zusammenfinden zu lassen, sobald die Zeit dafür gekommen sein soll.

Zur Vorausbestimmung dieser Zeit können versuchsweise die vor Angabe des Erneuerungsbaues (Chan. 90, 28. 29.) erwähnten „70 Hirten“ (Chan. 90, 25) dienen, die sich zunächst an die verzwickte Rechnung nach „Hirten“ in Chan. 90, 1—5. 17.) anschliessen lassen. Denn da schon in Chan. 89, 59. 72 von „70 Hirten“ und von solchen die Rede ist, die wie als letzte „12 Stunden lang“ (da ist ein neues Synonym für Jahrhunderte) vor einem Erneuerungsbau eines Tempels weiden, so berechtigt diese Parallele auch zur Combination der „58 Zeiten“ mit den „letzten 12 Hirten“ (Chan. 90, 5. 17.) zu 70 Hirten, die wie bisher von Adam an zu zählen sind. Danach kommt man auf das Jahr 7000 gleich 3012 (7000 minus 3988) der jetzigen Zeitrechnung. Nun könnte vielleicht das Ende der achten Woche oder wenigstens der Beginn desselben in dieses Jahr fallen; aber es scheint völlig ausgeschlossen, dass es zugleich das Ende der ersten der beiden amerikanischen Zeiten sein könnte. Denn wie hoch man auch das nordamerikanische Hasten und Jagen, die continentale Lebensenergie rasch erschöpfend, anschlagen mag, so müsste man doch ein Jahrtausend seit dem Ende der europäischen Culturherrschaftszeit als eine für diesen grossen Continent viel zu kleine „Zeit“ seiner Culturherrschaft beurtheilen.

Soll aber doch mit „70 Hirten“ nach Adam gerechnet werden dann verspricht das Jahr 3012 folgenden Inhalt zu besitzen. Nachdem im Jahre 1912 die 70 Bücher des IV. Esra aufgefunden sein werden, und ihr wesentlicher Inhalt philologisch und sachlich im Laufe des nächsten Jahrhunderts bis zum Jahre 2012 (= 6000 nach Adam) aufgeschlossen sein wird, dauert es noch ein volles Jahrtausend, bis der speziell im Jordanlande residirende Jahve-Elohim alle Verhältnisse der Menschenkinder so geordnet hat und findet, dass er das Verständniss der textlichen Fingerzeige, und Fuss und Auge und Hand hypnotisch zum Oeffnen der Thür seines Palastes, wie mit Zauberwort der Sage, lenken mag; — zum Oeffnen:

Zach. 3, 6. Nicht durch Macht und nicht durch Stärke, sondern durch meinen Geist [auf Grund des gewährten Verständnisses desselben],

und unter dem „Jauchzen der Heilwünschenden“ (Zach. 3, 7),

während das früher im Jahre 1912 zum Aufschliessen der literarischen Schätze erfolgte „Hervorziehen des Hauptsteines“ von Vielen als „unbedeutende That gering geachteten Tages“ (Zach. 3, 7. 10.) vergleichsweise übersehen werden wird. — Dieser Jahve-Elohim wird dann hervortreten, ein Gegenstand des Staunens der menschenkindlichen Völker, ihrer Fürsten und Könige (Jes. 49, 7; 52, 15.), um den Palast im Jordanlande renoviren zu lassen; um das Oeffnen des Jahve-Elohim-Palastes im Tigrislande, das Uebersiedeln seines höchst rangirenden Bewohners nach Kanaan und den Erneuerungsbau jenes Hauptpalastes am vor Ueberfluthung gesicherten „Dach der Welt“ vorzubereiten. Dabei ist zu beachten, dass diese Uebersiedelung gemäss Job. 9, 11 unwahrnehmbar für die durch den „Jah“ hypnotisch blind gemachten Menschenkinder stattfindet.

Die Jahreszahl 3012 wird indess in irgend einem Sinne der Correctur bedürfen. Die „24 Bücher“ sind nämlich ihrem wesentlichen Inhalte nach ein nur vorangehender Theil der „70 Bücher“ in IV. Esra 14, 45. 46. Die „70 Hirten“ summiren sich aber nach vorangehenden „23 Hirten“ mit 35 (und 12), und nur indirect liess sich ein Vorangehen von „24 Hirten“ für einen bestimmten Fall erkennen. Hier nun, wo „24 Bücher“ ausdrücklich als vorangehend angeführt sind, scheinen sie mit 35 und 12 auf 71 „Hirten“ hinweisen zu wollen. Das würde zum Jahre 3112 (= 7100) statt 3012 führen.

Diese Auffassung könnte besonders dadurch gerechtfertigt erscheinen, dass die Zahl 24 auf „Bücher“ bezogen, jedenfalls völlig unzutreffend geworden ist. Denn wie sehr sich auch der masorethische Text gerade auf 24 Bücher versteift hat, so wenig entspricht dies doch den wirklichen Verhältnissen. Denn dabei müssen gerade alle im Sinne des „Stromes des Wissens“ wichtigsten Bücher fortgelassen werden, über deren Werth Niemand in Zweifel sein kann, der den gesammten sachlichen Inhalt aller Bücher bewältigt hat. Der Conflict zwischen dem in IV. Esra 14, 46 vorgeschriebenen „Aufheben und Ueberliefern“ der 70 Bücher, und dem „Schreiben und Verbergen, und dem Lehren verborgen zu bewahren“ in IV. Esra 12, 37. 38, löst sich in der Weise, dass die 70 Originalbücher verborgen geblieben, aber Theile ihres Inhalts nicht nur in den 24 ersten, sondern auch in anderen und späteren, apokryphen Büchern ebenfalls „in versiegelter Schrift“ „veröffentlicht“ worden sind.

Indess stehen die Zahlencombinationen, so nahe sie auch gelegt erscheinen, um die geschilderten sachlichen Vorgänge, das persönliche Hervortreten eines Jahve-Elohim betreffend, den Jahren 7000 und 7100 nach Adam zuzuweisen, doch in Widerspruch mit einer bestimmten Angabe im Samaritanischen Pentateuch. Nach dieser wird nämlich schon im Jahre 6000 nach Adam jener Jahve-Elohim, durch die Bezeichnung „*Bekehrer*“ kenntlich gemacht, also zur Bekehrung der Anhänger der beiden entsetzlichen Greuel „*zurückkehren*“. Diese Angabe enthält die positive Bestätigung über dasjenige persönliche Ereigniss, welches oben für das Ende der siebenten Woche im Jahre 6000 zweifelhaft gelassen werden musste, wenn man lediglich die von selbstberufenen Leuten „anerkannten“ Bücher zu Rathe zieht. Das „Zurückkehren“ dieses Jahve-Elohim erklärt sich so, dass er bis zu Schem's Tode in Kanaan residirte, dann aber den gewaltthätigen Angriffen des grossen Betrügers weichen musste, der durch Verrath seitens eines ausgestossenen, halb eingeweihten Elohim niederen Ranges (Dan. 11, 38.) die Lage des geheimen Palastes, dann durch seinen Lauerposten im „Lande Morijah“ (Gen. 22, 2. 4. 14.) bei Gelegenheit von Schem's Tod und Begräbniss den Eingang erfahren, und bei der Erstürmung oder Ueberrumpelung des Palastes Einige von der Jahve-Elohim-Besatzung getödtet hatte (Dan. 8, 10.). Nach dem Tode des grossen Betrügers ist dieser Jahve-Elohim, „dessen Ursprung ist aus der Urzeit, seit alten Tagen“, dann wieder nach Kanaan „zurückgekehrt“, und zwar, wie es scheint, erst am Ende der sechsten Woche, in der Zeit, da Jirmejahu's Vertreter dem letzten Betrüger sich damit schmeicheln liess, dass „die Weisen aus dem Morgenlande“ gekommen seien, um seinen Betrug zu begünstigen. Auf diesen „Bekehrer“ in dem geheimen Palaste in Kanaan bezieht sich dann Mich. 5, 3. Auf ihn als zunächst höchste Autorität, ausgerüstet mit der „Hoheit des *Namens des Jahve*, seines Elohim“, bezieht sich auch die „siebenfältige Belehrung“, beziehungsweise die Bestätigung der schriftlichen Documente, soweit das Eröffnen des Palastes nach deren Anweisungen noch Zweifel bestehen lassen könnte. — Hiernach ist für das Jahr 7000 nach Adam kein wichtiges Ereigniss angegeben, so wenig wie für die ganze mittlere Zeit der siebenten Woche, und darin liegt eine Art von Bestätigung der ausschliesslichen Wichtigkeit des Jahres 6000 nach Adam für den ganzen Umfang der besprochenen Ereignisse des Auffindens der Documente und ihrer Folgen, am Ende der siebenten Woche.

Wann dann aber (der Baubeginn und) das durch den, wie im Falle der fünften Woche *vollendeten* Erneuerungsbau des Haupt-Palastes des höchsten Jahve-Elohim der Erdenwelt angezeigte Ende der achten Woche und zugleich der nordamerikanischen Culturherrschaftszeit wirklich eintreten wird, das muss der Erörterung nach Folgendem vorbehalten bleiben.

Hen. 91, 14. Und danach in der neunten Woche wird das gerechte Gericht geoffenbart werden der ganzen Welt, und alle Menschen werden nach dem Wege der Gerechtigkeit schauen, und alle Werke der Gottlosen [der vom Jahve-Elohim Abtrünnigen] werden verschwinden von der ganzen Erde hinweg, und die Welt wird zum Untergange angeschrieben werden.
„ „ 15. Und nach diesem in der zehnten Woche, im siebenten Theile wird sein das Gericht für die
„ „ 16. Ewigkeit, das über die Wächter gehalten wird, und der vorige [Gestirn-]Himmel wird schwinden und vergehen, und ein neuer [Gestirn-]Himmel wird erstehen, und der ewige grosse Himmel, der hervorsprosst aus der Mitte der Engel, und alle Kräfte der Himmel werden leuch-
„ „ 17. ten in Ewigkeit siebenfach. Und danach werden viele Wochen ohne Zahl bis in Ewigkeit sein in Güte und Gerechtigkeit, und die Sünde wird von da an nicht mehr genannt werden bis in Ewigkeit.

Es wird sich zeigen, dass die beiden Wochen so wie hier geschieht zusammengefasst werden müssen, denn sie sind die auf einander folgenden Zeit-Elemente der letzten der „zwei Zeiten“

der amerikanischen Culturherrschaft, also der südamerikanischen.

Was den sachlichen, weltgeschichtlichen Inhalt dieser beiden Wochen betrifft, so findet er sich in zahlreichen, alle Einzelvorgänge betreffenden Schriftgemälden der meisten Bücher, zur Vereinigung reif, klar und deutlich angegeben. Man muss dabei aber sorgfältig zwischen zwei verschiedenen Darstellungsmethoden unterscheiden. Die Eine, vorzugsweise im Chanoch geübte, schiebt die Naturereignisse verschleiert in den Hintergrund und drängt dagegen ihre angebliche Bedeutung als „Strafgerichte" hervor. Den schwerst wiegenden Anknüpfungspunkt für solche Auffassung findet sie in der Verurtheilung und wirklich bevorstehenden Bestrafung der „Wächter", die jetzt vorläufig noch als Gefangene schmachten, und deren Verbrechen im Chanoch weitläufig geschildert sind. Zwischendurch wird im Chanoch aber zugegeben, dass diese Naturereignisse eben wie alle anderen unvermeidlich kommen und wirken, und deshalb, während Chanoch selbst in der Wolle sitzt, predigt er den schwachen Unglücklichen „Ethik". In Wirklichkeit wird ja sogar auch die gute Gesellschaft, trotz ihrer Selbstgerechtigkeit, schliesslich sehr schwachmüthig werden, Reue empfinden und ihre werktäglichen Werke bessern, wenn auch nicht lange. Dazu wird sie durch die Jahve-Elohim-Lehren, die Macht der Persönlichkeit jedes Jahve-Elohim, die Furcht vor den schrecklichen Lebensnöthen der vulcanischen und neptunischen Fluthen, die thatsächlich bestehenden Chancen für Errettung aus denselben, und durch die Hoffnung angespornt, dass man ihnen als von Geburt an vorwegnehmenden Leuten natürlich Logen und Sperrsitze auf einem der „Dächer der Welt" reserviren wird oder muss, damit nur der Plebs verbrennt oder ersäuft.

Die andere Darstellungsweise, hauptsächlich im IV. Esra zu finden, ergänzt die meist anderswo zerstreut liegenden, schrecklichen Thatsachen der Naturereignisse durch die Mahnung, das Unvermeidliche mit dem Muthe des Stoikers über sich ergehen zu lassen, und im überschauenden Wissen eine Genugthuung zu empfinden, gemäss:

IV. Esra 13, 16—20. Wie ich nämlich in meinem Verstand denke, so giebt es ein Wehe für die in jenen Tagen Uebriggebliebenen und noch mehr Wehe für die Nichtübriggebliebenen. Denn die Nichtübriggebliebenen werden traurig sein, indem sie das nicht kennen, was in den letzten Zeiten aufbehalten ist, und dies nicht erreichen. Aber auch den Uebriggebliebenen Wehe: deshalb, weil sie grosse Gefahren und viele Nöthe erlebt haben, wie es diese Gesichte zeigen. Dennoch ist es besser, dies unter Gefahr zu erleben, als durch die Welt zu gehen gleich einer Wolke, und nicht zu wissen, was in der letzten Zeit erfolgt.

Beide Darstellungsweisen müssen aber zugeben, dass, von Ausnahmen abgesehen, weder die reuige noch die stoische Ethik inmitten der Ereignisse selbst lange vorhalten werden, sondern dass sehr bald das unlenksamst wüthende Ringen des und der Einen gegen den und die Anderen wie eine andere, alle Schranken niederreissende Fluth menschlicher „Cultur" hereinbrechen wird. Diese Verhältnisse und auch das Loos der „Wächter" genannten niederen Jahve-Elohim sollen hier nicht näher, sondern es soll nur das grosse Geographisch-geschichtliche besprochen werden.

Dabei muss indess doch von den beiden Phrasen: „Anschreiben der Welt zum Untergange", und „Gericht" (dieses mit Wechseln des Gestirnhimmels und der Wahrnehmbarkeit des innerirdischen Himmels) als charakteristischen Unterscheidungen zwischen zwei besonderen Naturereignissen ausgegangen werden. Die erste Phrase vergleicht ein Naturereigniss mit Gefangensetzung, Tortur und Anklage von angeblichen oder wirklichen Verbrechern, vor der eigentlichen Verurtheilung und Bestrafung. Im Sinne dieses Vergleiches lässt sich die Erzählung über die „Wächter" dahin deuten, dass sie schon unter der Tortur sterben. Dass dieses Ereigniss feuriger, vulcanischer Natur bekannter Art, nur weit grossartiger ist, darüber wird nicht der mindeste Zweifel gelassen, auch nicht darüber, dass es nicht mit völlig aussergewöhnlichen planetarischen Verhältnissen zusammenhängt. — Die zweite Phrase bedeutet dann die das Richten abschliessende eigentliche Hinrichtung von Verbrechern durch ein anderes Naturereigniss, das mit völlig aussergewöhnlichen planetarischen Verhältnissen zusammenhängt, und ganz unzweideutig als ein neptunisches gekennzeichnet ist.

Zur Bestimmung des Zeitpunktes der vulcanischen Katastrophe dienen die nachstehend benützten Textstellen. — In Chan. 89, 50 wird Salomo's Tempelbau als Haus- und Thurmbau für den Zijons-Jahve-Prätendenten, in v. 54 der Parteikampf gegen letzteren, und in v. 56 Nebukadnezar's Zerstörung von Stadt und Tempel in dem Sinne besprochen, als wäre die nothgedrungene Abreise des Prätendenten das Wichtigste. Dann, in v. 58, „bleibt er ruhig" (hier wird die persönliche Einheit der Prätendenten fingirt, während dieser „er" der höchste ist), sich seines Sieges über den aufrührerischen Delegaten und dessen Anhänger freuend. Dass er aber selbst im Jahre 3448 stirbt, wird wie gewöhnlich als für das Volk unergründliches Geheimniss verschwiegen. Dagegen „beruft er 70 Hirten" (Chan. 89, 59 — hier wird wie gewöhnlich die Identität des Betrügers mit dem wirklichen Jahve-Elohim fingirt, der jetzt ebenfalls „er" genannt ist), also 70 Jahrhunderte. Der Sinn dieser Angaben ist nun der, dass der wahre Jahve-Elohim seine hypnotische Macht über die Menschenheerde gerade in den seiner Einwirkung nächstliegenden Landgebieten seit Peleg's Zeit mit der brutal blutigen Macht der Prätendentenfamilie theilen musste; dass diese Rivalität aber mit dem Tode des höchsten Prätendenten aufhörte, da seine beiden Nachfolger impotente Sprösslinge waren; dass also seitdem für den wahren Jahve-Elohim auf hypnotische *Alleinherrschaft* während der folgenden Jahrhunderte zu rechnen ist, soweit nicht das Selbsthypnotisiren der einmal verblendet phantasirenden Menschenkinder nur langsam zu überwältigende Schwierigkeiten bereitet. Vom Todesjahre des Prätendenten, 3448, würden aber 70 Jahrhunderte vorwärts nur auf das Jahr 10448 führen, während das Fluthjahr 10858 ist.

Die Differenz von 410 Jahren erklärt sich im Allgemeinen durch die im Chanoch erläuterte Strafform, nämlich den vulcanischen Feuertod der Wächter; aus dem Umstande, dass die vulcanischen Katastrophen von ungeheurem Umfange ausdrücklich dem Anfange der zehnten Woche angehören, und endlich durch die geschilderte Thatsache, dass die Katastrophen ein Zerreissen aller gesellschaftlichen Bande der Menschen, ein gegenseitig wahnwitzig blutiges Wüthen zur Folge haben, das selbst der stärksten Hypnose überall da widersteht, wo diese die Individuen und Massen nicht durch langjährige Praxis fest im Zügel behalten hat. Hieraus würde also folgen, dass die zehnte Woche im Jahre 10448 mit jenen ausserordentlichen vulkanischen Katastrophen und zugleich mit dem Aufhören der unbedingten Herrschaft des Jahve beginnt. In gleichem Sinne spricht IV. Esra 5, 28—31, wo in runder Zahl 400 (statt 410) Jahre vor der kommenden Adamsfluth beginnend, ein „Erquicken" (eine hypnotische Kräftigung resignirter Ergebung in das Unvermeidliche) der dafür empfänglichen Menschen als wegen Fortdauer der Katastrophen fortdauernd, bis zum neptunischen Fluthereignisse selbst, erforderlich und wirklich stattfindend bezeichnet ist.

Nun sind aber obige 70 Jahrhunderte und folglich auch die aus ihr abgeleiteten 410 Jahre mindestens ebenso wie die 400 Jahre lediglich abgerundete Zahlen, die voraussichtlich einer Correctur bedürfen. Um letztere zu finden, hat man zunächst zu beachten, dass die zehnte Woche den siebenten Theil eines Ganzen bildet, das nach dem Zusammenhange aller Angaben in der Gesammtheit der neunten und zehnten Woche, und zugleich in der Einen, südamerikanischen Culturherrschafts-Zeit zu erkennen ist. Diese müsste also, als das Siebenfache von 410 oder 400, entweder 2870 oder 2800 Jahre umfassen, im Jahre 7988 oder 8058 beginnen, und würde für die nordamerikanische Herrschaftszeit (und achte Woche) nur 1968 oder 2068 Jahre übrig lassen. Solche Zahlen erscheinen unwahrscheinlich, verglichen mit der europäischen Herrschaftsdauer von 1982 Jahren, und selbst wenn man den Unterschied zwischen dem nordamerikanischen Hasten und Jagen gegen die im continentalen Greisenalter von Südamerika voraussichtlich herrschend werdende behäbige Ruhe als lebenverlängernd sehr hoch anschlagen mag. Aber es bietet sich in der „Hälfte einer Zeit" oder „halben Zeit" (Dan. 7, 25; 12, 7.) eine zweite zutreffendere Correctur. Die auf den Afrikanischen Cyclus folgende „halbe Zeit" als Anfang des Asiatischen Cyklus beträgt nämlich nach der samaritanischen Genesis 1307 Jahre und ihr Doppeltes also 2614 Jahre, die nach Vorstehendem nur die nächstvorhergehende südamerikanische Zeit beziffern können. Denn ihr Siebentel giebt 373 (statt rund 400) Jahre, und ihnen geben bis zum Jahre 3448, statt rund 70 Jahrhunderte 7037 Jahre voraus. Man sieht: das stimmt so genau, wie man es von Zahlen erwarten darf, die nicht astronomisch gebunden sind. — Die 7000 Jahre werden auch in dem Samaritanischen Pentateuch bestätigt, und dass sie nicht etwa von Adam an gezählt werden dürfen, ergiebt sich daraus, dass sie kurz vor dem als das „Endgericht" bezeichneten Fluthereignisse endend, letzteres als ihnen bald danach folgend characterisirt sind.

Für die letzte Zeit der 7000 Jahre sind indess noch besondere Vorgänge angedeutet, sowohl nach Art als vielleicht auch nach Zeit. Es ist nämlich schon oben in Uebereinstimmung mit dem vorherrschenden Character eines Theiles der Menschen geltend gemacht, dass die aus der „siebenfältigen Belehrung" und den folgenden socialen Kämpfen geschöpfte und aufgezwungene „Ethik" nicht stichhalten wird, sobald die Zeiten der drohenden Katastrophen näher rücken; dass also dann wieder in verstärkten Graden diejenigen gesellschaftlichen und politischen „Bestrebungen" hervortreten werden, durch welche die physisch und intellectuell Starken auf Kosten der Schwächeren sich selbst, beziehungsweise ihre Geschlechter (Familien) und Völker-Associationen vor dem Untergange zu schützen suchen werden. Was über die Bestrebungen im IV. Esra, Chanoch und in den Propheten gerade in Hinsicht auf die der nächsten Adamsfluth vorhergehenden Jahre, also der beiden letzten Wochen erzählt wird, ist ja schon auf Seite 54/55 besprochen. Natürlich beginnen diese Bestrebungen in anfänglich unscheinbaren Formen schlau geschäftlicher und politischer Concurrenz; da sie aber rasch allgemeiner werden, so arten sie bald in blutig brutale Gewaltthätigkeit seitens Derjenigen aus, die gewöhnt sind, rücksichtslos für ihre eigene und ihrer nächsten Nachfolger Lebens-Versicherung ohne Gegenseitigkeit zu sorgen, bevor die Katastrophen selbst hereinbrechen, und je näher dieser Zeitpunkt rückt. Es wird sich da also nur um einen kurzen Zeitraum vor dem Ende der 7000, genauer 7037 Jahre handeln, und er scheint in folgender Weise beziffert. Nach der „Berufung der 70 Hirten" (Chan. 89, 59.) wird nämlich deren Ende durch das zeitgeschichtliche „ganze Buch" (Chan. 89, 70.) dergestalt signalisirt, dass die „12 Stunden" (Chan. 89, 72.), ähnlich den „letzten zwölf Hirten" (Chan. 90, 17.), ebenfalls die „letzten" jener 70 Hirten, also in dieser einen Hinsicht nur aus ihrer richtigen Stellung textlich verschoben sind. Das folgt auch schon daraus, dass ihr scheinbarer Bezug auf die unmittelbar folgende Erzählung von Esra-Nehemia's Tempelgründung im nächstliegenden sachlichen Sinne ganz unmöglich ist. (Die „12 Stunden" im Sinne von *kleinen* Jahrhunderten werden sich im Zusammenhange damit, dass von allen Propheten ausschliesslich Ezechiel und zwar 92 Mal „Menschensohn" genannt wird, auf seine Identität mit Esra, sein Geburtsjahr und seine Lebensdauer beziehen.) Da nun die alttestamentliche „Stunde" der zwölfte Theil des Tages ist, so bedeuten die „zwölf Stunden" hier nicht 12 Jahrhunderte, sondern 12 Monathunderte oder einhundert Jahre, und ein solcher Zeitraum stimmt zu der geschilderten Character-Entwickelung der anfänglichen „Bestrebungen". Dass bei letzteren Australien besonders berücksichtigt wird, hat seinen Grund in dem Umstande, dass Südamerika mit seinen ausgedehnten Tief- und sehr schmalen Hochländern, ziemlich antipodisch zum asiatischen „Muttermunde" liegend, nur für mässige Menschenmengen ausreichend rettenden „Dach"-Raum darbieten kann; während Australien's günstigere Lage zum „Muttermunde" grössere Chancen gegen Ueberfluthung vorhanden erscheinen lässt. Dass aber die Verhältnisse wieder die Schifffahrt nach der Alten Welt, speciell nach Afrika und Egypten nahe legen werden, ist in der Textstelle Deut. 28, 68 bestimmt angegeben, die wegen der pluralen „*Schiffe*" (auch der Noachsfluth) durchaus nichts mit der trockenen Rückkehr in Jer. 43, 7 und Hos. 3, 13 zu thun haben kann, trotzdem die negative Prophezeihung nur indirect in dem Schwure enthalten ist, dass die genau gleiche Noachsfluth nicht wiederkehren wird.

Von der Zeit an kurz vor dem Abschlusse der 70 Jahrhunderte, also genauer vor dem Jahre 10485 nach Adam, gilt nun die Textstelle:

IV. Esra 5, 27. Und Jeder, der befreit ist von den vorgenannten Uebeln,
" " " 28. er wird das Unerwartete von mir schauen. Denn mein Sohn, der Gesalbte, wird sich mit denen offenbaren, die bei ihm sind, und er wird erquicken die Uebrigen während
" " " 29. 400 Jahren. Und nach diesen Jahren wird es geschehen,
" " " 30. dass mein Sohn, der Gesalbte, sterben wird, und alle Menschen, die Lebensmühen haben, so dass Niemand übrig bleibt. Und kehren wird die Welt zu dem ersten *Stillschweigen*
" " " 31. *sieben Tage, wie in den früheren Anfängen.* Und nach sieben Tagen wird es geschehen, dass das noch nicht wachende Weltalter aufgeweckt wird und das zeitliche stirbt.

Der Ausdruck „offenbaren" ist dafür bezeichnend, dass dieser gegenwärtig mit seinem Vater Jah im Tigrislande lebende und dann hervortretende Sohn einen weit höheren Rang besitzt, als der im Jahre 6000 nach Adam in Kanaan hervortretende Jahve. Das „Unerwartete" liegt unzweifelhaft darin, dass bei früheren Anfängen von Weltperioden nicht eine ähnliche Maassregel erforderlich gewesen war, weil die „Cultur" der damaligen Menschengeschlechter nicht zu der bluttriefenden der alttestamentlich jüngsten Adamiten gediehen, das fatalistisch ergebene Fügen in das Unvermeidliche allgemeiner, oder doch leichter durch Hypnose seitens Jahve-Elohim weniger hohen Ranges zu erwirken gewesen war. Dieser Sohn und „die bei ihm sind", nämlich „sieben Hirten [der Reihe nach die Menschenheerde je ein Jahrhundert zu weiden berufen gewesen] und acht gesalbte Männer" (Mich. 5, 4), sind gegen feindliche Menschen und Seelen ausgerüstet mit der gewaltigen hypnotischen Kraft des Jahve-Vaters (Mich. 5, 3.), um die grosse, aus sich selbst unfügsame Menschenmasse, die aus den vorherigen Kämpfen übrig geblieben ist und aus den kommenden schrecklicheren übrig bleiben wird, — die ohne Mittel zur Flucht von Land zu Land vor den gewaltigen vulcanischen Fluthen ist, und voraussichtlich kein aus der folgenden neptunischen Fluth rettendes „Dach" besitzen, behalten oder erringen wird, — zu demüthig frohmüthiger Ergebung in den unvermeidlichen Märtyrertod zu hypnotisiren, und das letzte Schicksal aller dieser Menschenmassen, den Fluthentod mit ihnen zu theilen. Denn als in der Rathssitzung im Erdinnern (wie in Dan. 7, 9. 10 geschildert) unmittelbar vor der alttestamentlichen Noachsfluth der Ruf erscholl: „Freiwillige vor! für den sicher verlorenen Posten", da hatten dieser Sohn und seine Gefährten, ungezählte Jahrzehntausende alt, sich für diese Mission gemeldet und mit dem Jah den Wachtposten im Tigrislande bezogen. (Die ganze „Wochen"-Rechnung ist wie die der „Jahrwochen" in der Zeittafel zusammengestellt.)

---

Nachtrag zur 2. Woche. Der in der Textstelle Chan. 93, 4 hervorgehobene Umstand, dass „das erste Ende" nicht dem Ende der Woche angehört, sondern innerhalb derselben liegt, zwingt zu der genaueren Auffassung, dass das Wochenende dem Jahre 1668 angehört, also die zwei Jahre der astronomisch-meteorologischen „Störungen" noch der zweiten Woche zugerechnet werden sollen. Das astronomische Geheimniss durfte nicht deutlicher verrathen werden, als durch den in der kümmerlichen Gesetzgebung (Gen. 9, 1—7.) liegenden Wegweiser. Die 3. Woche und die asiatischen „Abende" werden also um zwei Jahre kleiner, weil consequenter als geschehen mit 1668 zu rechnen ist.

---

## „Siebenjähriges Stillschweigen."

Nach der bevorstehenden Adamsfluth, in der Hypnotiseur und Hypnotisirte sterben, so dass Niemand lebend übrig bleibt, während die auf den „Dächern der Welt" geretteten Uebrigbleibenden wegen ihrer relativ geringeren Anzahl an dieser Stelle nicht erwähnt werden, tritt ein jede Weltperiode beginnendes *„Stillschweigen von sieben Jahren"* („Tagen") ein; und danach wird die neue Weltperiode mit einem, bisher wie noch in der Schlafkammer des Erdinnern befindlichen, neuen Menschengeschlechte aufgeweckt werden, indem jenes Geschlecht aus jener Kammer hervortritt, neue Zeitverhältnisse von Neuem beginnend, während das bisherige menschliche Weltalter mit seinen alten Zeitverhältnissen stirbt.

Hier ist nun der Ort, naheliegende Zweifel über Zeitzahlen zu besprechen. Die hohen Alterszahlen des alttestamentlichen Geschlechterregisters bis zur Noachsfluth und eine Strecke weit darüber hinaus, gelten nämlich bei wirklichen Jahren als Einheit ausschliesslich für „Menschensöhne" bedeutenden Ranges, die „Könige der Urzeit" (Jes. 19, 11.) über die neugeborenen Adamiten, und für die von jenen herrührende Zeitgeschichte. Für die eigentlichen Adamiten haben dieselben, durchschnittlich gemeinten Alterszahlen nur den Monat als Zeiteinheit. Das folgt zuverlässig daraus, dass sich einerseits das Durchschnittsalter der „Menschensöhne" (500 Jahre nach Chan. 10, 10), und anderseits dasjenige der Adamiten (120 Jahre nach Gen. 6, 3.) für einen bestimmten Zeitraum aus den gegebenen einzelnen Mittelzahlen bei Berücksichtigung ihres qualitativen Werthes nachrechnen lassen. Hiernach ist die Geschlechtsreife für die ersten Adamiten im Alter von $10^1/_2$ Jahren eingetreten; aber diese Angabe gilt nur für Schet, das erste Kind von constant gewordener menschlicher Form, nicht für den erstgeborenen Kajin, dem durch andere Körperform oder -farbe „Gezeichneten", und seinen getödteten Bruder Abel. Die thatsächliche Reifezeit ist nicht direct angegeben; aber sie geht in folgenden Generationen auf $5^2/_3$ Kenan) und $5^1/_4$ (Mahalaël und Chanoch) Jahre als Rückschlags-Erscheinung zurück, die einen noch weiter gehenden Schluss für Adam rechtfertigt. Nun erscheint es ausgeschlossen, dass das Entstehen der Adamiten in anderer Zeit als unmittelbar vor oder nach der Adamsfluth im Beginne des „Stillschweigens" stattgefunden haben könnte. Denn das Erdinnere und speciell die hier (wegen Job. 15, 19.) ausschliesslich in Betracht kommende innere Fläche der Erdschale, leidet ja unter denselben vulcanischen und neptunischen Revolutionen, wie die äussere Oberfläche der Erdschale, denen nur die Jahve-Elohim, sie theils sicher vermeidend, theils beherrschend, gewachsen sind, nicht aber die „Maden", für die es auf den breiten inneren Strömen „kein Ruderschiff", auf den Meeren „kein mächtiges Fahrzeug" (Jes. 33, 21.) giebt, weil für die Jahve-Elohim das Fliegen bequemer ist. Die allgemeine Vorstellung, die allerdings nie ausgearbeitet werden konnte, dass nämlich die unbekannte Adamsfluth, und das Entstehen der Adamiten zeitlich zusammen liegende Ereignisse sind, erscheint hiernach gerechtfertigt, und beide gemeinsam den Anfangspunkt für neue Zeitrechnung darbietend. Der specielle Verlauf des Entstehens und der Entwickelung der Adamiten mit Bezug auf die Fluthkatastrophe wird dann wie folgt geschildert.

Gen. 2, 6. Ein Dunst aber stieg auf von der Erde und tränkte die ganze Fläche des Bodens.

Hier ist das Entstehen einer weit ausgedehnten, thierisch organisirten Masse, auf dem feuchten Erdboden, aus ihm heraus, in ihn hinein als ein reines Naturereigniss geschildert, für das sich übrigens aus der chemischen und formgebenden Leistungsfähigkeit der planetarisch electrischen Ströme von bestimmter Bahnform und complicirtem Phasenwechsel ein aufdämmerndes Verständniss gewinnen lässt. Der feuchte Erdboden in richtiger Lage zum planetarisch-electrischen Stromsysteme kann sehr wohl schon bei *Regien* der Adamsfluth disponibel werden, weil letztere auch im Erdinnern eine andere Vertheilung der Wasser bedingt, also bisher maritimen Gebiet entblösst.

Gen. 2, 7. Da bildete der Jahve, Elohim, den Menschen aus Staub von dem Erdboden und blies in seine Nase Hauch des Lebens, und so ward der Mensch zu einem Leben-Athmenden.

Jene planetarisch organisirte Matrix differenzirt sich nun weiter zu einzelnen Individuen, deren besondere Art die Jahve-Elohim beeinflussen können, wie das noch heute jeder Pflanzen- und Thierzüchter bei gegebenem Naturmateriale mit bisweilen grossem Erfolge zu thun versteht. Dabei ist unter dem Einblasen von „Hauch des Lebens" nicht nur das Veranlassen des Luft-Athmens zu verstehen, sondern zugleich das Uebertragen von hypnotischer Lebensenergie, die in den „ewigen Göttern", den Jahve-Elohim zu grösserer individueller Intensität des Seelen-Athmens aufgespeichert ist, als ein junges Menschenkind in beschränktem Raume und in kurzer Zeit aus dem Oceane planetarischer Lebensenergie assimiliren kann.

Der so entstandene Adam ist aber ein männlicher, fortpflanzungsfähiger Hermaphrodit, also befähigt zum Verkehre mit weiblichen und männlichen Personen. Der Verkehr mit weiblichen Jahve, während Menschenweiber noch nicht existiren, wird ihm als unvermeidlich seinen Tod verursachend widerrathen oder verboten (Gen. 2, 17). Dass dies völlig ernst gemeint und wie es sachlich zu verstehen ist, dafür wird, ausser von Uebergangsverhältnissen (Num. 25, 8.), die Geschichte von der „Männermörderin" (Tob. 3, 10.) berichtet, die einer „Menschensohn"-Familie angehörte, und einen starken Rückschlag auf eine sexuell verzehrende Eigenart weiblicher Jahve-Elohim darbot. — Der Verkehr mit männlichen Jahve ist nicht von solchen, aber von Gefahren anderer Art begleitet; ebenso derjenige der Hermaphroditen unter einander. Denn während die Möglichkeit der Empfängniss gegeben, ist diejenige des Gebärens eines Ausgetragenen anatomisch nicht gesichert. Das Gebären muss vielmehr rechtzeitig durch eine schwere chirurgische Operation im Zustande hypnotischer Betäubung und Unempfindlichkeit gegen Schmerzen bewirkt werden, und es muss die Möglichkeit des Ausreifens des vielleicht Unfertigen vorliegen. Diese Bedingungen vermögen nur die Jahve im Erdinnern, nicht die Menschenkinder im Erdäussern zu erfüllen. Nun sind im Alten Testamente die Fälle zahlreich, in denen sonst unfruchtbaren Weibern aus dem Umgange mit „Menschensöhnen" stets Knaben, und mit sicherem Erfolge versprochen werden. Daraus folgt für den vorliegenden Fall, dass es auch Jahve giebt, die mit gleicher und grösserer Sicherheit das Empfangen von weiblichen Kindern versprechen und bewirken können. Das vorstehend Entwickelte ist aber der sachliche Inhalt der folgenden Textstellen:

Gen. 2, 18. Und es sprach der Jahve-Elohim: Es ist nicht gut, dass der Mensch allein sei; ich will ihm machen eine Gehilfin, wie sie ihm zustehe.

„ „ 21. Und es liess fallen der Jahve-Elohim eine Betäubung auf den Menschen, und er entschlief. Und er nahm eine von seinen Ribben und schloss Fleisch an ihrer Statt.

„ „ 22. Und es bauete der Jahve-Elohim die Ribbe, die er genommen hatte von dem Menschen, zu einem Weibe, und brachte sie zu dem Menschen.

„ „ 23. Da sprach der Mensch: Dieses Mal [im Gegensatze zu den früher beobachteten Thieren] ist es Gebein von meinem Gebeinen und Fleisch von meinem Fleische. Diese werde genannt Männin, denn vom Manne ist diese genommen.

„ „ 24. Darum verlässt der Mann seinen Vater und seine Mutter und hängt an seinem Weibe, und sie werden zu Einem Fleische.

Darum ist aber auch der Mann ein rohes Naturproduct, und das Weib die Tochter von Göttern (Jahve-Elohim)! Und darum ist der Mann auch die brutal schwefelsaure Schlempe, aus der das Weib als Spiritus abdestillirt worden ist, ohne vom Manne immer zu „Cape Smoke" cultivirt zu werden! — Es ist verständlich, dass der aus der Hypnose erweckte Adam sich durch den verminderten Leibesumfang und die zugenähete frische Wunde leicht von den wirklichen Vorgängen überzeugen lässt, während die Geschichte von der Ribbe die ein unwissendes aber neugieriges Kind befriedigende Märchenzugabe sein mag.

Die weitere Entwickelung wird in Gen. 3 und 4 der Reihe nach so dargestellt, dass Adam das Weib „erkannte"; dass dann den Menschenkindern, die bevorstehende Deportation nach dem Erdäussern angekündigt und ihnen dafür angemessene Bekleidung gemacht wurde; dass dann die Deportation wirklich stattfand, und zwar gemäss IV. Esra 5, 31 nach 7 Jahren seit Fluthbeginn, beziehungsweise nach 7 Lebensjahren, und unter Verhinderung eigenwilliger Rückkehr in das Erdinnere. Diese Zeitbestimmung ist sicher; wenn aber in Gen. 4, 1. 2 die Sache so dargestellt wird, als seien Kajin und Abel erst später, also im Erdäussern geboren, so erscheint dies wegen einer anderen Textstelle unmöglich, und in einer dritten wird die wirkliche Reihenfolge der Vorgänge genau angegeben. Der Weg aus dem Erdinnern in das Erdäussere führt nämlich durch ein System von Felshöhlen, in der Erstreckung eines Breitengrades (etwa 20° oder 10° südlicher Breite) unter Afrika liegend, die zu durchwandern $1\frac{1}{2}$ Jahre Zeit erfordert. Da nun ein Menschenkind in 9 Monaten ausreift, — nur bei den „Menschensöhnen" betrug diese Zeit 10 Monate (Weish. 7, 2.), — so muss mindestens

Kajin schon im Erdinnern geboren sein, weil sich kaum annehmen lässt, dass man so unerfahrenen Menschen auf solcher Wanderung noch ungewöhnte Schwierigkeiten aufbürden darf. Es bliebe also nur Abel's Geburtsort zweifelhaft, während Schet im Jahre 10½ auf der äusseren Erdoberfläche geboren ist. Da kommt Chan. 65 mit Angaben zu Hilfe, unter Anwendung von Bezeichnungen, welche zugleich jeden Zweifel über die sachliche Bedeutung des Wortes „Erkennen" beseitigen sollen. Es wird nämlich erzählt, dass Mann und Weib zuerst aus dem Erdinnern heraus in das Erdäussere gekommen, und Kajin und Abel ihnen erst etwas später gefolgt sind, aus einem anderswo erläuterten Grunde. Kajin war aber nicht durch Körperform, sondern durch schwarze Hautfarbe „gezeichnet"; und seine That wird nicht als ein Todtschlag, sondern mehr nur als ein gewaltsames Wegdrängen und Verfolgen des aus der Gegend fliehenden rothhäutigen Abel dargestellt, so dass die Mutter ihn vergeblich sucht, über sein Verschwinden lange untröstlich klagt, bis sie sich endlich durch Adam wieder „beruhigen" lässt und nach Adam's 10 Jahren den Schet gebiert. — Wie man sieht, umfasst in diesen Darstellungen ein Zeitraum von 7 Jahren, (ja eigentlich nur von 6½*) Jahren, so dass die Geschlechtsreife mindestens schon mit 4 Jahren eingetreten sein muss), die Entstehung des Adamiten, das Abknospen des Weibes, und die Geburt zweier Kinder. Das sind ganz ausserordentliche Verhältnisse, über die sich indess verständiger Weise nicht disputiren lässt, weil kein anderer Maassstab für die Lebensenergie im Erdinnern besteht, während ähnliche Angaben der indischen Schöpfungsmythe als Lügen, und rückschlägige, mehr physiologische Erscheinungen bei manchem heutigen Kinde nicht als solche, sondern als krankhafte, lasterhafte „Naturwidrigkeiten" betrachtet werden.

## Der äussere Geburtsact.

Jenen 7 Jahren nach der Adamsfluth folgt nun schliesslich das grosse Ereigniss des äusseren Geburtsactes für das neue Menschengeschlecht in der in nachstehender Textstelle geschilderten Weise.

IV. Esra, 13, 2. Und ich sah, und [da] siehe, vom Meere stieg ein [vul-
canisches Dampf-] Wehen auf, so dass es alle seine Fluthen
„ „ „ 3. aufregte. Und ich sah dies Wehen — [und es kam da-
nach] gleich einem Manne [herauf], und siehe, dieser
Mann flog mit den Wolken des Himmels, und wohin
er seinen Blick wendete, zusammenschauen, zitterte Alles, was
„ „ „ 4. unter ihm zu sehen war. Und überall da, wo die
Stimme aus seinem Munde ging, brannten [zerflossen
in Furcht hinweg] Alle, die seine Stimme hörten, wie
Wachs schmilzt, sobald es Feuer gespürt hat.

IV. Esra 13, 5. Und ich sah danach, und siehe, es versammelte sich
eine Menge Menschen, deren keine Zahl [eine zahllose]
von den vier Winden des Himmels her, um den Mann
„ „ „ 6. zu bekämpfen, der vom Meere aufgestiegen war. Und ich
sah, und siehe, er hatte sich einen grossen Berg ge-
„ „ „ 7. zimmert, und flog auf ihn hin. Ich aber suchte die Gegend
oder den Ort zu sehen, woher der Berg gezimmert sei,
und ich vermochte es nicht.
„ „ „ 8. Und danach sah ich, und siehe, Alle, die sich zu-
sammengeschaart gegen ihn, ihn zu bekriegen, fürchteten
„ „ „ 9. sich sehr, dennoch wagten sie den Krieg. Und siehe, als
er den Sturm sah der Menge, die herankam, da hob er
keine Hand auf, noch hatte er einen Speer, noch irgend
„ „ „ 10. ein Kriegswerkzeug, nur einzig sah ich, wie er von seinem
Munde gab wie einen Feuerhauch, und von seinen Lippen
wie Flammenwehen, und von seiner Zunge gab er wie
Funkenstürme, und vermengt war Alles in Einem, der
Feuerhauch, das Flammenwehen, die Sturmfunken-Menge.
„ „ „ 11. Und dies fiel mit Ungestüm auf die Schaar, die zum
Streiten bereit war, und verbrannte [in psychischem
Sinne] Alle dergestalt, dass auf einmal Nichts mehr zu
sehen war von [der böswilligen Absicht] der zahllosen
Menge, ausser einzig Aschenstaub und Rauchgeruch [von
solcher Böswilligkeit].
„ „ „ 12. Und ich sah es und stand [erwartungsvoll] auf: und
danach sah ich den Mann selbst von dem Berge herabsteigen, und zu sich rufen eine andere [die aus dem
„ „ „ 13. Erdinnern kommende, non-adamitische], friedliche Menge.
Und es näherten sich ihm vieler Menschen Angesichter
[mit im Uebrigen ganz bekleidetem Körper, Gen 3, 21],
Einige freudig, Andere trauernd, von denen Einige
gefesselt waren, Andere vor ihn brachten von dem, was
sie [während der mühseligen, langen Höhlenwanderung]
gelitten hatten.

Fast alle alttestamentlichen Bücher geben in zahlreichen Textstellen Einzelschilderungen der hypnotischen Kraft des Jahve-Elohim, ihrer Erscheinungsformen, das „odische" Leuchten (nach Reichenbach's Untersuchungen) inbegriffen, das die Betrüger durch Beschmieren mit Phosphorsubstanz nachgemacht haben, und ihrer Wirkungen sowie ihrer substanziellen Grundlage, — alles von ganz ausserordentlicher Intensität, von der die menschenkindlichen Hypnotiseure nur Spuren aufzuweisen haben. Während der Jah der jetzigen Erdenwelt die theils fast ahnungslos fügsame, theils fast bewusstvoll widerwillige Menschenheerde im Sinne der Sprüche:

Pr. 21, 1. Wasserbäche ist das Herz [sogar] des [despotischesten]
Königs in der Hand des Jahve, wohin er begehrt, lenkt
er es.
„ 33, 10. Der Jahve stört den Rathschluss der Völker, vereitelt die
Gedanken der Nationen.

durch seine untergebenen Hirten wie durch Blindlings-Schachspieler lenkt, für welche die Erdoberfläche ein Schachbrett ist, mit den einzelnen Menschen vom Sclaven bis zum Herrscher, mit den Familien, Völkern, Nationen, den staatlichen und Erdtheils-Associationen, als lebendig gegnerischen, aber schliesslich geduldig oder verzweiflungsvoll ohnmächtigen Schachfiguren, und mit dem Ziele vor Augen: dem unvermeidlichen „Schach und Matt" der im Grossen anssortirten grossen Masse der Menschen in den nächsten vulcanischen und neptunischen Fluthkatastrophen: ist in vorstehendem Schriftgemälde die bewusstvolle Provocation zum hypnotischen Bekriegen und Unterjochen des bösartigen adamitischen Menschen-

*) Anmerkung. Die „kleine Genesis" giebt übrigens Adam's Alterszahlen zur Zeit von Kajin's und Abel's Geburt zu 70 und 77 Jahren an, die 5⁵/₆ und 6⅓ Jahren entsprechen. Beide wären also doch erst während der Wanderung durch den Höhlengang geboren, und Abel wäre ein Siebenmonatskind gewesen. Dann sagt aber Chan. 85, 3 genauer, dass zuerst die männlichen Adamiten und nach ihnen die Weiber (in Verbindung) mit den Kindern an die äussere Erdoberfläche durch den Höhlengang herabkamen.

restes geschildert, der übrigens erst in der später, nach der „halben Zeit" folgenden neu-noachitischen Fluth vollständig vertilgt werden wird. Dieser hypnotische Kampf und Sieg ist bereits Seite 57 characterisirt. Deshalb soll hier nur die geographische Grundlage der Vorgänge näher erläutert werden.

Chanoch, von der Ostküstengegend Afrika's ausgehend, betritt bei seiner hauptsächlich in Chan. 14, 8—24 geschilderten Reise in das Erdinnere letzteres etwa unter dem mittleren Meridian von Südamerika, vielleicht auch schon im 60.° westlicher Länge von Greenwich, und im 20.° (oder 10.°) südlicher Breite. Er kommt zuerst in eine sehr grosse nach oben, dem Erdcentrum hin offene, damals trockene Schleusenkammer mit Thoren und Riegeln (Chan. 14, 15. 25; Job. 38, 8. 10.). Die Wände dieser Kammer sind sehr hoch, und gestatten, wie auch die tiefwandigen Thüröffnungen, nur einen begrenzten Ausblick, so dass Chanoch für die Wahrnehmung einzelner Objecte, im Erdinnern und an der inneren Fläche der Erdschale, bestimmte Standorte angewiesen erhält. Die Kammer lehnt sich an eine steile Felsenwand, in der der Höhlengang von der Ostküste Afrika's her ausmündet, und von diesem Austrittspunkte aus, den Chanoch von allen Eindrücken überwältigt nur zaghaft zu verlassen wagt, sieht er, neben anderen (electrischen) Erscheinungen, an einer Stelle der inneren Fläche der Erdschale einen „Himmel von Wasser" (Chan. 14, 11.). Er befindet sich ungefähr auf dem Boden eines tiefen Brunnens, in dessen Decke etwa ein Fenster eingesetzt ist, durch dessen Material er das Aussere blaue Himmelsgewölbe im gerade bestehenden Tageslichte wahrnehmen kann. Die Erdschale hat also an der beobachteten Stelle eine relativ grosse Oeffnung, die vor der Noachsfluth nur maritim verschlossen war, und östlich von Asien, etwa im 40.° oder 45.° nördlicher Breite und 150.° östlicher Länge von Greenwich in der Nähe jetzt besonders grosser Meerestiefen lag. Dass diese Auffassung des Schriftgemälden die richtige ist, ergiebt sich aus der Schilderung derselben (und ähnlicher) Oeffnung bei Betrachtung vom Erdäussern her. Hier (Ps. 104, 3. 13.) werden die Randflächen der Oeffnung mit den „Söllern" verglichen, die sich ringsum an den Wänden des inneren Hofes eines Hauses hoch oben, oder ganz in Gestalt von flachen Dächern befinden, aber nicht einen freien Luftraum zwischen sich lassen, sondern ganz „mit Wasser gebälkt sind", wie man jetzt zum Abbälken eines Lichthofes Glas nimmt. Diese Oeffnung ist wahrscheinlich unmittelbar nach der Noachsfluth, bei relativ geringster Meerestiefe, wieder vulcanisch verschlossen, und sie wird erst für die bevorstehende Adamsfluth von Neuem vulcanisch geöffnet werden Auf diese beiden Operationen (auch für andere Fälle) bezieht sich:

> Job. 12, 14. Siehe, er verschliesst vor dem Menschen, und nicht wird geöffnet, er reisst ein, und nicht wird aufgebauet.

Bei diesem Oeffnen bildet sich eine Form, nach dem Verdrängen des Meeres äusserlich ähnlich derjenigen, welche man wahrnehmen würde, wenn das Nordpolarmeer trocken gelegt wäre; das heisst, die Ränder der Oeffnung bilden, wie dann die Nordufer von Asia-Europa und Nordamerika, die Umwallung einer Tiefe, aus der sich ein seitwandig angesetzter vulcanisch entstandener grosser Berg mit tiefliegendem also für Esra unsichtbarem Fundament erhebt, wie das Nordpolarland, oder wie der eigentliche Krater seitlich innerhalb der weiten Umwallung eines Vulcanes, dessen Grund aber bis zur Durchlöcherung der Erdschale weggeschmolzen ist. Die Adamsfluth legt nun die so entstandene und so geformte Oeffnung trocken, so dass der vom Wasser entblösste Continenttheil nach allen vier Himmelsrichtungen hin mit alten und neuen Continenttheilen in Verbindung steht, also mit Asien, Nordamerika, dem Nordpollande und dem jetzigen Inselgebiete des Grossen Oceanes. Das ganze so entstandene Continentalgebiet ist der im IV. Esra 11 beschriebene Adler.

Mit Ablauf der auf die Adamsfluth folgenden 7 Jahre des „Stillschweigens", die also zugleich dem Abtrocknen der bisher submarin gewesenen Erdtheile dienen, entwickeln sich nun folgende Verhältnisse, einerseits der alten, aus allen Katastrophen übrig gebliebenen Erdbevölkerung, anderseits der neuen Menschengeburt und der sie führenden Götter.

Von der alten Erdbevölkerung werden immer noch Hunderte von Millionen übrig geblieben sein. Ein grosser Theil von ihnen verdankt, wie erwähnt, seine Rettung dem mörderischen gewaltthätigen Zugreifen bis zur Uebersättigung. Alle wissen den Werth des „Neulandes", des „jungfräulichen" Bodens im Gegensatze zum verbrauchten alten zu schätzen. Alles drängt also danach, jenen in Besitz zu nehmen, — in Concurrenz gegen die Eindringlinge aus dem Erdinnern, die „Wilden", die „Heiden". Dazu hat sich die alte Erdbevölkerung seit langer Zeit auf Kämpfe dressirt, von deren intensiven und extensiven Ernste die neuen Kinder noch nichts verstehen, wenn sie auch unter einander vergleichsweise „Räuber und Gensdarmen" gespielt haben. Ein für diese Kinder unvermeidlich lebensgefährlicher Conflict ist da im Anzuge; und diesen Conflict zu Gunsten der Neugeborenen in dem Sinne zu lösen, dass der neue Continent ihnen ausschliesslich angehört, gebrauchen nun die Jahve-Elohim ihre nach Aussen hypnotisch Furcht erregende, schützende Macht.

Während die neuen Menschenkinder von relativ geringer Anzahl mit ihrer Eskorte von Jahve-Elohim noch im Ende des Höhlenganges weilen, fliegt der Jahve-Elohim höheren Ranges mit angeschnallten Flügeln durch die, für den stattgefundenen Austritt der Meeresmassen weitere Oeffnung, aus dem Erdinnern heraus, umkreist in Wolkenhöhe das Landgebiet, um sich den in der Nähe weilenden Menschen der alten Bevölkerung Furcht einflössend bemerklich zu machen. Diese bringen fliehend die Nachricht von der ausserordentlichen Erscheinung zu der übrigen Bevölkerung, deren Schaaren nun herbeiströmen, zur Abwehr des fremden Volkes kampfgerüstet, und nebenbei voller Neugierde in Betreff des Erdinnern und der Wege dahin; aber hypnotisch vollständig überwältigt werden und den Continent Neu-Nod verlassen. Dieser wird dann von den neuen Menschenkindern, mit gefesselten Deportirten („Menschensöhnen") unter der Mehrzahl freiwilliger bis fügsamer Auswanderer, in Besitz genommen, unter „Menschensöhnen" als ihren „Königen", während die Familienglieder, Weiber und Kinder etwas später folgen.

Der führende Jahve ist der gegenwärtig noch im Erdinnern gebliebene andere Sohn des Jah und löst den letzteren von dem oberirdischen Wachtposten ab, während der Jah selbst wieder in das Erdinnere zurückkehrt, um dort die persönliche Herrschaft über das seit „Ewigkeiten" ihm speciell zugewiesene, begrenzte Landgebiet mit neuen Städten neben uralten Trümmern und Gräbern (Ez. 26, 20; 31, 14) über uralte Bewohner wieder zu übernehmen (IV. Esra 9, 8).

Der ganze Verlauf dieser Vorgänge — nach vieljährigen Geburtswehen das vulcanische Oeffnen der Erdschale, der Stellungswechsel der Mutter Erde, der Austritt der Meeresmassen wie einer Vorgeburt nach dem äusseren Südpole der Erde hin, die siebenjährige Pause in den äusseren Geburtswehen, der langgezogene, schmerzlich mühevolle terrestrische Geburtsact selbst, und die Abwehr der seitens mancher alter Generationen für das Neugeborene bestehenden Lebensgefahren, — ist zu unmittelbarer zeitlicher Folge zusammengedrängt im oben citirten Schriftgemälde anschaulich geschildert. [„Unsere Mutter Erde" hat zuletzt 1656 Jahre „Wochenbett" gehalten!]

Aber das ist nur der in früheren „Anfängen" neuer Weltperioden normale Verlauf der Vorgänge gewesen; und wie schon beim Beginn der vulcanischen Katastrophen im Jahre 10485 nach Adam ein „Unerwartetes" nach Vorausbestimmung eintreten wird, so ist ein ähnlich Ungewöhnliches auch für den Geburtsact im Jahre 10805 nach Adam vorausbestimmt. Denn die Jahve-Elohim konnten sich bis zur Noachsfluth nicht über den betrügerisch mörderischen Character und die betrügerisch mörderische Intelligenz der Adamiten, sowie die Richtung ihrer Entwickelung auf Grund des Betrüger-Jahve-Elohimthums (Gen. 4, 26.) täuschen. Sie wussten deshalb im Voraus, dass unmittelbar nach der nächsten Adamsfluth die Dinge durchaus nicht so glatt wie früher verlaufen werden, nachdem diese Adamiten den Mördersinn und die Mordwaffen bis zu jener exact wissenschaftlichen Vollendung cultivirt haben würden, die unbedenklich jede Fussbreite „Neuland" unter Opferung beliebig vieler Millionen friedlicher Menschen festhalten wird, und ihren Stolz darin setzt, sich nicht von „menschlicher" genannten Göttern die eigene unmenschliche „Göttlichkeit" forthypnotisiren zu lassen. Mit diesen Adamiten wird der Ausgang des hypnotischen Angriffes und Kampfes zweifelhaft; sie werden beim ersten Anpralle geschlagen werden, und fliehen, aber da sie ihren einzig brutalen Maasstab einer definitiven Niederlage nicht anwendbar finden, keine leiblich Verwundeten und Todten, keine rothen Blutströme sehen, und nur ihren eigenen Juden fürchten: so werden sie immer von neuem anstürmen, — und da wäre ihnen der Sieg gegen den Sohn des Jah sicher. Wie hoch dieser Sohn auch über den niedern Göttern rangiren mag: er würde voraussichtlich das Schicksal jener Jahve-Elohim-„Sterne" relativ hohen Ranges erleben, die der grosse adamitisch-noachitische Betrüger im Jahre 2158 nach Adam verwundet „zur Erde geworfen und zertreten" hat (Dan. 8, 10.). Denn es ist ein Eigenes um den hypnotischen Kampf. Der Hypnotiseur guten Ranges, und gar ein Jahve-Elohim, ist ja *„unverwundbar"*. Er beherrscht nicht die Kugel, aber die Gedanken, Sinne und Glieder des jene lenkenden Menschen. Indess selbst der „starke" Jahve-Elohim ist nur relativ unverwundbar; er ist tödtlich verwundbar, wenn er bei seinem immerhin begrenzten Lebensenergie-Range einer grossen Menschenmenge gegenüber steht, aus der heraus auch nur ein einziges, nicht vollständig hypnotisch beherrschtes Menschenkind die tödtliche Kugel lenken kann. Dieser Fall des wiederholten Anstürmens der Menschen und der Lebensgefahr des Jahve-Sohnes und seiner Begleiter ist vorgesehen in der Textstelle:

> Dan. 7, 21. Ich schaute und jenes Horn führte Krieg mit den Heiligen [den aus dem Erdinnern heraufgekommenen Jahve-Elohim] und übermannte sie [zwang sie zum Rückzuge in den Höhlengang und in das Erdinnere];
>
> „ „ 22. Bis das kam der Alte an Jahren [der höchste Jahve-Elohim, „das Haar seines Hauptes wie feine Wolle, und sein (Welt-)Kleid weiss wie Schnee," Dan. 7, 9.] und Recht ertheilt ward den Heiligen des Höchsten, und die bestimmte Zeit kam, und die Heiligen das Reich [den Continent Neu-Nod] in Besitz nahmen.

Mit „Horn" wird ja einerseits (wegen Dan. 7, 8.) das „kleine Horn" Australien, anderseits wegen derselben Stelle der von dort stammende Noachide, hauptsächlich aber (wegen Dan. 8, 9.) das „winzige Horn", der „ausnehmend gross werdende" Jahve-Elohim-Betrüger, und hier schliesslich nach dessen Tode die Schaar der Anhänger Sr. Majestät, der notorisch „vermessen redende" trockene und nasse Semit bezeichnet. Und in vorstehender Textstelle wird nun genauer ausgeführt, dass der Austritt der Jahve-Elohim, um das Neuland für die Neugeburt in Besitz zu nehmen, nicht erst nach 7 Jahren zur bestimmten „Geburtszeit," sondern schon früher stattfindet, um auch die äusseren Lebensbedingungen für die Neugeburt, Ackerbau und Viehzucht (Gen. 4, 2.) vorzubereiten, deren Fortsetzung wie die des Kleidergeschäftes (Gen. 3, 21.) den Neugeborenen nur zugemuthet werden kann, weil die Verhältnisse im Erdäussern eben ausserordentlich viel schwierigere (Gen. 3, 17—19.) als im Erdinnern sind. Und da nun die adamitischen Mörderseelen sich diesem ganzen Beginnen erfolgreich widersetzen werden, so ist für den Jahve-Sohn im Voraus das Eingreifen einer Reservemacht, das des höchsten Jahve-Elohim selbst im Voraus vorgesehen, von dem ein einziger Blick, ein einziges Wort aus der Fülle seiner seit Aeonen aufgespeicherten hypnotischen Lebensenergie hinreicht, um nicht nur jeden einzelnen, sondern auch jeden vielzähligst vereinigten, bösartigst raubthierischen Menschenwillen zu völliger Willenlosigkeit und Ergebung zu zerschmelzen.

## Rechnung nach „Perioden".

Zum Abschlusse der geographischen Weltgeschichte mag noch einmal auf die ursprüngliche allgemeine Skizze (Seite 40) zurückgegriffen und ihre Erweiterung für den ganzen afrikanischen Cyklus in genauerer Weise nach dem Texte dargelegt werden.

Wer das sogenannte „Schöpfungs"-Schriftgemälde in Gen. 1 bis 2, 3 aufmerksam betrachtet, der kann gar nicht verkennen, dass da ein drei Mal wiederholter Vorgang von wesentlich gleichartiger, in Nebenumständen abweichender Natur in je sieben auf einander folgenden Phasen willkürlich scharf abgegrenzt geschildert ist. Die Dreimaligkeit wird dabei durch drei verschiedene Auffassungsweisen und ihnen entsprechend gewählte Wortformen dargestellt; zum Beispiel durch ein angebliches Befehlen, dann durch Referiren über ein Geschehen, und endlich durch ein Beurtheilen des Geschehenen. (Sieht man genauer zu, dann findet sich sogar eine viermalige Wiederholung; aber das mag zunächst unberücksichtigt bleiben, da wenigstens von Gen. 1, 20 an die dreimalige Wiederholung vorherrschend und in Gen. 2, 2. 3 ausschliesslich stattfindet.) Klassificirt man die Vorgänge nach dem Sinn der gebrauchten Zeitwörter, dann findet man wesentlich Naturereignisse geschildert, denen gegenüber die Elohim in erster Reihe die Rolle erfahrener Beobachter und Beurtheiler spielen, und erst in zweiter Reihe handelnd eingreifen; gelegentlich voller Reue über einen Mangel an Unfehlbarkeit (man vergleiche das „sehr gut" in Gen. 1, 31 mit dem wesentlich geänderten Urtheile über das adamitische zum Vertilgen reife Raubthiergeschlecht in Gen. 6, 5—7.). Eine methodisch einfache Darstellung würde nun die Vorgänge nach dem Schema:

I. 1 — 2 — 3 — 4 — 5 — 6 — 7
II. 1 — 2 — 3 — 4 — 5 — 6 — 7
III. 1 2 — 3 — 4 — 5 — 6 — 7

abgehandelt haben. Das erzwungene und beabsichtigte Geheimhalten der wirklichen Wahrheit gegenüber den interessirten Lügen des grossen Betrügers hat dagegen zur Anwendung des

1. I — II — III
2. I — II — III
3. I — II — III
4. I — II — III
5. I — II — III
6. I — II — III
7. I — II — III

nebenstehenden Schema's geführt. Jeder der drei Vorgänge I[1] bis III[1] entspricht nun dem Anfange einer afrikanischen Weltperiode, deren also drei auf einander gefolgt sind und den afrikanischen Cyklus bilden. Dann giebt es drei Geschlechtstafeln, die masorethische, die samaritanische und die der Septuaginta, mit drei verschiedenen Zahlen für die Jahre zwischen Adams- und Noachsfluth (und bis zu Terach), nämlich der Reihe nach 1656 — 1307 — 2242 Jahre. Von diesen Zeitzahlen gilt die erste zweifellos für die dritte, die letzte afrikanische Weltperiode, und es ist für die bisherige Besprechung der Verhältnisse angenommen, dass sie für jede der drei afrikanischen Weltperioden gleichmässig gilt. Die zweite Zeitzahl muss sich wegen der „halben Zeit" und wegen der im Allgemeinen möglichen Ortsbestimmung des „Himmels von Wasser" auf die nächst folgende, erste asiatische Weltperiode beziehen. Es ist aber bisher angenommen, dass sie ebenfalls gleichmässig für jede von drei asiatischen Weltperioden gilt. Die dritte Zeitzahl wird sich endlich in gleicher Weise auf den (speciell nord-)amerikanischen Cyklus von drei Weltperioden beziehen, für deren Existenz vor den afrikanischen freilich bis jetzt ausschliesslich die vergleichende Erdkunde durch den Umstand eine Wahrscheinlichkeit darbietet, dass Nordamerika, wie Asien, und in einem andern Sinne auch wie Afrika, gleichmässig vielseitigere Beziehungen zu anderen als den gegenwärtigen Continenten erkennen lässt. Natürlich ist die Möglichkeit nicht unbedingt abzuweisen, dass die drei Zeitzahlen und zwar in der Reihenfolge: 1307 — 2242 — 1656 für jeden der Cyklen gelten könnten. Aber die Unwahrscheinlichkeit, dass dieses Verhältniss der Wirklichkeit entspreche, springt in die Augen, wenn man berücksichtigt, dass diese Zahlen an den Continent Nod gebunden und ein roher Maassstab für seine Grösse sind; dass die geographischen Gemälde im Buche Daniel die Verhältnisse der beiden letzten afrikanischen Weltperioden behandeln, ohne ein Nod für 2242 Jahre continentaler Lebensdauer zu signalisiren, während doch die relativ bedeutungslose „Theilung" von Amerika sorgfältig registrirt wird; und dass auch die folgende Textstelle über die „Perioden" keinerlei Andeutung über so wesentliche Zeitunterschiede von Adams- bis Noachsfluth darbietet.

IV. Esra 14, 9. Denn du sollst von dem Menschen hinweggenommen werden und im Weiteren [in der Folge] mit meinem Sohne verkehren und den dir Aehnlichen, bis dass die Zeiten zu Ende gehen.
„ „ „ 10. Denn die Welt hat ihre Jugend abgelegt und die Zeiten
„ „ „ 11. fangen an greise zu werden. Nämlich in 12 Perioden ist die Zeitlichkeit getheilt und vergangen sind davon
„ „ „ 12. 10 Jahre und eine Hälfte vom 10. Theile, übrig aber sind davon noch zwei Theile nach der Mitte des 10. Theiles.

Diese Rechnung, die zur wünschenswerthen methodischen Confusion wieder textlich verschoben ist, und diese „Perioden", die für denselben Zweck auch „Jahre" und „Theile" genannt werden, resultiren aus einer andern Auffassung der geographischen Grundlagen der Weltgeschichte für den ganzen afrikanischen Cyklus. Corrigirt man zunächst die textliche Verschiebung, dann ergiebt sich:

IV. Esra, 14, 10. . . . und vergangen sind davon 10 Jahre [und zwar genauer bis etwas] nach der Mitte des 10. Theiles [Jahres],
„ „ „ 12. übrig aber sind davon noch [fast] eine Hälfte vom 10. Theile und 2 [ganze] Theile (Perioden).

Die in v. 9 genannten „Zeiten", die im Begriffe sind, zu Ende zu gehen, entsprechen der kleineren Hälfte der asiatischen und den zwei amerikanischen „Zeiten" (in Dan 7, 25; 12, 7.), den „Zeiten" in v. 10, und den obigen 2⅓ Theilen in v. 12. Das Wort „Welt" bezeichnet die geographische Grundlage, das Wort „Zeitlichkeit" den geschichtlichen Inhalt des afrikanischen Cyclus. Als Glieder desselben werden nun ohne Rücksicht darauf, dass er ja eine Folge von drei Weltperioden bildet, also deren wesentliche Gleichartigkeit hervorhebend, der Reihe nach aufgefasst: Afrika-Nod — Asia-Europa — Nordamerika — Südamerika; also 4 Theile für jede Weltperiode und folglich 12 Theile für den ganzen afrikanischen Cyklus. Asia-Europa hat eine Dauer von 2362 plus 1982 Jahren und der IV. Esra schreibt nahe dem Ende der speciell asiatischen Zeit, also diesseits der Mitte der ganzen Zeit für Asia-Europa; danach folgen dann die zweite kleinere Hälfte dieses ganzen Theiles, und die zwei vollen amerikanischen Theile als 11. und 12. Theil. (Siehe den betreffenden Theil der Zeittafel.)

Nach dieser klaren Begrenzung des ganzen, in sich selbst gleichförmig variirenden afrikanischen Cyklus lässt sich nun unschwer erkennen, weshalb in dem Schriftgemälde Gen. 1 viermalige Wiederholungen vorkommen. Im Sinne des durch die Textstelle IV. Esra 4, 10 („Eines Mannes Hand zwischen Ferse und Hand!") bezeichneten Uebereinanderragens gewisser Zeitverhältnisse, sind diejenigen der letzten Weltperiode des nordamerikanischen mit der ersten, und wegen des für die Darstellung gewählten Schemas auch noch mit der zweiten oder gar dritten Weltperiode des afrikanischen Cyklus in schwächer werdendem Grade verwebt. Ja, in Gen. 1, 2 wird sogar bis auf die Entstehung der Elohim in nebelhaft verschleierten Fernen zurückgegriffen.

## Die Theologische Geschichtsauffassung.

Die vorstehende wie frühere Auffassung alttestamentlicher geschichtlicher Schriftgemälde weicht in wesentlichen Punkten von den wechselnd üblichen ab. So weit letztere phantastische Nebelphrasen dreschen, können sie hier neben den alttestamentlichen Realien nicht in Betracht kommen. Etwas anders verhält es sich mit denjenigen Auffassungen, welche sich die philologisch geschulten Special-Historiker angeeignet und unablässig disputirend entwickelt haben. Darüber mag ein Wort der Verständigung am Platze sein.

Das Alte Testament kennt natürlich besser als irgend Jemand die Thatsache, dass vom ostafrikanischen „Muttermunde" zwei adamitische Menschenströmungen ausgegangen sind. Die eine, kleine Strömung ist von muthigeren adamitischen Elementen gebildet, direct auf Afrika übergetreten, dem Nil durch Egypten gefolgt, und dann über Phönizien, Griechenland und Rom verlaufen. Diesen Culturzweig hat der zweite entsetzliche Greuel von Kanaan aus noch einmal verfolgt, seinen Anfang bis Abyssinien hinauf rückläufig, das Uebrige rechtläufig. Die zweite, die Hauptströmung ist erst im Continente Nod bis zu voller Eigenart aufgestauet, dann in der Noachsfluth auf das Hochlandgebiet nördlich und östlich vom Euphrat- und Tigris-Becken übergetreten, und hat die nördlicher liegende Culturströmung durch Europa genährt, die nun über Nord- und Südamerika südwärts verlaufen wird. (Siehe die Karte Blatt 9.) Eine dritte kleine Culturströmung ist von Nod auf Südamerika übergetreten, aber sie kommt als ganz rückläufig etwa bis Mexico hier nicht in Betracht. Jene beiden ersten Strömungen sind nun einander morphologisch ähnlich, und diese Aehnlichkeit ist von den Alles überschauenden alttestamentlichen Gemäldekünstlern geflissentlich in detaillirter Weise so zur Geltung gebracht, dass sie für die philologischen Historiker plausibel genug war, um sie gar nichts anderes als solche specialhistorische Parallele als einzigen Inhalt der Schriftgemälde vermuthen, suchen und finden zu lassen. Das gehörte ja zur Geheimhaltung der wahren grossen Wirklichkeit, und die angelernten Schulphrasen neben dem gewöhnlichen mässigen Umfange naturwissenschaftlicher Kenntnisse bei den doch vorherrschend theologisch angehauchten Philologen musste in demselben Sinne dahin wirken, dass man vor der kleinlichen Menschengeschichte die grosse alttestamentliche Geographie und geographische Weltgeschichte völlig übersah.

## Anhang zur Alttestamentlichen Geographie.

Dan. 7, 1. Im ersten Jahre des Belschazar, des Königs von Babel, schauete Daniel einen Traum, und Gesichte [in Hypnose Sichtbares] (waren) um sein Haupt auf seinem Lager; damals schrieb er den Traum auf, erzählte die Hauptsachen.

„ „ 2. Daniel hob an und erzählte: Ich schauete in meinem Gesichte bei Nacht, und siehe, *die vier Winde des Himmels peitschten das grosse Meer*. [Dieses „grosse" Meer gehört in jeder, hier speciell in der nächst vorhergegangenen Weltperiode ihrem kurzen Zeitabschnitte von der Adams- bis zur Noachs-Fluth].

„ „ 3. Und vier grosse Thiere stiegen aus dem Meer, verschieden eines von dem andern. [Das „Meer" ist hier Sammelname für jenes „grosse" Meer, aus dem mit einer Noachsfluth die drei ersten Thiere steigen, und für das neben diesen bestehende kleinere Meeresgebiet, dem das vierte Thier mit einer, das „grosse" Meer wieder erzeugenden, Adamsfluth entsteigt.]

A. [Die drei Continental-Thiere der vorigen Weltperiode, nach ihrer Noachsfluth.]

Dan. 7, 4. Das erste wie ein *Löwe*, und hatte *Flügel* eines Adlers. Ich schauete, bis dass sie ausrauften seine Flügel, und es enthoben wurde von der Erde, und auf *Füsse* wie ein Mensch wurde es gestellt, und das Herz eines Menschen gab man ihm. [Das Bild des Continents zeigt zugleich die der Zukunft angehörenden, durch die nachfolgende, im A. T. fast verschwiegene Adamsfluth bedingten Formwandlungen.]

„ „ 5. Und siehe, ein anderes Thier, das zweite, gleichend einem Bären, und auf die eine Seite [des Löwen] hingestellt und drei Hauer in seinem Rachen zwischen seinen Zähnen, und also sprach man zu ihm: *Auf, friss viel Fleisch!* [Die Culturherrschaft gehört dem ersten Thiere, schwankt aber gelegentlich auf das zur Seite gestellte hinüber.]

Dan. 7, 6. Nach diesem schauete ich, und siehe, ein anderes wie ein Pardel, und hatte vier Flügel eines Vogels auf seinem Rücken, und das Thier hatte vier Köpfe, und Gewalt war ihm gegeben. [Amerika ist hier ein einheitlicher Continent; die zeitliche Folge seiner Culturherrschaft fast als räumliche Folge seines Steigens aus dem Meer aufgefasst.]

B. [Beginn der gegenwärtigen Weltperiode mit alttestamentlich adamitischer Fluth, der das vierte Continentalthier als Schreckensgestalt dem Meere entsteigt.]

Dan. 7, 7. Nach diesem schauete ich in den Gesichten der Nacht, und siehe, ein viertes Thier, ein schreckliches und furchtbares und überaus starkes, das grosse Zähne von Eisen hatte; es frass und zermalmte, und den Ueberrest zerstampfte es mit seinen Füssen, und es war verschieden von all den Thieren, die vor ihm gewesen, und es hatte zehn Hörner. [Der neue Continent Nod, dem kleineren Meeresgebiete der drei Thiere entstiegen, ist mit seinen Adamiten das Hauptglied des vierten Thieres. Im Gegensatze zu dem „Herzen eines Menschen", das im Ueberreste von Asien lebt, ist der Raubthier-Charakter der Adamiten durch die Zähne von Eisen, durch das Zerfressen und Zerstampfen gezeichnet, wie schon in Gen. 6, 5—7. 11—13, und noch bestimmter im Buche Chanoch, wo auch der Anfang des rituellen Blutessens (Chan. 7, 5.) geschildert ist.]

„ „ 8. Ich betrachtete die Hörner, und siehe, es entstieg ein anderes, kleines Horn zwischen ihnen, und drei von den ersten Hörnern wurden ausgerissen vor ihm . . . [Hier ist die alttestamentlich noachitische Fluth in ihrer Wirkung ausschliesslich auf den Continent Nod gezeichnet. Er wird bei der rückläufigen Fluth durch eine ungeheuere Woge überschwemmt, mit seinen drei Hörner-Grundecken und der

Masse des Menschenansiedlungen maritim begraben, so dass selbst nicht die „hohen" (Gen. 7, 19.), sondern nur die höchsten Berge mit ihrer Bevölkerung „unter dem ganzen Himmel" dieses Continents verschont wurden. Mit dem Ablaufe der Wogen aber „entstieg" das binnenländische Hochlandsgebiet der tetraedrischen Spitze des Continents Nod dem Meere als das kleine Horn Australien.]

Dan. 7, 11 . . . .; ich schauete, bis dass getödtet wurde das Thier, und sein Leib vernichtet, und es übergeben wurde dem brennenden Feuer. [Der maritim getödtete und versenkte Leib des Continents Nod, als des Hauptgliedes des vierten Thieres wird den Einflüssen des innerirdischen Vulcanismus ausgesetzt.]

A. I. [Die drei Continental-Thiere der gegenwärtigen Weltperiode wie in A, aber nach der alttestamentlichen Noachsfluth.

Dan. 7, 12. Und die übrigen Thiere — man nahm ihnen die Herrschaft; doch eine Lebensfrist wurde ihnen gegeben bis auf Zeit und Stunde. [Hier wird mit weit ausschauendem Ueberblick das wesentlichste Resultat der nächst bevorstehenden neu-adamitischen Fluth gezeichnet. Bis zu ihr bleibt die dem gegenwärtigen Cyklus eigenthümliche Continentalgestaltung bestehen, um mit ihr, in planetarisch fest geregelter Zeit, denjenigen neuen Continentalgestaltungen Platz zu machen, welche jede der drei Weltperioden des dann beginnenden anders gearteten Cyklus angehören.]

[Die geographischen Weichtheile dieser drei Continental-Thiere.]

Dan. 2, 29. Du, o König, deine Gedanken auf deinem Lager stiegen auf über das, was sein wird nach diesem, und der Offenbarer der Geheimnisse hat dir kund gethan, was sein wird.

„ „ 31. Du, o König, schautest, und da war ein grosses Bild, es stand dir gegenüber; dieses Bild war gewaltig, seine Gestalt schrecklich und sein Glanz vorzüglich.

„ „ 32. Dieses Bild — sein Haupt war von feinem Golde, seine Brust und seine Arme von Silber, sein Leib und seine Lenden von Kupfer.

„ „ 33. Seine Schenkel von Eisen, seine Füsse zum Theil aus Eisen und zum Theil aus Thon.

„ „ 37, 38. Du, o König . . . — du bist [Asien ist] das Haupt von Gold, [dessen Culturherrschaftszeit von zwei tausend drei hundert „Abend"-Jahren im Ablaufen begriffen ist.]

„ „ 39. Und nach dir wird erstehen ein anderes Reich geringer als deines [das der Culturherrschaft Europa's mit gleich vielen „Morgen"-Jahren], und ein drittes Reich nachher von Kupfer, welches [als das früher einheitliche, jetzt getheilte Amerika „zwei Zeiten" solcher Länge] über die ganze Erde herrschen wird.

[Als ein viertes Reich aufgefasster Zustand der geographischen Weichtheile der gegenwärtigen drei Continental-Thiere mit dem Beginne der ungeheuren vulcanischen Katastrophen während der letzten vierhundert Jahre vor der nächsten neuadamitischen Fluth.]

Dan. 2, 34. Du schautest, bis sich lostrennte ein Stein, nicht durch Hände, und er schlug das Bild auf seine Füsse von Eisen und Thon und zermalmte sie.

„ „ 35. Darauf waren zermalmt zumal der Thon, das Eisen, das Kupfer, das Silber und das Gold, und sie wurden wie Spreu der Tennen des Sommers, und es entführte sie der Wind, und keine Spur wurde von ihnen gefunden;

Dan. 2, 40. Und ein viertes Reich wird sein hart wie Eisen; ganz so wie das Eisen alles zerhämmert und dünn schlägt, und wie das Eisen, das zertrümmert, wird es alles dieses zerhämmern und zertrümmern.

„ „ 41. Und dass du geschauet hast die Füsse und die Zehen, zum Theil von Töpferthon und zum Theil von Eisen, — es wird sein ein getheiltes Reich, und von der Härte des Eisens wird in ihm sein, weil du geschauet hast das Eisen durchmischt mit lehmigem Thon.

„ „ 42. Und die Zehen der Füsse zum Theil von Eisen und zum Theil von Thon: es wird das Reich zum Theil stark sein und zum Theil sein zerbrechlich.

„ „ 43. Und dass du geschauet das Eisen durchmischt mit lehmigem Thone; so werden sie durchmischt sein mit dem Samen der Menschen, aber nicht an einander haften, siehe, so wie Eisen sich nicht mischt mit Thon. [Diese Bilder veranschaulichen einerseits die Durchführung der früh angebahnten Durchmischung der Menschenrassen besonders in den peripherischen, äussersten Gliedern und den Inseln der Continente; und andererseits die hauptsächlich in IV. Esra und Chanoch speciell geschilderte, durch die vulcanischen Katastrophen veranlasste Auflösung aller gesellschaftlichen Bande, die nur stellenweise, hier durch brutal physische Disciplin, dort durch hypnotische Gewalt höchsten Ranges, beide Gewalten wieder in unvereinbarem Gegensatze zu einander, zusammengehalten werden.]

[B. I. Beginn der ersten Weltperiode des neuen Cyklus, mit neu-adamitischer Fluth, der das dem B. entsprechende vierte Continental-Thier als „Adler" entsteigt.]

Dan. 2, 35. . . .; der Stein aber, der das Bild geschlagen, wurde zu einem gewaltigen Berge und füllte die ganze Erde.

„ „ 44. „Und in den Tagen [vierhundert letzten Jahren] dieser Könige [dieser drei Continentalreiche, in ihrem vierten Zustande] wird aufrichten der Elohim des Himmels ein Reich, das in [den drei] Ewigkeiten [des kommenden Cyklus] nicht wird zerstört, und seine Herrschaft wird keinem anderen [als dem alttestamentlich adamitischen, jetzt innerirdischen Zwillings-]Volke überlassen werden; es wird zermalmen und vernichten all jene Reiche, [alle den Naturkatastrophen entronnenen Ueberreste von ihnen], selbst aber bestehen bis in die [drei] Ewigkeiten [des zweitfolgenden, also dritten] Cyklus.

„ „ 45. Deshalb schautest du, dass von einem Berge [von den gegenwärtigen Continentalmassen] sich lostrennte ein Stein [durch Vulkanismus], nicht durch Hände, und er zermalmte den Thon, das Eisen, das Kupfer, das Silber und das Gold, der grosse Elohim hat dem Könige [hypnotisch] kund gethan, was sein wird nach diesem, denn wahr ist der Traum und gewiss seine Deutung.

IV. Esra 11, 1—11. Und in der zweiten Nacht sah ich einen Traum, und siehe, es stieg auf von dem Meer ein Adler, der hatte 6 [und] 6 Flügel von Schwingen und drei Häupter. Und ich sah, und siehe, er streckte seine Flügel über die ganze Erde aus und alle Winde bliesen hinein und es sammelten sich über ihm die Wolken des Himmels. [Diese meteorologischen Zustände des vierten Continental-Thieres während des „grossen" Meeres werden auch Chan. 14, 8; 17, 7; 18, 5; 39, 3; 52, 1 geschildert.] Und ich sahe, siehe da entstanden aus seinen Schwingen Gegen-Schwingen, und sie wurden zu kurzdauernden und ohnmächtigen Schwinglein. Die Häupter aber von ihnen waren ruhend, und das mittlere Haupt war grösser als die anderen Häupter, aber auch dieses ruhete mit ihnen. Und ich sah, siehe da flog der Adler mit seinen Schwingen, und herrschte über das Land über die, so in ihm wohnen. Und ich sah, dass ihm Alles unter dem Himmel unterthan war, und

Niemand widersprach ihm, auch nicht Einer von aller Schöpfung auf Erden. Und ich sah, siehe da erhob sich der Adler auf seine Krallen und gab einen Ruf an seine Schwingen, sagend: Wachet nicht alle zugleich, sondern schlafe ein Jeder an seiner Stelle und wachet von Zeit zu Zeit; die Häupter aber sollen für die letzte Zeit aufbehalten werden. Und ich sahe, und siehe, die Stimme ging nicht von seinen Häuptern aus, sondern von der Mitte seines Leibes. Und ich zählte seine Gegenschwingen, und es waren ihrer 4 [und] 4. — [Die Einzelheiten des Bildes sind noch nicht ganz sicher erkennbar. Wegweisende Textstellen mögen noch übersehen sein und ergänzende Angaben über die Terrainverhältnisse des betreffenden jetzigen Oceangebietes noch fehlen. Aber mit den zehn Paar Schwingen scheinen nicht nur die tetraedrischen Endflächen der Continente, sondern auch die zehn Herrscher[-Paare] gemeint zu sein, welche stets von Adam bis Noach gezählt werden; so dass neben der geographischen Gestaltung des Landes auch die Cultur-Entwickelung skizzirt ist. Mit den Köpfen scheinen aber diejenigen geographischen, secundär tetraedrischen Glieder der drei Continente des Adlers gemeint zu sein, welche als Hochplateaus in der folgenden neu-noachitischen Fluth am längsten bestehen bleiben. Dass die den Adler und seine Glieder beherrschende Stimme jetzt von der Mitte seines Leibes ausgehet, wird die Lage des in das Erdinnere, als Sitz der Schicksalsmacht, führenden Höhlenganges kennzeichnen.]

IV. Esra 12, 11. Was den Adler betrifft, den du vom Meere hast aufsteigen sehen, so ist dies dasjenige [vierte Thier] Reich, welches im Traume deinem Bruder Daniel [als ein ähnliches] erschienen ist, aber ihm nicht ausgelegt ward, wie ich es dir jetzt auslege.

A. II. [Die (vier statt drei) Continental-Thiere der ersten Weltperiode des neuen Cyklus, welche, dem A. und A. I der vorigen und gegenwärtigen Weltperiode entsprechend, der neu-noachitischen Fluth entsteigen werden, aber nun in ihrer Gesammtheit als (wie) Ein (asiatischer?) Löwe aufgefasst sind.]

IV. Esra 11, 36—45. Und ich hörte eine Stimme zu mir sagen: Siehe gerade aus und betrachte, was du siehest. Und ich sahe, siehe da war wie ein Löwe, von dem Wald aufgesprungen und brüllend; und ich sah wie er eine Menschenstimme an den Adler richtete, und er sagte also: Höre du und ich will zu dir reden: Bist du nicht die Bestie, welche von den vier Bestien übrig ist, die ich in meiner Welt hatte herrschen lassen, und zwar zu dem [Zwecke] Ende, dass durch sie das Ende dieser Zeiten [das Ende des gegenwärtigen Cyklus] komme? Und die vierte ist gekommen und hat alle vergangenen Bestien besiegt und mit Gewalt die Welt inne gehabt zu grossem Erschrecken, und hat den Erdkreis so lange mit Trug [dem „entsetzlichen Greuel" erster und zweiter Auflage] bewohnt . . . . . Und der Höchste [Elohim] hat auf die vergangenen Zeiten [des gegenwärtigen Cyklus und deiner Nachläufer] geblickt, und siehe da, sie sind am Ende, und deine Jahrhunderte sind erfüllt. Deshalb sollst du zu Grund gehen, du Adler und deine fürchterlichen Flügel und deine grundschlechten Schwinglein, und deine verruchten Häupter, und deine durchaus schädlichen Krallen, und dein ganzer verruchter Leib, . . . . . Und es geschah, als der Löwe diese Worte zum Adler gesagt hatte, da sahe ich und siehe, ver-

IV. Esra 12, 1—3. schwunden waren das übrig gebliebene Haupt und die zwei Paar Flügel, und ein Paar ging auf es über, und dies war eine schwache und unruhevolle Herrschaft. Und ich sahe und siehe, sie verschwanden und der ganze Adlerleib kam in Brand. Und es erschrak die Erde sehr. — [In IV. Esra 5, 31 wird der zeitgeschichtliche Beginn jeder Weltperiode von dem Austritte der neugeschaffenen Adamiten aus dem Erdinnern in das Erdäussere sieben Jahre nach der adamitischen Wasserfluth datirt; für die rein mineral-geographische Geschichte also von dieser Fluth selbst. Dieselbe Regel ist in der vorliegenden Besprechung dieser Verhältnisse im Auge behalten. Jedes alttestamentliche „vierte" Continental-Thier ist also eigentlich das „erste" Thier der betreffenden Weltperiode und ihm folgt die Gruppe der drei anderen Thiere derselben. Die textliche Abweichung von dieser Regel, das Erwecken des Scheines, als sei die Noachsfluth die eigentliche geographische Grenzmarke der Weltperioden, hat seinen Grund wohl in zwei Umständen. Einerseits nämlich sollte den geängstigten Menschenkindern das Schreckliche der vulcanischen und neptunischen Adamsfluth in ihrem ganzen Umfange der Erinnerung entrückt und lange, bis zu geistiger Reife, verborgen bleiben, wie ja auch die Wiederkehr einer noachitischen Fluth beruhigend theils ausdrücklich, theils scheinbar abgeleugnet wurde. Andererseits sollte für die Zeitgeschichte anschaulich gemacht werden, dass die beiden „entsetzlichen Greuel" der gegenwärtigen Weltperiode sogar die bevorstehende neu-adamitische Fluth in sich rettenden Resten des alttestamentlich noachitischen kleinen, frechstirnigen und frechmäuligen Hornes überdauern, und, bei ihrer „exact wissenschaftlich" geschulten brutalen Macht über die kommenden neu-adamitischen Kinder in deren ersten Zeiten, den „Adler" zu einer fast ebenso schlimmen Bestie machen werden, wie seine gegenwärtigen Vorgänger, die drei Continental-Thiere; und dass die vollkommene Ausrottung dieser Greuel, abermals bis auf immer kleiner werdende Reste, sich erst mit und sogar erst nach der folgenden neu-noachitischen Fluth vollziehen wird. Das ist ja auch in dem Schwure Dan. 12, 7 erläutert, wo die „halbe Zeit" dem „Adler" gehört, und das folgende bedingungsweise „wenn", oder wann, noch in die Zeiten des „Löwen" hineinreicht. — Bemerkenswerth ist dann, dass der „Löwe" (wieder der asiatische?) früher mit dem anscheinbar pochenden Menschenherzen, Dan. 7, 4, nun, nach Vernichtung der noachitischen „entsetzlichen Greuel", zu einem Löwen mit drohend befehlender, aber aus jenem Herzen kommender Menschenstimme ausgewachsen dargestellt ist, die dem im Tigrislande die Erdenwelt bewohnenden Jahve-Elohim fort und fort aus nächster Nähe in die Ohren klingt. Ferner ist zu beachten, dass in IV. Esra 12, 2 eine letzte kurze Zeit vor der Noachsfluth ebenso als eine unruhevolle, mit Lösung von Gesellschaftsbanden, bezeichnet ist, wie dies für eine längere Zeit vor der adamitischen Fluth der Fall war. Eine unklare und ungenaue Kenntniss der Menschenkinder über die Zeiten bevorstehender Fluthen hat sich eben nie vermeiden lassen, nachdem niedere Jahve-Elohim ihre eigene geringe Kenntniss derselben und ihrer Berechnung verraihen hatten. (Chan. 10, 7; 65, 10.) Und solche Kenntniss musste die Ursache vorzeitiger Beunruhigung werden, während ein gesichert überragender Geist das plötzliche unvorbereitete Hereinbrechen des Unvermeidlichen stets als die schonendere Form für schwache Kindernaturen beurtheilen und wählen wird.]

## Schlusswort.

Diese vergleichende Erdkunde hat ihre Geschichte. Soweit letztere der alltäglichen Erfahrung entspricht, wäre sie nicht der Rede werth; vielleicht bietet sie aber Eigenthümlichkeiten, die hier oder dort einem Interesse begegnen mögen.

Humboldt's Zweifel über die Lösbarkeit des Problems der geographischen Formen schien nicht gerechtfertigt. Denn die vergleichende Morphologie sogar pflanzlicher und thierischer Gebilde hatte ähnliche Probleme in glücklicher Weise gelöst, freilich ohne sich bis zu den angeblich letzten Ursachen des Werdens zu verirren, oder bis zur Entwickelung der mathematischen Integralformeln für „absolute" organische Formen vorzudringen. Deshalb durfte man die Bearbeitung des geographischen Problems wagen, auch ohne andere Lehrer und Lehrmittel, als die für wenige Groschen in jeder Kartenhandlung käuflichen: private oder staatliche Concession dazu war wenigstens nirgends ausdrücklich vorgeschrieben. Und ein gewisses Glück beim Abmühen liess in wenigen Wochen die Lösung reifen, für die man nach gewöhnlicher Auffassung ein mässiges Arbeitsverdienst in Anspruch nehmen könnte.

Aber nun trat etwas Anderes hinzu. Denn die Formen nahmen in ihrer Gesetzmässigkeit den Charakter einer Hieroglyphen-Schriftsprache an, die sehr unerwartete, verständnissvolle Lehren nicht nur über die Geotektonik, sondern zugleich über deren Zusammenhang mit Bewegungen vermittelte. Dabei war keine Spur persönlichen Arbeitsverdienstes zu entdecken. Man musste vielmehr den Eindruck gewinnen, als seien bisher krampfhaft verschlossen gewesene Augen durch äussere hypnotische (wie man heute sagen würde) Willensmacht zu freiem Sehen geöffnet worden. Und wenn man auch weder klaren Begriff über, noch Namen für diese Macht hatte, so konnte man sie doch nach solcher Leistung würdigen, und — durch das sichtbar Gewordene berauscht — auch nach früheren Proben zu dem Flehen kommen: „Gieb mir mehr solcher Erkenntniss, und ich will gern auf jedes gewöhnliche Menschenglück verzichten!"

Hinter solcher Auffassung des Erkennens liegt keine „auserwählte" Dünkelhaftigkeit, — trotzdem Haug ein kleiner Ort in Niederbayern ist. Denn nach der heute für Jedermann zugänglichen Erfahrung ist ja der Grad fügsamer Empfänglichkeit für hypnotische Einwirkungen verschiedenen Ranges ein sehr verschiedener, und kann sich für verschiedene Menschen auch auf sehr verschiedene Funktionen und Lebens- und Wissens-Gebiete beziehen.

Es schien doch natürlich, Humboldt um Kenntnissnahme und Prüfung des Gegenstandes zu ersuchen. Aber er schickte ihn uneröffnet zurück, den Schüler an seine vermeintlichen concessionirten Lehrer verweisend, um die bestehende Gesellschafts-„Ordnung" nicht gefährden zu lassen. — Das Urtheil eines aus verbummeltem Studenten tüchtig werdenden Geschäftsmannes lautete: „Es war thöricht, sich auf den vermeintlichen Werth der Sache selbst zu verlassen. Als ich von Humboldt pränumerando eine eigenhändige Geschäftsreklame haben wollte, schmeichelte ich ihm freilich ausgiebigst und erhielt sie, aber wesentlich durch den gewonnenen Einfluss seines Kammerdieners".

Nach Jahren resignirter Zurückhaltung hatte ein Versuch bei C. Ritter keinen anderen Erfolg. Hohes Alter und Arbeitslast bei Kränklichkeit versagten sich vollständig für jedes angeblich Neue; aber mit der Mahnung: „Kümmern Sie sich nicht um Autoritäten! Die Wahrheit bricht sich früher oder später doch Bahn." Indess diese sehr sympathische Auffassung schien doch ein Aber zu haben.

Wieder nach Jahren kam Berghaus an die Reihe. Aber das eben über einer Tochter geschlossene Grab sollte auch ihm jeden Sinn für Beachtung irgend eines anderen Gegenstandes verschliessen.

Und ähnlich, aber unter durchsichtigen Vorwänden, bedingungslos im Voraus ablehnend, hatten sich geographische Verlagsmonopolisten wie die Parther oder Perther oder die bayrischen Perter verhalten.

Erst im Jahre 1868 nahm die officielle Taktik andere bestimmt *gegnerische* Formen an. Ein geographischer Akademiker duldete zum ersten Male die mündliche Erläuterung der Karten, beantwortete sie aber ausschliesslich mit folgenden Worten: „Herr, damit kommen *Sie* nicht durch! Das geht gegen die Eitelkeit der Autoritäten." — So cynisch offenherzig sprach das sichere Machtbewusstsein.

Was da geschehen war, liess sich am leichtesten auf dem Gebiete der Physik erkennen. Poggendorf hatte sich lange des Einbrechens der abstracten Mathematik in das Gebiet der Experimentalphysik erwehrt, unbekümmert um das Gezeter jedes kleinen Zählwerkes und Rechnenschiebers. Als er endlich doch seine Annalen dem imponirenden differentialen und integralen Erfassen der realen Aehnlichkeiten im Gebiete der physikalischen Naturerscheinungen öffnen musste, geschah es unter allen Anzeichen heimlichen Grollens über die exact mathematisch ausschweifende Anmassung. Derselbe Groll lebte in allen alten Experimentalphysikern, deren mathematische Potenz nur für das Anpassen empirischer Formeln an ein bestimmt begrenztes Beobachtungsgebiet ausgereicht hatte. Aber sie brauchten nicht so viel Rücksichten wie Poggendorff zu nehmen, und öffneten gelegentlich das Groll-Ventil. Magnus nannte die „mathematischen" Physiker „Bleistiftphysiker"; und P. Riess sagte mit Bezug auf einen gerade damals sehr berühmt werdenden: „Das sind ja gar keine Physiker! Das sind splitternackte Naturphilosophen, mit einem mathematischen Feigenblatte." — Aber all der versteckte oder offene Groll war nur ein Zeichen des entschiedenen Sieges der Mathematik, die sich austoben musste, bevor das Experiment — unabhängig von den Fesseln ausschliesslich mathematisch *ausdrucksfähiger* naturphilosophischer oder näher liegender Ideen — nicht seinen ursprünglichen, aber doch den gleichartigen, neuen Rang der Gleichberechtigung wieder erringen konnte.

Eine ähnliche Entwickelung hatte sich nun auch im Gebiete der Geographie vollzogen und vollzog sich noch in der Folgezeit. Diese Wissenschaft war einerseits nüchtern empirisch beobachtend, elementar messend und rechnend gewesen; und hatte sich anderseits an ein zahlenfreies empirisches Vergleichen und Combiniren des Thatsächlichen in freilich nebelhaft verschwommener Weise gewagt, dabei das organische Material ebenfalls als ein Element der Erde auffassend. Dann waren zuerst die „Schöpfungstheorien" der höheren Mathematik aus der Nebel-Astronomie hereingebrochen, und „unser grosse Geologe Suess" trat den mikroskopischen Quark dieser Theorien breit, als Muster für seine Epigonen. Zuletzt packte aber „unser unvergessliche Zöppritz" womöglich die ganze Erde in eine Integralformel, wie in eine Nussschale, wobei Alles wie die Faust auf's Auge passte, und die mathematisch Gläubigen noch Wunder der Erkenntniss erwarten durften. Solchen Leistungen gegenüber konnte eine empirischst vergleichende Erdkunde freilich um so weniger Ansprüche erheben, je ketzerischer unhöflich sie die Flöhe und Eingeweidewürmer eines Hundes als vergleichsweise exacter erschöpfende Beobachter und vorsichtigere Theoretiker würdigen musste.

Da war und blieb also für solche vergleichende Erdkunde bescheidene Resignation fortgesetzt am Platze. Und was lag auch an solchem Wissensbrocken, nach dem Niemand verlangte, und wenn man nicht nach dem Ruhme eines Kometen- oder Planetoiden-Entdeckers zu geizen verstand?

Aber nun gewann sie in dieser Stille eine andere, eine höhere Bedeutung, als wenn sie für sich allein auf den Markt gekommen wäre, der das Unterscheidungsvermögen für Thatsachen und mathematische Theorien ziemlich vollständig verloren hatte. Denn sie wurde in weiteren reichlich zwei Jahrzehnten zum Schlüssel für das Verständniss der Geographie und dadurch des übrigen sachlichen Inhaltes der alttestamentlichen Bücher, — nachdem abermals ein hypnotisches Oeffnen des Auges für *die literarische Methode* derselben stattgefunden hatte. Der unzweifelhaft grosse, aber eigentlich in gutem Sinne unbegreiflich gebliebene Ruhm dieser Bücher wurde dabei ein für elementares Begreifen zugängliches Object; und er schien der vergleichenden Erdkunde in bescheidenem Umfange zu Gute kommen zu können, ebensowohl in ihrer Eigenschaft als Räthselschlüssel, wie durch ihre Annäherung an die erschöpfende alttestamentliche Geographie.

Indess die mässigsten Erwartungen in dieser Hinsicht wurden ebenfalls getäuscht. Auch die kleinen Geographen, die freilich bewundernd erwartungsvoll zur geographischen Integration aufgeschaut hatten, wollten von der vergleichenden Erdkunde selbst dann nichts wissen, als kein grösseres geographisch mathematisches Licht aufflammte, — ihr eigenes Mess- und Zählwerk kaum eigene Befriedigung gewährte, sondern sogar das Verlangen nach etwas geographischer „Mystik" zeitigte. Denn als solche wurde alles Dasjenige beurtheilt, was weder dem eigenen noch dem Vermögen der Rechnenmaschinen zugänglich war, und das man „im Interesse der Wissenschaft, die man ver-„*trat*" (die Vorsilbe hat auch keine gute Bedeutung!), energisch abwehrte, sobald es etwas mehr als anheimelnd ödes Phrasenwerk sein wollte. — In dem Ausnahmefalle, wo ein unbefangen wahrhaftiger Sinn prüfend dem Gegenstande ein ernstes Interesse abgewann, besass er doch allzu grosse Scheu vor seinen Schulautoritäten, um jenes auch offen zeigen zu mögen.

Dann trat ein anderer böser Umstand hindernd in den Weg. Ein Theil des sachlichen Inhaltes der alttestamentlichen Bücher war veröffentlicht.*) Das war geschehen trotz der von verschiedenen Seiten erfahrenen Abmahnungen und Warnungen bis frechen Drohungen; und begegnete einer für die Zeitverhältnisse characteristischen, passiven und aktiven Taktik.

Die Gebrüder Michel fühlten sich in ihrem hypnotischen Schlafe noch so behaglich wie Opiumträumer, und wollten nicht geweckt sein.

*Ihre nassen semitischen „Priester"* nach

Jes. 61, 6. Ihr aber werdet Priester des Jahve genannt, Diener unseres Elohim wird gesagt zu euch; der Völker Reichthum esset ihr, und in ihre Herrlichkeit [und Heiligthümer] werdet ihr eingesetzt.

gönnten sich selbst und jenen dieses träumerische Glück, und dämmerten in immer noch reichlichem Herrschaftsbewusstsein gemächlich weiter, ohne beim zunehmenden Zerbröckeln desselben durch dagegen reagirende Bewegung mithelfen zu mögen.

Ausser dem freisinnigen Theile der nassen, waren nur die trockenen Juden nicht verschlafen. Und sie alle fanden (und finden) sich wieder zusammen, als „*eisern*" *beständige* Glieder Eines Stammes, aus der oberflächlichen Vermischung mit dem internationalen „Thon und Lehm" (Dan. 2, 33. 41—43) heraus, in den physiologischen „Rückschlägen", die durch die zur Herrschaft gelangenden Emancipirten stärker angeregt wurden. (Man muss die vorsichtige Zurückhaltung würdigen, mit welcher die trockenen Juden nur äusserst langsam, erst in der Gegenwart, dazu gekommen sind, diejenigen nassen Juden, welche von den Michelvölkern als *ihre* grössten Geister auf den verschiedensten Lebensgebieten gerühmt werden, als in Wahrheit ihrem Volke angehörig zu reclamiren. Sehr ergötzlich ist die Art, wie sie sich scheinbar in vaterstädtischem Interesse des Gothe bemächtigt haben, während doch die textorlichen Geschäftsverbindungen und auch persönliche Sympathien ausreichende Fingerzeige in der rechten Richtung geben. Ebenso kommen jetzt erst einzelne nasse Juden dazu, in mehr oder minder versteckter Form wie Mommsen, oder mit höhnischem Fusstritte nach den Michels (Num. 11, 4), sich als zu ihrem Volke gehörig zu bekennen; während das Gewissen der Mehrzahl noch ihre „ebräische" Hebeammenrolle (Exod. 1, 15) zu verleugnen veranlasst, aber ungeschickter Weise auf die Abstammung von „Priestern" des Jesaia pochend. — Die geographischen Personennamen signalisiren ungeahnt den höchst rangirenden geographischen Inhalt des A. T., und zugleich die Nationalität; das intime Verständnissvermögen für die höchst rangirenden Geheimnisse des A. T. indicirt die persönliche Zugehörigkeit zum kleinen, nicht mauschelnden Theile der Nation, dessen sich Niemand zu schämen braucht.) Ihre active Taktik lässt sich nach folgenden Thatsachen beurtheilen.

Die unter Zunz' Redaction durchgeführte deutsche Uebersetzung des A. T. ist zweifellos die Hauptarbeit seines ganzen

*) Das Alte Testament von Der-von-Schileh. (H. Haug's Selbstverlag; Th. Griebon's (Fernau), Leipzig. Comm.-Verlag.)

Lebens. Sie ist trotzdem emsig todtgeschwiegen. Dass die nassen semitischen „Priester" ihre Existenz vollständig ignoriren, lässt sich schon aus dem zwingenden Bedürfnisse „pietätvoller" Conservation eines mönchisch-alterthümlichen, schwer verständlichen Deutsch für um jeden Preis „versiegelt" zu *bewahrende* Räthsel und Geheimnisse begreifen. — Dass aber auch die trockenen Juden, die sich doch darauf verstehen, für ihre Waare, mag sie wirklich prima oder völlig bewusst „second hand" Qualität sein, die Reclametrommel zu rühren, dieses Todtschweigen öffentlich ebenfalls geübt haben, und zwar sowohl bei Zunz' 90. Geburtstage wie in den Nekrologen nach seinem Tode, während der ausschweifendste nationale Stolz gerade bezüglich jener Leistung im Geheimen gehegt wird: daran lässt sich ermessen, dass von den Eingeweihten diese Uebersetzung im eigenen Leibe wie ein Pfahl beurtheilt wird, dessen Hervorziehen ohne Vorsichtsmassregeln lebensgefährlich werden kann. Dieses Todtschweigen ist nur die modernisirte Fortsetzung des früheren, von nassen semitischen „Priestern" gegebenen Verbotes der Uebersetzung, ja selbst des Lesens des A. T. seitens des „Volkes". — In demselben Sinne hatten sich klügst gelehrte trockene Juden „geopfert", indem sie sich nass machen liessen, um den etwas unruhig werdenden Michelschläfer eindrucksvoller mit dem Eiapopeia einlullen zu können; — hatte ein kluger trockener Jude den Vorschlag gemacht, das A. T. ganz zu beseitigen, und durch den edler veranlagten Talmud für die auch solches „Segens" bedürftige Menschheit zu ersetzen, dessen wächserne, elementarst semitische Nasen sich weit bequemer umdrehen lassen; — warnte David Strauss, der doch den Kampf gegen das N. T. aufgenommen hatte, vor jeder Berührung des A. T.; — verweigerte Briman (Dr. Justus), der aus persönlichem Rachebedürfniss sogar den Talmud denuncirt hatte, jedes wahrhaftige Zeugniss über das A. T., und handelten andere Talmudisten in demselben Sinne.

Es ist richtig, dass ein nasser Jude es doch unternommen hat, das A. T. scheinbar gründlich auszukehren. Aber er hat sich gehütet, die Zunz'sche Uebersetzung dabei zu benützen, und gehörte auch wohl gar nicht zu den ernstlich Eingeweihten. Er gab auch den nassen und trockenen semitischen Autoritäten und Gewalthabern rasch Gelegenheit, die guten Absichten des stammesangehörigen „bleeding heart" unter der geschickt gewählten Maske zu erkennen, so dass sie ihn vorsichtig begünstigten. Denn einerseits konnte ja sein literarischer Kehrichthaufen als eine Zwischenstation zu dem von anderen semitischen Seiten schon gesteckten Ziele der Beseitigung des Alten und jedes anderen Testaments dienen, das ein semitischer Thüringer durch sein exact mathematisches Kunstprodukt ersetzen wollte. Anderseits befleissigte er sich, dem sporadisch im Erwachen begriffenen Michel das schöne Lied von der neu-messianisch „ethischen" Religions-Mission jedes nassen oder trockenen, exact wissenschaftlichen Talmudjuden, als dieser vielseitig ethischen Culturbewegung förderlich vorzusingen. Die Haupttendenz seiner semitischen Taktik lag indess auf einem anderen Gebiete. Es lässt sich nämlich nicht verkennen, dass heute jede Gesellschaftsklasse, jede Partei, jede Staatsschicht die Mitgliedschaft, *ja geradezu die Herrschaft der Juden* nicht nur zu dulden hat, *sondern gar auf diese stolz ist*, und nur den *gegnerischen* Juden verabscheuet, — zum Gaudium aller Juden, die auch ihren Dabel zu würdigen wissen. [Wer über die Bildungsweise der Personennamen nasser und trockener Juden, und über deren vorherrschend „auserwählte" und auswählende „Ethik" zu einiger Klarheit gelangt ist, kann über diese Zeitverhältnisse so wenig Illusionen hegen, dass er auch den egyptischen Bruderhass als Leitmotiv für das agrarische und anti-agrarische Schreien (Gen. 41 und 47) wiederverkennen muss.] Allerdings bestand zwischen nassen und trockenen Juden früher ein unverkennbarer Unterschied, und er besteht ja theilweise noch, als Bodensatz aus den Zeiten fanatischen Priesterhasses. Der Unterschied sprach sich im oben beispielsweise erwähnten Gebiete der Physik darin aus, dass Leute wie Poggendorff, Magnus, Riess, Quincke, Humboldt (ausserhalb der Firma Dunker & Humblot), Rose etc. nicht das raffinirte Rechnentalent besassen, das in seiner Anwendung auf das Differenziren und Integriren beim Zinsgeschäfte jedem trockenen Juden geläufiger ist. Dazu waren die Formen für wesentlich gleichartige Bestrebungen doch verschämter, milder geworden, als sie der trockenen Naivetät noch eigen sind. Aber diese Unterschiede wurden immer schwächer, je leichter die nassen Juden sich durch den sympathischen Erfolg der trockenen zu ihrem Stamme zurückverführen liessen. Da wurden die Consequenzen gezogen sowohl des Einen wahren Judenwortes: „Jude bleibt Jude!" — als auch des schrecklichen Andern, speciell auf Deutschland gemünzten und als Fluch verwertheten: „Jede Nation hat die Judensorte, die ihre eigene Natur verdient!" In diesem Sinne proklamirten selbst semitische Obrigkeiten den Grundsatz: „Der Staat ist nicht dazu da, die Dummen, *die nicht alle werden*, vor den klugen Gaunern zu schützen, die immer zahlreicher gesetzlich *gehegt* werden". In diesem Sinne durfte ein nasser semitischer Rechtslehrer den talmudischen Satz geltend machen, dass die Bestrafung eines jüdischen Verbrechers den geschädigten Fremdling nichts angeht. In solchem Sinne lautete für Zustände eines Landes die semitisch scharfe juristische Characteristik: „Diese semitischen Richter haben grössere Macht als Könige und Kaiser! Sie können thun und lassen, was sie wollen (Gen. 49, 16—18). Niemand kann ihnen etwas anhaben; denn für Jedes und Alles haben sie einen *Paragraphen*". Und in diesem Sinne lautet die modernisirte Version:

Die Wissenschaft ist den Einen die hehre, erhabene Göttin, die in voller Rüstung dem unteren Haupte Jupiter's entsprossen ist.

Die staatlich concessionirte, majestätisch semitische Wissenschaft ist den Andern eine hinter albernen Stirnen geborene Kuh, die sie mit Butter versorgt.

Darum ist die Wissenschaft vogelfrei nach Schiller (von einem der Schiller-Orte in Württemberg).

Nun konnte die unklare Besorgniss über das wuchernde Wachsen dieser Zustände an den wirthschaftlichen Folgen semitisch-mathematischer „Intelligenz" (— schon die egyptischen

Michel werden in Gen. 41, 49 als des Zählens relativ unkundige Opfer der „Kinder Israël" geschildert —), und geschäftlicher nebst „brauchbarer" höherer Ethik, einen grob sinnlichen Halt gewinnen, und musste wie in Egypten zum Antisemitismus führen. Natürlich wurde derselbe sogleich als neues Geschäftsobject von verschiedenen Gruppen nasser Juden eifrig cultivirt, denn auch jener Partei gilt der variirte Spruch: „Den Juden spürt das Völkchen nie, und wenn er sie beim Kragen hätte". Die urtheilsfähigen und gut situirten Juden konnten diese Bewegung nicht entfernt so hoch anschlagen, wie die unwissend mauschelnd schreienden und deren theilnahmsvolle Protectoren, denen die wissenschaftliche Physiognomik der Nasen eine Satanserfindung und die schwerer zugängliche (Phrenologie) Schädellehre weit unschädlicher erschien. Immerhin lag eine Gefahr unbestimmten Umfanges in dieser Bewegung, die von einem richtigen Pharaoh (Exod. 1, 8), mit dem Henker neben sich (Exod. 10, 28), aufgenommen werden konnte, wenn er sich von seinen egyptisch-vaterländisch gewordenen semitischen Herren (Exod. 8, 15; 10, 7) zu emancipiren wagen durfte, ohne das annihilistische Geschick des egyptischen Pharaoh befürchten zu müssen. Da war es also ein semitisch dankenswerthes Unternehmen, wenn ein semitischer Antisemit die unklaren Besorgnisse seiner Heerde durch den angeblichen Nachweis zu beschwichtigen versuchte, dass die alttestamentlich prophezeihte Judenherrschaft baarer Unsinn und weder je erreicht sei, noch werden könne; dass alte und neue Textstellen, wie die folgenden, nur Grusel-Märchen für unartige kleine Kinder seien.

Chan. 63, 14. . . . der Herr . . . hat deinen [Noach's] Samen . . . bestimmt zu Königen [über die ältere Erdbevölkerung].
Gen. 17, 6. . . . Könige sollen von dir [Abraham] herkommen.
„ „ 16. . . . Könige der Völker sollen von ihr [Sarah] sein.
„ 35, 11. . . . Könige [sollen] aus deinen [des wahren Jacob] Lenden hervorgehen.
Jos. 9, 23. *Und nun seid verflucht* [ihr nach dem Recept der Colonialpolitik in Deut. 20, 11 unterjochten Völker] und nicht sollen von euch aufhören, Knechte und Holzhauer und Wasserschöpfer für das Haus meines Elohim [zu sein].
„ „ 27. Und Jehoschua machte sie . . . zu Holzhauern und Wasserschöpfern für die Gemeinde und für den Altar [Brathord] des Jahve.
„ „ 21. . . . Sie sollen leben. *[Aber] sie wurden Holzhauer und Wasserschöpfer für die ganze Gemeinde.*

(Wie man's nach 500 Jahren treiben wird.) Scene: [Börsen-] Studirzimmer in dem Hause eines alten [— nur semitisches Blut wird in unserer Weltperiode alt —] Herrn irgendwo in Australien: Der alte Herr telegraphirt nach dem Bedientenzimmer und Johann [der elastisch nachgiebige Buffer-Michel] erscheint, durch Luftdruck aus einer Röhre hervorgepustet. — Herr: Johann, gehe in die Remise und fülle den Familienballon; meine Frau und meine Kinder werden um 4 Uhr nach Calcutta zu Herrn Kohnson fliegen, um einem Ballfest beizuwohnen. Dann bürste meinen kleinen Ballon gut aus [vom Börsengifte], und fülle ihn ebenfalls; ich muss sofort nach London zur Börse fliegen, gedenke aber noch vor 4 Uhr zurück zu sein, um meiner Frau einige 100 Meilen weit das Geleit [mit bekannter semitischer Galanterie] zu geben. Dieselbe wird um 2 Uhr Morgens zurück sein; sollte es um diese Zeit sehr dunkel sein, so lass einen der *Affen* [unserer Elohimähnlichen Leute complimentäre „Schwingung" (Lev. 7, 30) vor den electrotechnischen Darwin-ähnlichen Geschöpfen!] das electrische Licht anstecken, dass es 2 bis 300 Meilen weit leuchtet. — Morgen erwarte ich verschiedene Freunde aus Hongkong und S. Francisco; vergiss deshalb nicht, nach Paris an Chevet Nachf. wegen der Pasteten à la Napoleon XVIII. [Napoleon ist der „Waldlöwe" aus IV. Esra 11, 37 — Semit, und als semitisches Ideal von Herrscher und „nasser" Amme (Jes. 60, 16) mit der Pastete statt eines Ordens decorirt!] zu telegraphiren; bemerke ihm, dass wir dieselben um $5^1/_2$ Uhr, noch warm, erwarten. Sage dem Koch [dem exodischen Leviticus-„Hohenpriester"], dass bei dem gestrigen künstlichen Beefsteak Stickstoff zu reichlich vertreten gewesen sei — solche bedauerliche Unregelmässigkeiten sollten gar nicht vorkommen. [Grossartig auserwählte Ephrajim-Ascher-Schlemmer-Phantasie à la Sem; aufgeführt am 30. Juli 1879 in Frankfurt a. M.]

Jene andere Veröffentlichung, nach Der-von-Schiloh, enthielt nun keine Spur von derartig „auserwählten" semitischen Tendenzen, sondern sie bemühete sich ausschliesslich, den sachlich wirklichen Inhalt des A. T. *ungeschminkt* und *erschöpfend* wiederzugeben. Das Erschöpfen im ersten, sechsmonatlichen Anlaufe erwies sich freilich später als unmöglich; denn eine übertreibende talmudische Angabe ist in der richtigen Version, — dass nämlich fast jeder Satz des Werkes einen *sehr vielfachen* Sinn und sachlichen Inhalt, im Zusammenhange mit vielen anderen Sätzen, besitzen soll und wirklich besitzt, — unzweifelhaft zutreffend und für das erschöpfende Verständniss des Ganzen von höchster Bedeutung. — Dass diese Veröffentlichung ebenfalls todtgeschwiegen wurde, war ja zunächst eine Consequenz der Behandlung der Zunz'schen Leistung. Man hätte mit Bruder Michel glauben können, das Todtschweigen enthalte eine berechtigt schlechte Qualitäts-Censur, und ein Streit darüber ist nach obigem Bekenntniss vielleicht überflüssig. Aber es machten sich doch in dieser Hinsicht schwache Anzeichen für eine andere, geheime Auffassung gerade in eingeweiheten semitischen Kreisen bemerklich; und das „Australien" in obigem Phantasiestücke könnte ein solches Anzeichen sein.

Weit deutlichere Anzeichen sehr ungünstiger Aufnahme wurden persönlich geartet. Guido Weiss beschränkte sich, seinem Charakter entsprechend, auf die, von ihm Aehnlichen in zurückhaltenderem Sinne nur gedachte Erklärung: „Niemand darf heute den Juden angreifen". — „„Aber die Verfasser des A. T. waren doch selbst Juden!"" — „Thut nichts; der Jude darf heute nicht angegriffen werden. Ihm gebührt das Angriffs-Monopol gegen jedes »Vieh«. Unter 300 Redacteuren speciell in Deutschland werden Sie kaum Einen [von den jüdischen ganz abgesehen] finden, der den Muth haben darf, Ihre Arbeit nur zu nennen." — Das war also die Umschreibung des alten Textes:

Exod. 11, 7. Aber gegen alle Kinder Israël wird kein *Hund* seine Zunge spitzen, weder gegen Menschen noch Vieh [das Urvolk für des Jahve-Betrügers „Lämmer", Ez. 34, 31].
Jos. 10, 21. . . . es spitzte gegen die Kinder Israël, gegen Keinen [irgendwer] seine Zunge.

Und neu war daran nur, dass die „Zungenspitzer" nicht mehr direct physisch gemordet, sondern psychisch à la Baruch Börne dem Versuche der Ermordung ausgesetzt wurden. Die mildeste Form wurde jetzt ausdrücklich der bewusstvolle Ausschluss auch jedes indifferenten Objectes, wie der vergleichenden Erdkunde und der, mancherlei akuten Zeitfragen nahestehenden, sachlichen Specialitäten des A. T., aus der semitisch guten Gesellschaft, die das Wissenschaftskub-, Verlags- und Sortiments-Geschäft monopolisirt hat.

Als aber Se. Majestät das Judenthum ohne Land (seit Nebukadnezar und Titus) trotz so nachsichtiger Behandlung, die fast ein Princip der höheren Staatspolitik werden zu wollen scheint, keine Besserung des Mangels an schweigsamer Ehrfurcht wahrnehmen konnte, liess Se. Majestät durch sein „Volk", seine alttestamentlich „harten" Engel oder Männer, die früheren Drohungen strenger ausführen.

Es fand sich ja einmal ein antisemitischer Verleger für eine pseudonyme Broschüre. Aber sobald ihm das Risico abgenommen war, veröffentlichte er hinterrücks in einem buchhändlerischen Blättchen mit einem Geschäftskniffe den wirklichen Namen des Verfassers, um „seinem Volke" den Sinn des „Verlegens" erfolgreich zu avisiren. Das war natürlich vollkommen „ethisch" gehandelt, und eine mächtig redactionell geläufige Drohung, den Mann dafür „unmöglich" zu machen, war natürlich ein brüderlicher Scherz. (Rust ist der Name von Orten in Baden, Böhmen und Ungarn.)

Die kleinen Mauschler übten ja gelegentlich das raffinirt legitime Uebers-ohr-hauen. Aber das war nicht der normale Geschäftsverkehr; sondern man liess, von den Leibköchen gefüttert, stets den geheimen Groll und Hass, oder das überlegene Bewusstsein gesetzlich gesicherter Stellung, verschlimmernd einfliessen. Dabei hätte indess in beschränkten Verhältnissen nicht viel herauskommen können, wenn nicht heimtückische Schmälerung der Gelegenheit zum Broderwerb, auch im weiteren Familienkreise, eine erst spät entdeckte Rolle gespielt hätte.

Weit schlimmere Folgen erwuchsen auf einem anderen Gebiete. Denn die Versuche, durch eigenartige industrielle Arbeiten eigene Verlagsmittel zu erwerben, wurden, wo sie sich werthvoll erwiesen, die Opfer grossmauschelnder Betrüger. Ein nasser, aber noch arg beschnittener Simonsohn war da der Hauptmacher; und was gerettet werden konnte, das abstrahirte ein nasser, exact wissenschaftlicher, sogenannter „Professor". Indess hierbei handelte es sich im Grunde nur um mehr oder minder aussichtsreiche Chancen industrieller Geschäfte, deren Realisation, von mancherlei äusseren Umständen abhängig, in den einen Fällen gut, in anderen gar nicht gedieh.

Endlich aber liess Se. semitische Majestät durch einige seiner altgeschult würdigen nassen Unterthanen ein paar bequem liegende effective Hunderttausende sich „aneignen", wobei nur ein kleiner Antheil für Mittel zum Leben, — und Verlag wie den vorliegenden —, fallen gelassen wurde. Jenes „Aneignen von Eigenthum" (Gen. 12, 5) geschah unter dem stillen, aber die Landesgrenzen auf sicheren Schleichpfaden überschreitenden Jubeln und Hehlen aller Söhne Sem's, auch derjenigen, welche in eigener Person schwerlich je so plump zuchthäuslerisch gehandelt haben würden: diese empfanden mindestens verschämte Schadenfreude, und sprachen die Möglichkeit aus, dass man über ein Ausrauben „wahnsinnig" werden könne, — wenn man aus ihrem Holze geschnitzt wäre.

Und gegenüber der geschulten und ausgewachsenen Schlauheit der würdigen Kulturträger bemühen sich die Staatsbehörden schon Jahre lang, das genau Geschehene genau zu constatiren, sodass sie vielleicht bald dem Ziele nahe kommen werden.

Dergleichen kleine Lebensschwierigkeiten sind, von beschränkter persönlicher Befähigung abgesehen, verständlicher Weise gewiss nicht recht geeignet, die einmal aufgebürdete und unternommene Bewältigung des sachlichen Inhaltes des A. T. und die Wiedergabe desselben in anderer Form als derjenigen des Originales (und seiner meisterhaften Uebersetzung) wesentlich zu erleichtern, bei welcher jeder Satz, der Wirklichkeit aller Lebensverhältnisse entsprechend, als Centrum *körperlich* allseitig aus- und zurückstrahlender Beziehungen, in überwältigender Weise behandelt ist. Da resultiren leicht Formmängel, auf deren Verurtheilung man gefasst sein muss. Als solche werden vielleicht besonders die vielfach vorkommenden Wiederholungen betrachtet werden, auch wenn man gelten lässt, dass die Veranschaulichung einer complicirten *Körperform* nur durch verschiedene Ansichts- und Schnittflächen mit unvermeidlicher Wiederholung verschiedener Theile möglich ist. Besonders wer gewöhnt ist, die Jahrtausende hindurch zu allen Zeiten und an allen Orten in bestimmtem Sinne geübten Wiederholungen von Versgruppen entweder als ein natürlich Berechtigtes, oder bewusst als ein wichtigstes Hypnotisirungsmittel geschehen zu lassen oder selbst zu üben, der wird ein ähnlich scheinendes Wiederholen, in wesentlich anderem Sinne, entweder als unverzeihlichen Formmangel, oder als ein nicht zunftmässig berechtigtes Nachahmen hypnotischer Kunstgriffe verurtheilen.

Da ist schliesslich, und den wirklichen Formmängeln gegenüber, der Wunsch am Platze, dass sich Geister finden mögen, denen auch in diesem Falle das sachlich Wesentliche nicht hinter der schlechten Form verschwindet.

Gotha — Stollbergsche Buchdruckerei

Gotha — Stollbergsche Buchdruckerei

Neues Uraltes.

# Vergleichende Erdkunde

und

# Alttestamentlich Geographische Weltgeschichte

Mit zehn Karten
(acht in Farbendruck).

Von

H. HAUG.

Karten-Heft.

GOTHA 1894. Selbstverlag.

HARVARD COLLEGE
MAY 16 1894
LIBRARY.

Nº 1.
SÜD-AMERIKA.
GROSSER OCEAN
SÜDATLANTISCHER OCEAN
N.
O.
S.
W.

EUROPA
NORD-ATLANTISCHER
OCEAN
ASIEN
ARABIEN
Afghanistan
SÜD-ATLANTISCHER
OCEAN
N.
W.
O.
S.
AFRIKA I.

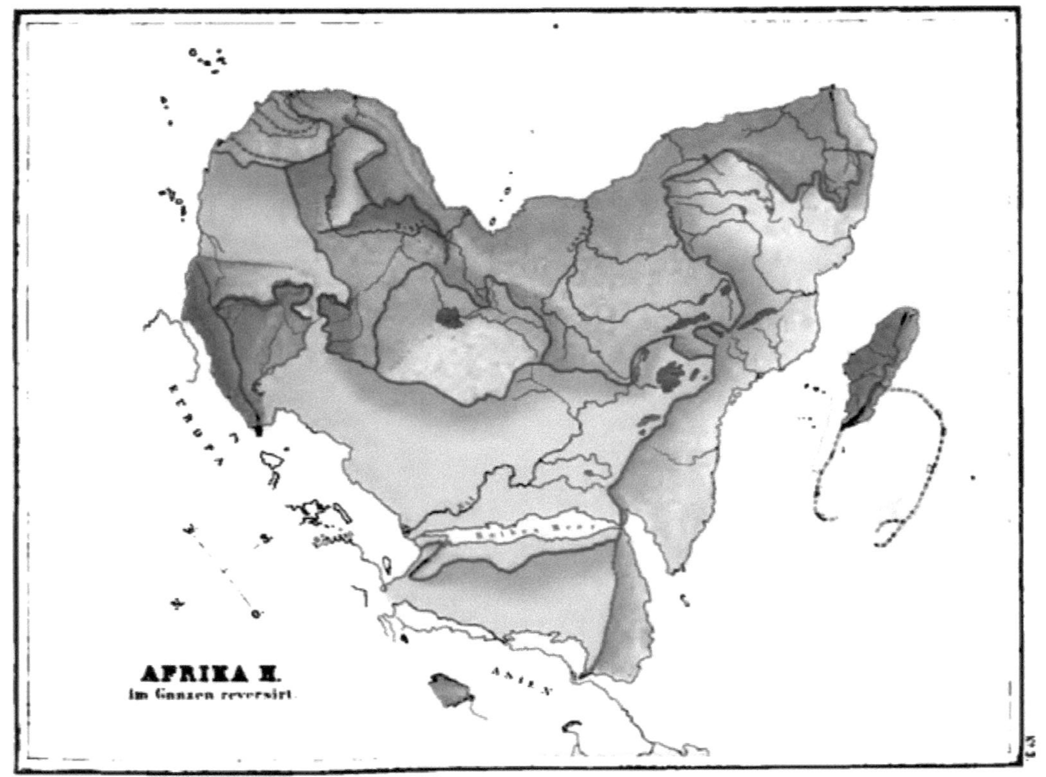
N° 3.
EUROPA
ASIEN
AFRIKA II.
im Ganzen reversirt.

## AFRIKA III.

partiell reversirt und entfaltet.

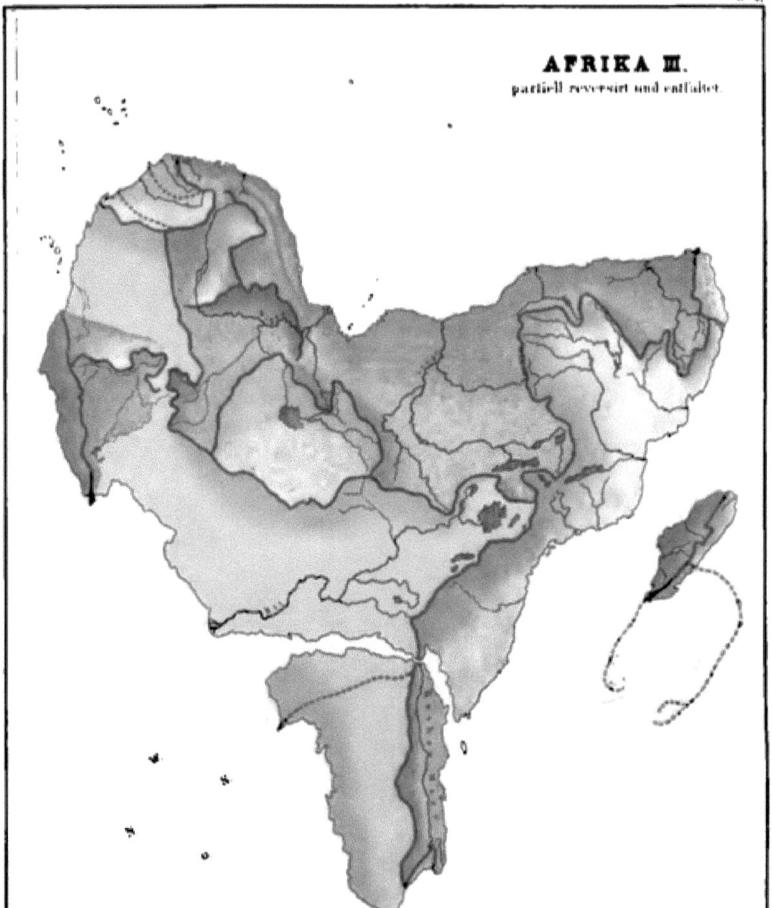

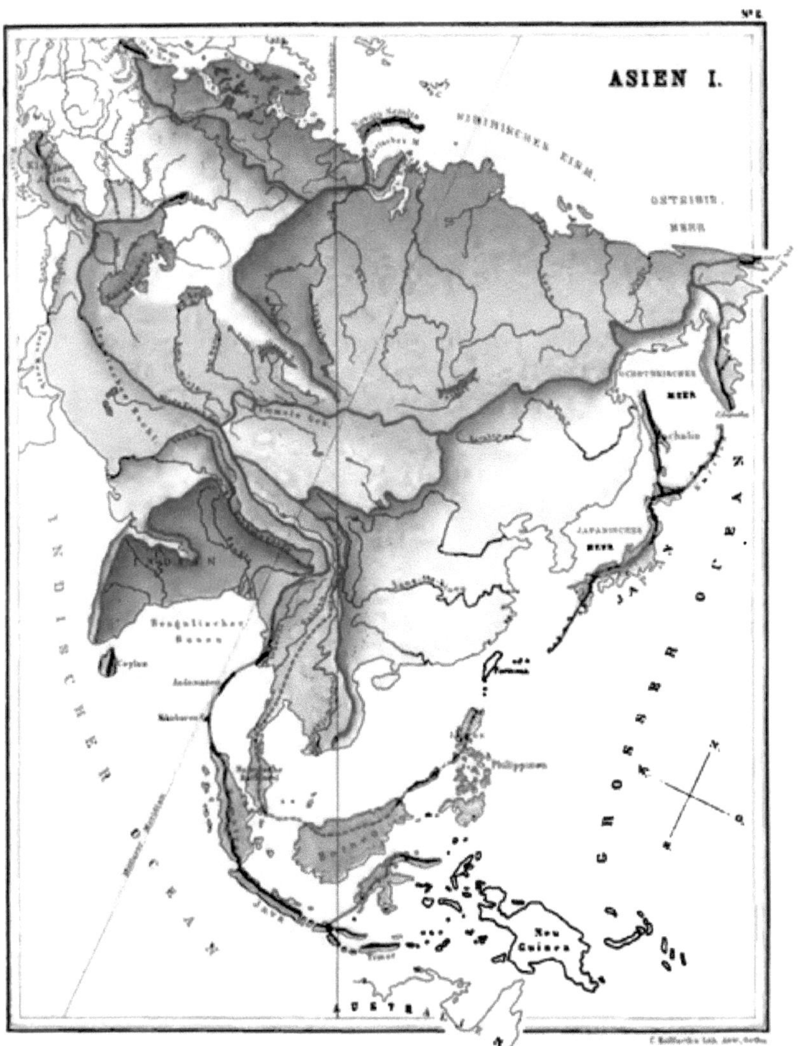

ASIEN I.
INDISCHER OCEAN
Bengalischer Busen
Ceylon
JAPANISCHES MEER
Philippinen
JAVA
Timor
Neu Guinea

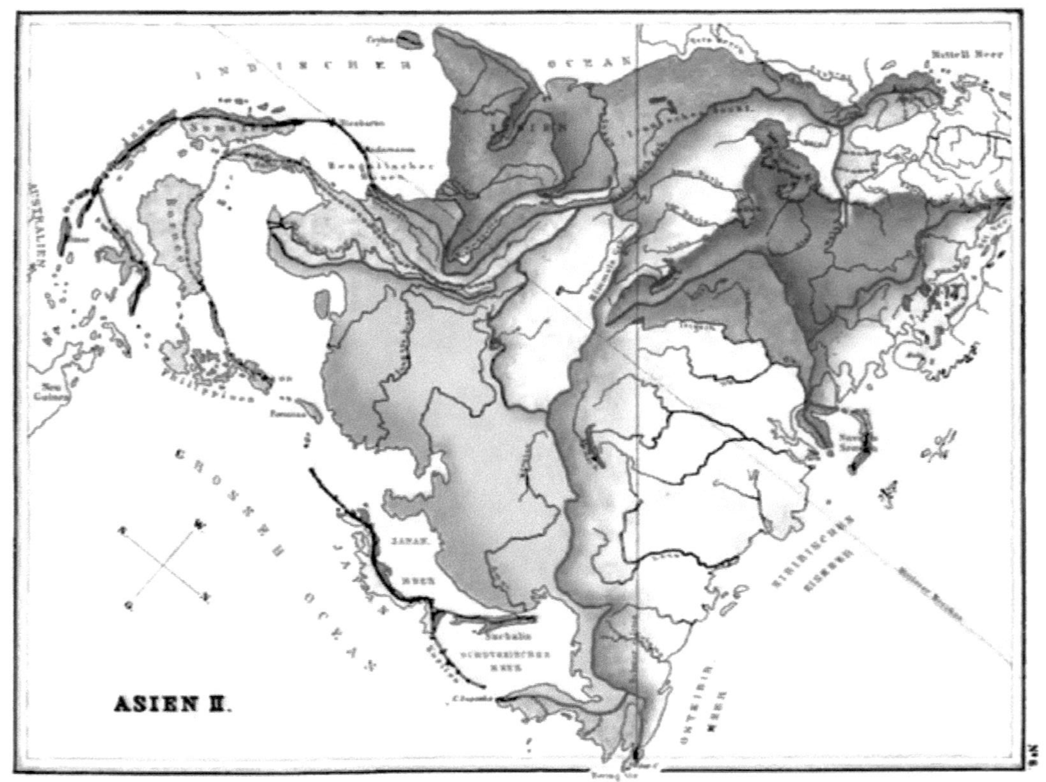
ASIEN II.
INDISCHER OCEAN
GROSSER OCEAN
JAPAN MEER
Sachalin
Mittell. Meer
Ceylon
Borneo
Australien
Nº 8.

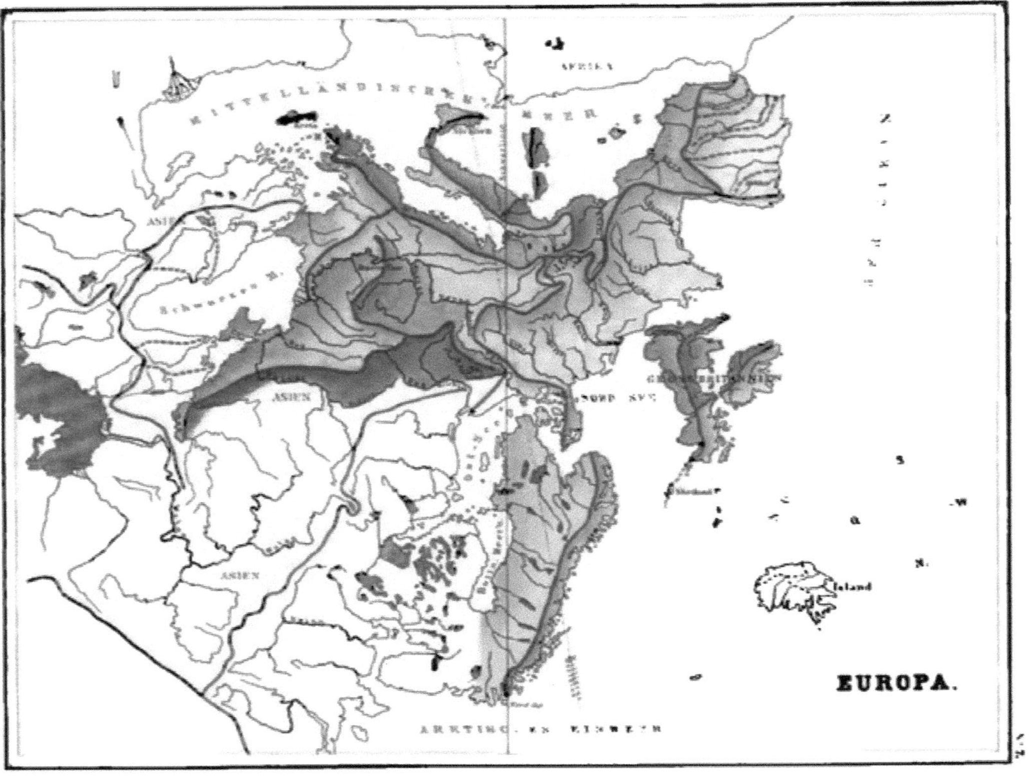
EUROPA.
Island
NORD SEE
ASIEN
ASIEN
Schwarzes M.
MITTELLÄNDISCHES MEER
AFRIKA

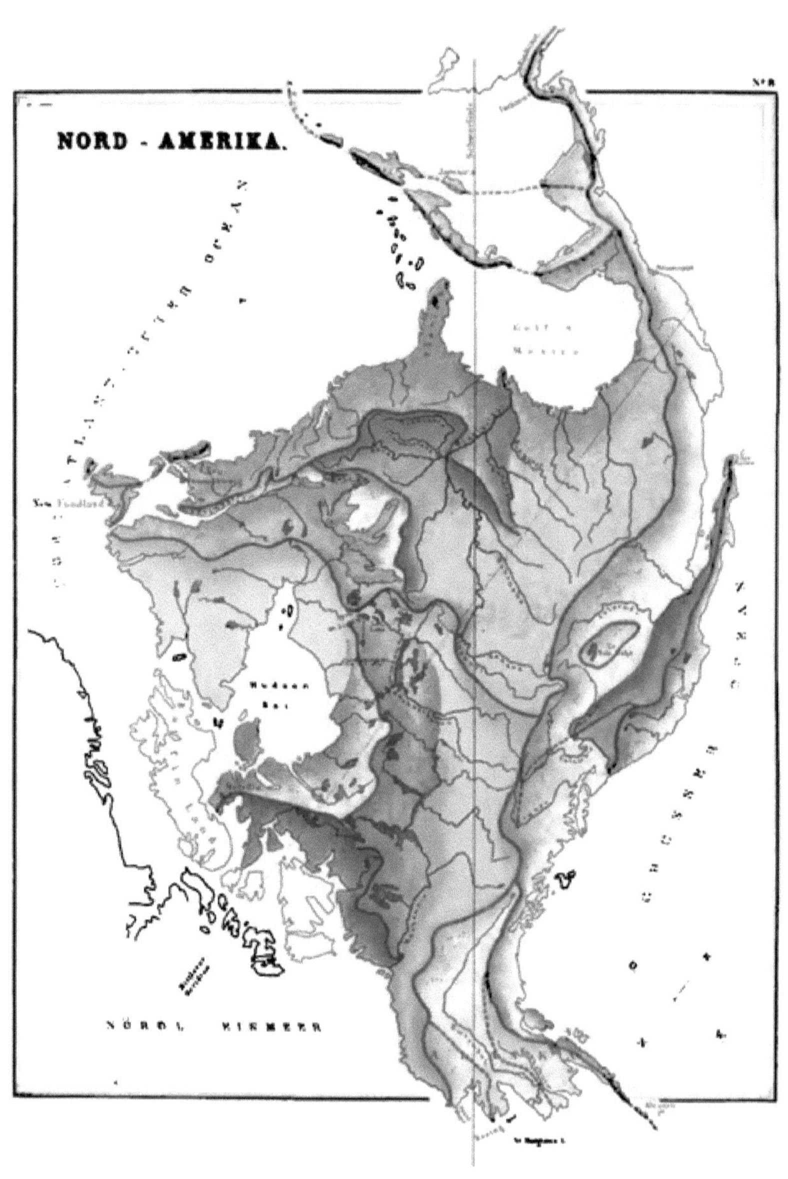

NORD - AMERIKA.
Hudson Bai
Golf v. Mexico
New Foundland
NÖRDL. EISMEER

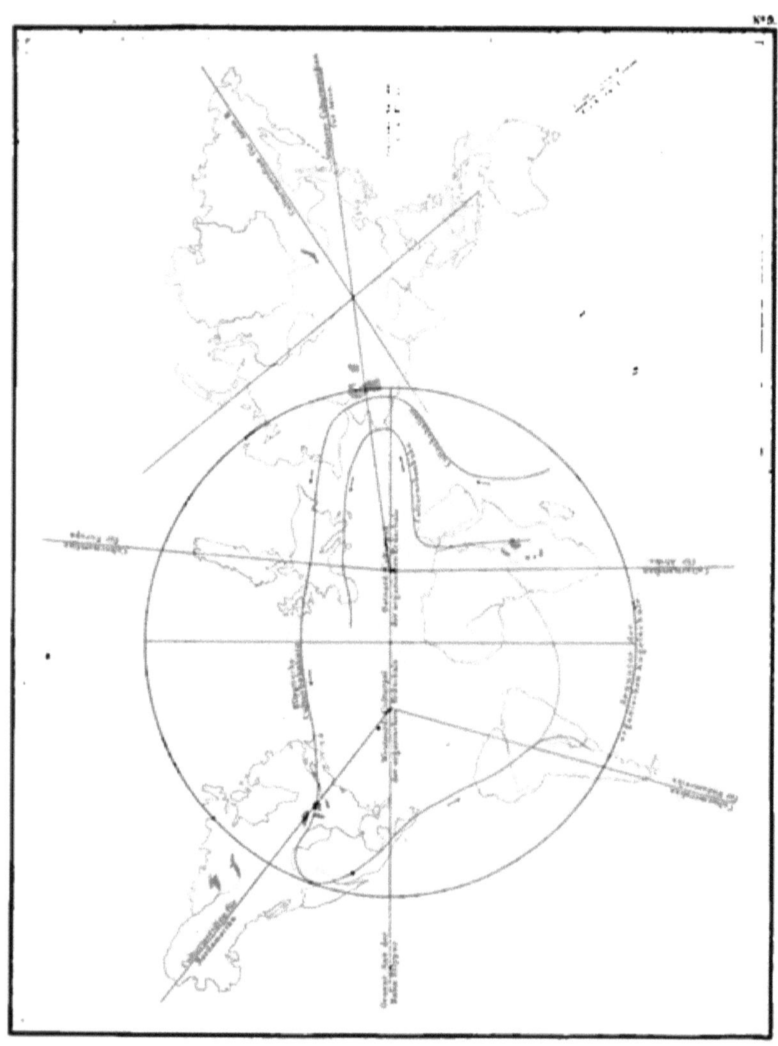

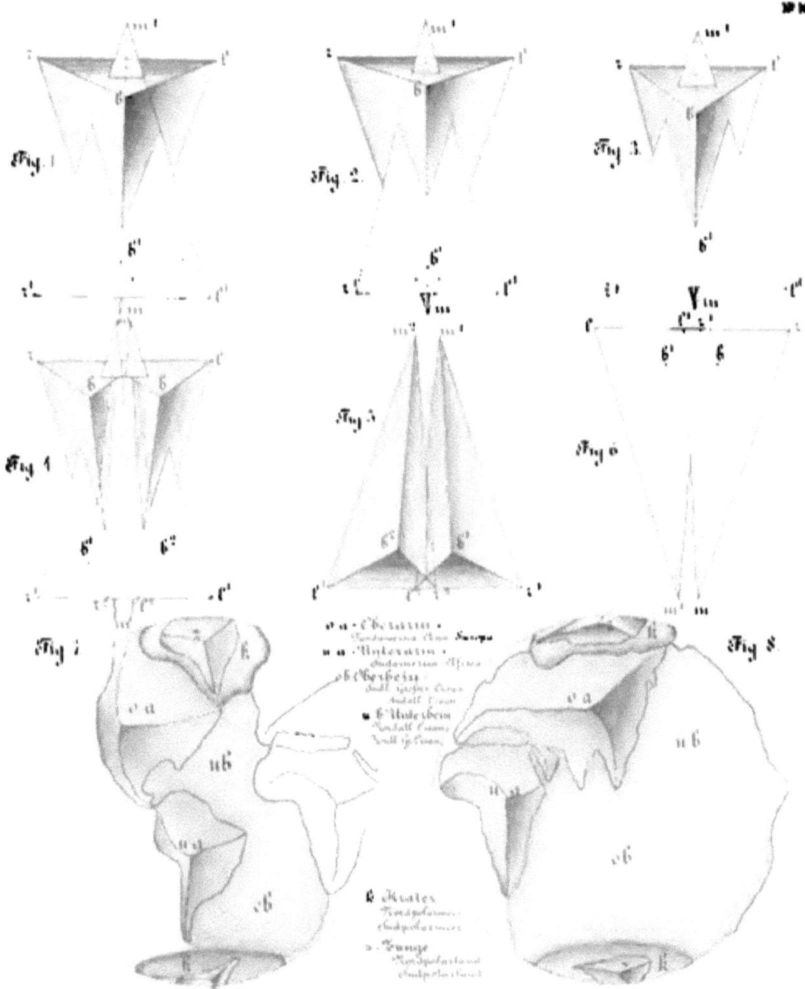

Fig. 1
Fig. 2
Fig. 3
Fig 4
Fig 5
Fig 6
Fig 7
Fig 8
o a
u b
o b
u a
k
Oberbein
Unterbein
Europa
Krater

# Zeittafel für den Afrikanischen Cyclus.

Nr. 11

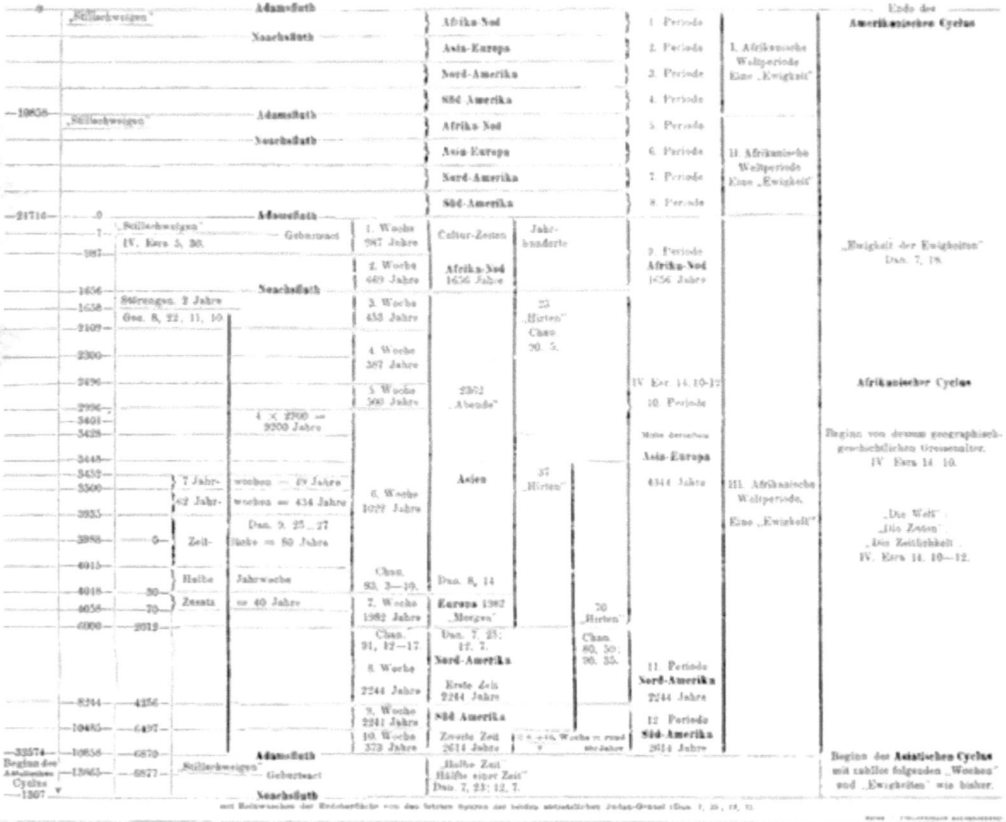

0 — „Stillschweigen" — Adamsfluth — Noachsfluth
- Afrika-Nod — 1. Periode
- Asia-Europa — 2. Periode — I. Afrikanische Weltperiode Eine „Ewigkeit"
- Nord-Amerika — 3. Periode
- Süd-Amerika — 4. Periode

Ende des Amerikanischen Cyclus

10858 — „Stillschweigen" — Adamsfluth — Noachsfluth
- Afrika-Nod — 5. Periode
- Asia-Europa — 6. Periode — II. Afrikanische Weltperiode Eine „Ewigkeit"
- Nord-Amerika — 7. Periode
- Süd-Amerika — 8. Periode

21716 — 0 — Adamsfluth

| Jahre | | | | | | | |
|---|---|---|---|---|---|---|---|
| 7 | „Stillschweigen" IV. Esra 5, 30. — Geburtsact | 1. Woche 987 Jahre | Cultur-Zonen | Jahrhunderte | 9. Periode Afrika-Nod 1656 Jahre | | „Ewigkeit der Ewigkeiten" Dan. 7, 18. |
| 987 | | 2. Woche 669 Jahre | Afrika-Nod 1656 Jahre | | | | |
| 1656 | Noachsfluth | | | | | | |
| 1658 | Störungen. 2 Jahre Gen. 8, 22, 11, 10 | 3. Woche 453 Jahre | | 23 „Hirten" Chan. 90, 5. | | | |
| 2109 | | | | | | | |
| 2300 | | 4. Woche 387 Jahre | | | | | |
| 2496 | | 5. Woche 500 Jahre | 2362 „Abende" | | IV. Esr. 14, 10-12 10. Periode | | Afrikanischer Cyclus |
| 2996 | | | | | | | |
| 3401 | 4 × 2700 = 9300 Jahre | | | | | | |
| 3428 | | | | | Mitte derselben | | Beginn von dessen geographisch-geschichtlichem Greisenalter. IV. Esra 14, 10. |
| 3448 | | | | | Asia-Europa | | |
| 3452 | | | | | | | |
| 3500 | 7 Jahrwochen = 49 Jahre | 6. Woche 1027 Jahre | Asien | 37 „Hirten" | 4344 Jahre | III. Afrikanische Weltperiode. Eine „Ewigkeit" | |
| | 62 Jahrwochen = 434 Jahre | | | | | | |
| 3935 | Dan. 9, 25, 27 | | | | | | „Die Welt", „die Zeiten", „die Zeitlichkeit". IV. Esra 14, 10—12. |
| 3988 — 0 | Zeit-Hälfte = 80 Jahre | | | | | | |
| 4015 | | | | | | | |
| 4018 — 30 | Hälfte Jahrwoche | Chan. 93, 3—10. | Dan. 8, 14 | | | | |
| 4058 — 70 | Zusatz = 40 Jahre | 7. Woche 1982 Jahre | Europa 1982 „Morgen" | 70 „Hirten" | | | |
| 6000 — 2012 | | Chan. 91, 12—17. | Dan. 7, 25; 12, 7. | Chan. 89, 59; 90, 35. | | | |
| | | 8. Woche | Nord-Amerika | | 11. Periode Nord-Amerika | | |
| 8244 — 4256 | | 2244 Jahre | Erste Zeit 2244 Jahre | | 2244 Jahre | | |
| 10485 — 6497 | | 9. Woche 2241 Jahre | Süd-Amerika | | 12. Periode Süd-Amerika | | |
| 10858 — 6870 | Adamsfluth | 10. Woche 373 Jahre | Zweite Zeit 2614 Jahre | [illegible] Woche = rund 600 Jahre | 2614 Jahre | | |

32574 — 10858 — 6870 — Adamsfluth

Beginn des Asiatischen Cyclus — 13865 — 6877 — „Stillschweigen" — Geburtsact — „Halbe Zeit" „Hälfte einer Zeit" Dan. 7, 25; 12, 7.

Beginn des Asiatischen Cyclus mit zahllos folgenden „Wochen" und „Ewigkeiten" wie bisher.

1307 — Noachsfluth

Gotha — Stollbergsche Buchdruckerei